T0271220

الاقتصاد الإسلامي

الاقتصاد الإسلامي

الأستاذ الدكتور
سعيد علي محمد العبيدي
رئيس قسم الاقتصاد - جامعة الأنبار

الطبعة الأولى
2011

رقم الإيداع لدى دائرة المكتبة الوطنية (2010/5/1892)

277.52

العبيدي ، سعيد علي محمد .
الاقتصاد الإسلامي / سعيد علي محمد العبيدي . عمان: دار دجلة 2011.
(338) ص
ر.أ: (2010/5/1892)،
الواصفات:/ الاقتصاد الإسلامي // الإسلام /
أعدت دائرة المكتبة الوطنية بيانات الفهرسة والتصنيف الأولية

الآراء الواردة في هذا الكتاب لا تعبر بالضرورة عن رأي الجهة الناشرة
الطبعة الأولى 2011

دار دجلة
ناشرون وموزعون
المملكة الأردنية الهاشمية
عمان- شارع الملك حسين- مجمع الفحيص التجاري
تلفاكس: 0096264647550
خلوي: 00962795265767
ص. ب: 712773 عمان 11171- الأردن
جمهورية العراق
بغداد- شارع السعدون- عمارة فاطمة
تلفاكس:0096418170792
خلوي: 009647705855603
E-mail: dardjlah@yahoo.com
www.dardjlah.com

978-9957-71-175-7 : ISBN

بِسْمِ ٱللَّهِ ٱلرَّحْمَٰنِ ٱلرَّحِيمِ

﴿ وَأَنزَلْنَآ إِلَيْكَ ٱلْكِتَٰبَ بِٱلْحَقِّ مُصَدِّقًا لِّمَا بَيْنَ
يَدَيْهِ مِنَ ٱلْكِتَٰبِ وَمُهَيْمِنًا عَلَيْهِ ۖ فَٱحْكُم بَيْنَهُم
بِمَآ أَنزَلَ ٱللَّهُ ۖ وَلَا تَتَّبِعْ أَهْوَآءَهُمْ عَمَّا جَآءَكَ مِنَ
ٱلْحَقِّ ۚ لِكُلٍّ جَعَلْنَا مِنكُمْ شِرْعَةً وَمِنْهَاجًا ۚ وَلَوْ شَآءَ ٱللَّهُ
لَجَعَلَكُمْ أُمَّةً وَٰحِدَةً وَلَٰكِن لِّيَبْلُوَكُمْ فِى مَآ ءَاتَىٰكُمْ ۖ
فَٱسْتَبِقُوا۟ ٱلْخَيْرَٰتِ ۚ إِلَى ٱللَّهِ مَرْجِعُكُمْ جَمِيعًا
فَيُنَبِّئُكُم بِمَا كُنتُمْ فِيهِ تَخْتَلِفُونَ ﴾

الإهــــــداء

إلى الذين ذكرهم الـله تعالى بقوله:

بسم الـله الرحمن الرحيم

(والذين يقولون ربنا هب لنا من ازواجنا وذرياتنا قُرة أعين
واجعلنا للمتقين إماما)

الفهرس

الفصل الثاني

الإنتاج في الاقتصاد الإسلامي

الفصل الثالث

التوزيع في الاقتصاد الإسلامي

الفصل الرابع

التبادل في الاقتصاد الإسلامي

الفصل الخامس

الاستهلاك في الاقتصاد الإسلامي

الفصل السادس

النظام المالي في الإسلام

الفصل السابع

النظام النقدي في الاقتصاد الإسلامي

المقدمة

الحمد لله رب العالمين وأفضل الصلاة وأتم التسليم على سيدنا محمد وآله وصحبه ومـن دعا بدعوته وسار على هديه إلى يوم الدين.

أما بعد:

فقد أصبح الاقتصاد أكثر أهميـة في الوقت الحـاضر مـن أي وقت مضىـ وذلك بسـبب التطور العلمي والتكنولوجي الذي أدى إلى زيادة حجم ونوع الاستهلاك والخدمات المنتجة، ومـا أتبع ذلك من تعميق للتخصص وتقسيم للعمل على الصعيد المحـلي والـدولي. وزيادة التشـابك الاقتصادي بين القطاعات الاقتصادية محليا وبين الاقتصادات دوليا. وقد رافق هذا التطـور تقدم في مجال العلوم الاقتصادية على صعيد الفكر والتطبيق. ويسعى كل من الأفراد والدول إلى إتبـاع أفضل السبل العلمية في استغلال مـا هومتـاح لهـا مـن مـوارد اقتصـادية لإشبـاع أكبـر قـدر مـن حاجاتها الاقتصادية وزيادة رفاهيتها وديمومة تقدمها وإحراز قوتها وضمان أمنها.

إن السلوك الاقتصادي للفرد والمجتمع يتـأثر بـالقيم غـير الاقتصاديةوالمتمثلة بالمـذهب السائد الذي يتضمن النظرة إلى الكون والحياة والموت والخالق ... وعليه فـإن الفرد والمجتمـع والدولة في البلدان الإسلامية يجب أن يتوافق سلوكهم الاقتصادي مع مبـادئ الاقتصـاد الإسلامي المستمدة من مصادر التشريع الإسلامي والنظرية الاقتصادية الحديثة. وقد طبق هذا الاقتصاد في

عصور الأمة الزاهرة وأثبت نجاحا باهرا وحقق نتائج طيبة في كل الميادين. ولكن بعد أن ضعف المسلمون واستبيحت ثرواتهم وبلدانهم من قبل المستعمرين. غابت مبادئ الاقتصاد الإسلامي عن التطبيق في الكثير من المجالات. وأبدلت بمبادئ اقتصادية جاء بها المستعمرون، تخدم مصالحهم وتتفق مع قيمهم ولا ترقب في الاقتصاد الإسلامي إلا ولا ذمة. وحتى بعد أن رحل المستعمرون بأجسادهم عن بلاد المسلمين لم ترحل معهم مبادئهم وأفكارهم التي جاؤوا بها بل مكثت واستقر بها النوى وتوثقت وتعززت روابط التبعية الفكرية والتطبيقية في المجال الاقتصادي وغيره. ولم تجن هذه البلدان سوى مزيد من التخلف والتبعية وسوء في توزيع الدخل.

وفي السبعينيات من القرن العشرين بدأت بوادر نهضة فكرية إسلامية اقتصادية. حيث بدأ المفكرون الإسلاميون يكتبون عن مبادئ الاقتصاد الإسلامي وضرورة الأخذ بها على صعيد التطبيق العملي. وذلك امتثالا لأمر الله تعالى في تطبيق شريعة الإسلام أولا ولمعالجة مشاكل التخلف الاقتصادي والتبعية التي تعاني منها البلدان الإسلامية ثانيا. وأخذت الدراسات الاقتصادية تنتشر على صعيد الجامعات، حيث أصبح الاقتصاد الإسلامي أحد المقررات الدراسية في كثير من الكليات ذات العلاقة. وصار موضوعا لرسائل الماجستير والدكتوراه وقد أحرز قدم السبق في هذا المجال الكليات المهتمة بالدراسات الإسلامية. في حين تخلفت أو تجاهلت هذا الموضوع كليات الإدارة والاقتصاد إلا القليل. وفي جمهورية العراق لم يحظ الاقتصاد الإسلامي بالتدريس في كليات الإدارة والاقتصاد. في حين دُرِّس أخيرا في كليات العلوم الإسلامية في

الدراسات العليا وبعضها في الدراسات الأولية والعليا. كان هذا هو الحال لغاية 1425هـ
– 2004م. وبعد جهود حثيثة من قبل الخـيرين الغيـورين عـلى إسـلامهم حصـلت الموافقـة عـلى
تدريس هذه المادة في قسـم الاقتصاد مـن كليـات الإدارة والاقتصاد. وبمـا أن المكتبة المنهجية
العراقية تخلومن كتاب منهجي يضم مفردات المادة فقد سارعنا إلى تأليف هذا الكتاب ليشـغل
هذا الفراغ وقد كتب بشكل مبسط يستطيع أن يقرأه طالب الاقتصاد وطالب العلوم الإسلامية
معا.

لقد تضمن هـذا الكتـاب سـبعة فصـول إضافة إلى هـذه المقدمة. تنـاول الفصـل الأول
التعريف بعلم الاقتصاد بشكل عـام وعلم الاقتصاد الإسـلامي والملكيـة الاستخلافية في الإسلام،
والمشكلة الاقتصادية من وجهة نظر الاقتصاد الإسلامي.

وتناول الفصل الثاني مرحلة الإنتاج في الاقتصاد الإسلامي مـن حيث محدداتـه وعناصره
وضوابط الاستثمار. ودور الدولة في هذه المرحلة.

وتناول الفصل الثالث التوزيع في الاقتصاد الإسلامي بأشكاله الثلاثة، التوزيع القاعدي
والوظيفي والشخصي ودور الدولة في كل شكل من أشكال التوزيع هذه.

وتناول الفصل الرابع مرحلة التبادل في الاقتصاد الإسلامي مـن حيث الضوابط التي
تحكمها ودور الدولة في الرقابة على السوق والتسعير.

وتناول الفصل الخامس مرحلة الاستهلاك في الاقتصاد الإسلامي وتضمن الحاجات
وتصنيفاتها المتعددة. وضوابط الاستهلاك النوعية والكمية وسلوك

المستهلك مـن حيـث الأهـداف والوسـائل والتفضيلات واثر نمـط الاستهلاك في عمليـة التنمية. ودور الدولة في هذه المرحلة.

وتضمن الفصل السادس تعريفا بالنظام المالي في الإسلام مـن حيـث الإيـرادات والنفقـات العامة وخصائص كل منها ونشأة بيت المـال باعتبـاره الجهـة الحكوميـة المسـؤولة عـن الموازنـة العامة وخصائص هذه الموازنة والرقابة المالية في الإسلام وأنواعها.

وأخيرا تضمن الفصل السابع موضوع المصارف الإسـلامية باعتبارهـا نـواة لنظام مصرفي إسلامي لا يقوم على الفائدة التي هي الربا المحـرم في الإسلام وتضـمن الفصل تعريفا بنشأتها وخصائصها وأنشطتها التمويلية والاستثمارية والخدمات المصرفية الأخرى التي تقدمها.

وفي الختام نشكر اللـه تعالى الذي وفقنا لهذا العمل ونشكر كل من قدم لنـا يـد العـون والمساعدة ليرى هذا الكتاب النور ونسأل اللـه تعالى أن يجعل هذا العمل علمـا نافعا ينتفع به المسلمون وننتفع به عملا صالحا وعلـما نافعا إن شـاء اللـه   وإن أحسـنت في هـذا الكتـاب فبتوفيق من اللـه سبحانه وإن أخطأت فمن عندي و اللـه أسأل العفو والمغفـرة وجـزى اللـه خيرا من دعا لنا بذلك أو أهدى إلينا عيوبنا.

المؤلف

الفصل الأول
تعريف بعلم الاقتصاد والاقتصاد الإسلامي

الفصل الأول
تعريف بعلم الاقتصاد والاقتصاد الإسلامي

المبحث الأول
تعريف علم الاقتصاد

1-1: المعنى اللغوي للاقتصاد

الاقتصاد في اللغة مشتق من ((القصد)) وهوبين الإسراف والتقتير في الإنفاق. والقصد هوالعدل[1]، وكذلك يقال في اللغة قصد الطريق قصدا أي استقام، وقصده في الأمر: توسط، لم يفرِط ولم يفرِّط، وقصد في الحكم: عدل ولم يمل ناحيه[2] وجاء معنى القصد في القرآن الكريم بهذا المعنى كما في قوله تعالى ﴿ وَٱقْصِدْ فِى مَشْيِكَ ﴾ **(لقمان 19)** أي توسط بين الإسراع والبطئ[3]. وكذلك قوله تعالى، ﴿ مِّنْهُمْ أُمَّةٌ مُّقْتَصِدَةٌ ﴾**(المائدة 66)** بمعنى مستقيمة غير غالية ولا مقصرة[4] وقد ورد الاقتصاد بمعنى الاعتدال في الإنفاق والتوسط بين التقتير والإسراف في الحديث النبوي الشريف ((ما عال من اقتصد))[5]، أما الأصل اللغوي للاقتصاد في اللغة الإنكليزيةEconomics فينحدر من المصطلح اليوناني Oikonomos

---

(1) أبو بكر الرازي، مختار الصحاح، دار الكتاب العربي، ص536.

(2) المعجم الوسيط، ج2 /مادة قصد، ص 738.

(3) محمد علي الصابوني، صفوة التفاسير، ج 12، ط1، دار القرآن الكريم، بيروت 1401هـ - 1918م، ص 28.

(4) المصدر نفسه، ص 32.

(5) مسند الامام أحمد بن حنبل، رقم الحديث 4048.

الذي يتكون من كلمتينOikos وتعني البيت وNomos وتعني التدبير[1]، وبذلك يكون معنى اللفظ اليوناني، تدبير أمور البيت، إلا أن اليونانيين القدماء لم يقصدوا هذا المعنى الحرفي فقط بل تعدى ذلك إلى المعنى الاصطلاحي وهو تدبير أمور المدينة أو الدولة[2].

2-1: المعنى الاصطلاحي للاقتصاد:

لا يكاد يجمع أهل علم على تعريف واحد لعلمهم الذي يدرسون، وهذا نابع من تعدد وجهات النظر حول أي الجوانب أكثر أهمية في الشيء المراد تعريفه، وأمر طبيعي أن كل تعريف فيه قدر من الصحة وعدمها ولتجنيب القارئ مشقة المقارنة بين التعريفات، سوف نختار أكثر التعاريف شيوعا وقبولا عند أهل الاختصاص وهوالتعريف القائل بأن علم الاقتصاد " هوذلك العلم الذي يدرس السلوك الإنساني كعلاقة بين أهداف ووسائل نادرة ذات استعمالات مختلفة[3]، يؤكد هذا التعريف على موضوع الندرة والاختيار، حيث إن الموارد أوالوسائل نادرة نسبيا مقارنة بالأهداف المطلوب تحقيقها. لذلك لا بد من عملية الاختيار التي تتضمن تخصيص الموارد النادرة لتحقيق بعض الأهداف على حساب بعضها الآخر. وبذلك تكون مهمة الاقتصاد هي البحث عن أفضل السبل لتحقيق أكبر إشباع ممكن للحاجات الإنسانية ضمن الموارد المتاحة.

---

(1) كريم مهدي الحسناوي، مبادئ علم الاقتصاد، جامعة بغداد، 1990، ص 23، مطبعة أوفست حسام، 1990، ص23.

(2) جورج سول، المذاهب الاقتصادية، ترجمة راشد البراوي، ص16.

(3) عبد المنعم السيد علي، مدخل في علم الاقتصاد، مبادئ الاقتصاد الجزئي، ط1 الجامعة المستنصرية، بغداد، 1984، ص 13.

وبذلك يساهم في التقليل من حدة المشكلة الاقتصادية التي تعني باختصار ندرة الموارد الاقتصادية من جانب وتعدد وتنامي الحاجات الإنسانية من جانب آخر.

1-3: نشأة علم الاقتصاد وتطوره:

يعد علم الاقتصاد من العلوم الاجتماعية الحديثة نسبيا إذ اتخذ التفكير الاقتصادي منهجا علميا خاصا به في دراسة الظواهر الاقتصادية على يد الاقتصادي الاسكتلندي آدم سمث عندما نشر كتابه الموسوم (ثروة الأمم) عام 1776م وهذا لا يعني أبدا عدم وجود أفكار اقتصادية قبل هذا التاريخ، بل أن الأفكار الاقتصادية كانت موجودة قبل هذا التاريخ بكثير، فقد ولدت الأفكار الاقتصادية مع ولادة الحضارات الإنسانية القديمة كالحضارة البابلية والمصرية واليونانية. وكما هوحال العلوم الأخرى فإن العلم يولد في رحم الأفكار غير المنظمة وغير المستقلة. وعندما يولد العلم الخاص بها يقوم بتنظيمها بشكل يميزها ويجعلها مستقلة وذات كيان فكري مستقل ومميز عن غيره.

إنّ علم الاقتصاد من العلوم الاجتماعية التي تهتم بدراسة علاقة الإنسان بالموارد الاقتصادية التي عليه أن يسخرها لإشباع حاجاته المتعددة والمتنامية. لذلك ينقسم علم الاقتصاد على قسمين رئيسيين هما:

أ- **الاقتصاد الجزئي**: (Microeconomics) الذي يهتم بدراسة سلوك صانعي القرارات من مستهلكين ومنتجين ويؤكد على اختياراتهم بين البدائل ويهتم بدراسة العرض والطلب والأسعار في الأسواق المختلفة.

ب- **الاقتصاد الكلي**: (Macroeconomics) يهتم بدراسة الاقتصاد القومي من خلال دراسة المتغيرات الاقتصادية الكلية مثل الدخل القومي والاستثمار والادخار ومستوى الاستخدام والمستوى العام للأسعار والتنمية الاقتصادية.

يشبه الاقتصاد الجزئي والكلي ببستان، فدراسة الأشجار الموجودة فيه كل على انفراد حيث تمثل الأشجار الوحدات الاقتصادية التي هي جل اهتمام الاقتصاد الجزئي، أما دراسة البستان ككل وما يتعلق به من أمور فيشبه دراسة الاقتصاد الكلي.

إن كل مجتمع يسير اقتصاده على وفق ما يسمى بالنظام الاقتصادي الذي يتكون من القواعد والقوانين والتقاليد والمبادئ التي تحكم عمليات الاقتصاد القومي. ويتم من خلالها استخدام الموارد الاقتصادية لإشباع الحاجات الإنسانية. ويهدف كل نظام اقتصادي إلى الإجابة على الأسئلة الآتية:

أ- **ماذا ننتج؟** والإجابة على ذلك تعني أي السلع والخدمات نقوم بإنتاجها ويتضمن ذلك عملية تخصيص الموارد لإنتاج هذه السلع والخدمات لا غيرها.

ب- **كم ننتج؟** بعد أن حددنا أنواع السلع والخدمات المرغوب إنتاجها، نحدد الكميات التي نريد إنتاجها.

ج- **كيف ننتج؟** أي نختار الأساليب التكنولوجية التي يتم على وفقها إنتاج الكمية المطلوبة من السلع والخدمات.

د- **لمن ننتج؟** أي كيف يتم توزيع السلع والخدمات المنتجة على المساهمين في إنتاجها وغيرهم.

إن طريقة الإجابة على هذه الأسئلة تحدد هوية أو نوع النظام الاقتصادي. وأهم أمر تتمايز فيه الأنظمة الاقتصادية هو طبيعة ملكية الثروة في المجتمع. وعلى هذا الأساس يمكن أن نصنف أربعة أنواع من النظم الاقتصادية:

أ. **النظام الاقتصادي الإسلامي:** حيث تسوده الملكية الاستخلافية.

ب. نظام المشروع الحر: حيث تسوده الملكية الخاصة لوسائل الإنتاج وغيرها.

ج. نظام الاقتصاد المخطط: حيث تسود الملكية العامة لوسائل الإنتاج.

د. نظام الاقتصاد المختلط: حيث تتعايش الملكية العامة والملكية الخاصة في الاقتصاد وبنسب مختلفة.

إن علم الاقتصاد في دراسته للظواهر الاقتصادية ينقسم على قسمين حسب موقفه من القيم غير الاقتصادية وهي:

أ. الاقتصاد الموضوعي Positive Economics: يهتم بدراسة وتحليل ما هوكائن (what is) وما سوف يكون في الاقتصاد. ويكون هذا التحليل خاليا من الآراء الشخصية والاعتبارات القيمية غير الاقتصادية.

ب. الاقتصاد المعياري Normative Economics: يهتم بما يجب أن يكون عليه الاقتصاد (ought to be) معتمدا في ذلك القيم الأخلاقية التي يؤمن بها الاقتصادي أوالمجتمع.

4-1 أهمية علم الاقتصاد:

إن ميدان علم الاقتصاد هو دراسة علاقة الإنسان بالموارد الاقتصادية المتاحة. ويهدف من خلال هذه الدراسة إلى إشباع أكبر قدر ممكن من حاجات الإنسان (فردا ومجتمعا) الاقتصادية ويتم ذلك من خلال التخصيص والاستخدام الأمثل للموارد الاقتصادية المتاحة. ويمكن أن نعبر عما مضى بالقول بأن علم الاقتصاد يهدف إلى بلوغ الأهداف المرسومة بأفضل السبل واقصرها. هذا فيما يخص إشباع الحاجات الاقتصادية البحتة. أما دور الاقتصادي في إشباع الحاجات الأخرى فواضح أيضا. إذ تعد القدرة الاقتصادية

وسيلة مهمة لتحقيق أهداف اجتماعية وسياسية وعسكرية وعلمية وتربوية.

أما على الصعيد العالمي فإن العامل الاقتصادي يعد من أهم العوامل التي تحرك السياسات الخارجية للدول وعليه تدور أغلب الصراعات الدولية. فمن يملك القوة الاقتصادية يملك معها في الغالب القوة العسكرية والسياسية والعلمية... وبالتالي يستطع أن يفرض إرادته ويحقق مصالحه بهذا القدر أوذلك وحسب قوته. وعند استعراضنا للتاريخ الاقتصادي القريب والبعيد نجد الكثير من الأمثلة على ذلك.

5-1: أهداف المجتمع الاقتصادية:

هناك أربعة أهداف رئيسة تسعى كل المجتمعات لتحقيقها هي [1]:

1-5-1 الكفاءة: وتعني الاستغلال الأمثل لعناصر الإنتاج. ويمكن التمييز بين نوعين من الكفاءة:

أ: الكفاءة الفنية: وتسمى أيضا الكفاءة الإنتاجية، وتعني أن ننتج أكبر كمية من المنتجات باستخدام عناصر الإنتاج المتاحة للمجتمع. أوبتعبير آخر أن السلع والخدمات يتم إنتاجها بأقل كمية من الموارد الإنتاجية أوإنتاج أي كمية من السلع والخدمات بأقل تكلفة ممكنة.

ب: الكفاءة الاقتصادية: وتسمى أيضا الكفاءة التوزيعية، وتعني إنتاج السلع والخدمات بالكميات التي يريدها المجتمع. وهذا يعني أن عناصر الإنتاج قد تم تخصيصها لإنتاج السلع والخدمات بالقدر والنسب التي يحتاجها المجتمع.

---

(1) محمد محمد النصر، عبد الله محمد شامية، مبادئ الاقتصاد الجزئي (ط1، عمان، دار الأمل للنشر والتوزيع، 1989) ص44-46.

وليس هناك فيض في إنتاج سلعة ونقص في إنتاج سلعة أخرى. وبذلك يمكن أن نقول بأن أي مجتمع مهما كان النظام الاقتصادي الذي يتبعه يهدف إلى تحقيق الكفاءة الاقتصادية والإنتاجية أي أنه يهدف إلى إنتاج السلع والخدمات التي يرغب فيها أفراد المجتمع وبأقل تكلفة ممكنة.

2-5-1: النموالاقتصادي:

يعني زيادة كمية السلع والخدمات التي يمكن إنتاجها في المجتمع مع مرور الزمن. وهذا يؤدي إلى الحفاظ على مستوى المعيشة نفسه إن تمت الزيادة بنفس نسبة زيادة السكان. أوتؤدي إلى رفع مستوى المعيشة إن تمت بنسبة أكبر من نسبة زيادة السكان. وتتم زيادة إنتاج السلع والخدمات نتيجة لزيادة الموارد الإنتاجية المتاحة للمجتمع، أونتيجة لاستخدام تقنية أفضل، أونتيجة لكلا الأمرين.

3-5-1: الاستقرار الاقتصادي:

يعني ذلك ثبات في الأسعار بحيث لا تكون هناك تقلبات في مستوى الأسعار مما يؤثر على دخول أفراد المجتمع بطريقة غير مرغوبة. فالتضخم أي ارتفاع مستوى الأسعار يعني تضاؤل القوة الشرائية للنقود مما ينجم عنه إعادة توزيع الدخل بين أفراد المجتمع بحيث يتضرر من ذلك ذووالدخول الثابتة والمنخفضة. كما أن التضخم يؤدي إلى انعدام الثقة بالعملة الوطنية مما ينجم عنه مشاكل مالية ونقدية وتجارية للاقتصاد القومي.

4-5-1: العدالة:

تعني توزيع الدخل القومي بين أفراد المجتمع بطريقة عادلة. ويجب التأكيد على أن العدالة لا تعني المساواة. وكذلك العدالة مفهوم فلسفي وشخصي. وهي

تعتمد على القيم التي يؤمن بها الأفراد والعدالة ليست قيمة موضوعية لذلك يختلف مفهوم العدالة من مجتمع لآخر. فما يراه مجتمع عدلا قد يراه مجتمع آخر لا يمت للعدالة بصلة، المهم أن كل مجتمع يهدف إلى توزيع الإنتاج أوالدخل الذي يتم تحقيقه بين أفراده بالطريقة التي يراها عادلة أي حسب مفهوم المجتمع للعدالة. ولا يخفى أن المجتمع المسلم يرى أن العدالة تجسدها فقط الأحكام الشرعية الإسلامية.

6-1: مواضيع علم الاقتصاد:

إن علم الاقتصاد يهتم كما مر معنا عند تعريفه بعلاقة الإنسان بالموارد الاقتصادية وكيفية تسخير هذه الموارد المحدودة بطبيعتها لإشباع أكبر قدر ممكن من حاجات الإنسان الاقتصادية. إنّ تحقيق ذلك يتطلب أن تتنوع اهتمامات علم الاقتصاد إلى اهتمامات عديدة كل منها يعالج جانبا معينا من جوانب الحياة الاقتصادية وعلى هذا الأساس فقد أصبح علم الاقتصاد يضم فروعا كثيرة وتزداد تشعبا ودقة كلما تقدمت البشرية في سلم الحضارة.

وعلى المستوى التطبيقي هناك فروع كثيرة لعلم الاقتصاد مثل الاقتصاد الدولي والاقتصاد الصناعي والاقتصاد الزراعي واقتصاد التنمية، والنقود والمصارف.. والتخطيط الاقتصادي والتاريخ الاقتصادي وتاريخ الفكر الاقتصادي. والاقتصاد الإداري والاقتصاد المعرفي والاقتصاد البيئي.

7-1: علاقة علم الاقتصاد بالعلوم الأخرى

يدخل الإنسان بأربعة أنواع من العلاقات هي:

أ. علاقة الإنسان بنفسه: وهي ميدان علم النفس.

ب. علاقة الإنسان بالكون: وهي ميدان العلوم الطبيعية.

ج. علاقة الإنسان بالغيب: وهي ميدان العلوم الدينية.

د. علاقاته بالآخرين: وهي ميدان العلوم الاجتماعية ومنها علم الاقتصاد.

إن الظواهر الاجتماعيـة مترابطـة وذات أبعـاد وامتـدادات كثـيرة. إذ لا يمكـن أن تـدرس ظاهرة اجتماعية معينة من جانب واحد وبشكل تجريدي إلا للأغراض التعليمية. مثـال ذلـك مـا يستخدم في علم الاقتصاد وغـيره مـن افـتراض بقـاء الأشـياء الأخـرى ثابتـة **ceteris paribus**. حيث يستخدم هذا لغرض عزل أثر عامـل معـين وتبيـان أثـره عـلى الظـاهرة موضـوع الدراسـة. وهوفرض لا يصح في أرض الواقع والحياة العملية.

لذلك فإن دراسة أية ظاهرة تتطلب تداخل عـدة علـوم للوقـوف عـلى حقيقتهـا بشـكل صحيح. من هنا نقول بأن لعلم الاقتصاد علاقات وثيقة وارتباطات قوية مـع الكثـير مـن العلـوم الأخرى ومن أهمها:

1-7-1 علاقة الاقتصاد بالعقيدة: هنالك ارتباط وثيق بين العقيـدة الدينيـة وعلـم الاقتصـاد. فالنظرة إلى الحياة والكون وغاية الإنسـان في الوجـود تلقـي بظلالهـا بشـكل كثيـف عـلى طبيعة التفكير والسلوك الاقتصادي من حيث طبيعته ومن حيث بعده الزمني.

1-7-2: العلوم الطبيعية: يعد الإنتاج المرحلة الأولى من العملية الاقتصادية ويتم مـن خـلال استخدام عناصر الإنتاج الأولية ومنها الأرض. وهذا يجعل الإنتاج يخضـع لقـوانين طبيعيـة مثل قانون تناقص الغلة ودوال الإنتاج المحددة بعلاقات هندسية أوكيمياويـة أوفيزياويـة ...

1-7-3 علم الاجتماع: إن الكثير من المشاكل الاقتصادية يكون لها أبعاد اجتماعية واضحة كالبطالة وانخفاض مستوى الدخل وسوء توزيعه وكذلك التضخم.

1-7-4 علم التاريخ: يقدم لنا علم التاريخ بيانات عن الظواهر والأحداث التاريخية وكذلك يفسر لنا حركة التاريخ بما تنطوي عليه من أحداث اقتصادية إن دراسة علم الاقتصاد تتطلب دراسة التاريخ الاقتصادي وتاريخ الفكر الاقتصادي معا، حيث يفيدنا ذلك في تجنب تكرار أخطاء الأوائل، في مجال الأفكار والسياسات الاقتصادية.

1-7-5 علم النفس: أن الكثير من الظواهر الاقتصادية الموضوعية يكون للعوامل النفسية دور كبير فيها مثال ذلك اثر العامل النفسي في الظواهر النقدية وظاهرة القيمة والتقلبات الوقتية في النشاط الاقتصادي ... وكل سلوك اقتصادي صادر من الفرد يكون للعوامل النفسية اثر فيه بهذا القدر أوذاك.

1-7-6 علم الجغرافية: هناك الكثير من المواضيع تكون ذات اهتمام مشترك ومتبادل بين الاقتصاد والجغرافية مثل الطرق والمواصلات والثروات الاقتصادية حيث هناك ما يسمى بالجغرافية الاقتصادية التي تهتم بدراسة الثروات الاقتصادية والنشاطات الاقتصادية الصناعية والزراعية ...

1-7-7 علم الرياضيات: تستخدم الرياضيات بشكل واسع في علم الاقتصاد. حيث يستفاد من العلاقات الرياضية في تفسير الظواهر الاقتصاد وهناك منهج متكامل في التحليل الاقتصادي يعتمد على الرياضيات ويسمى بالاقتصاد الرياضي.

1-7-8 علم الإحصاء: هناك علاقـة وثيقـة بين علـم الاقتصـاد والإحصـاء حيـث يستخدم الاقتصاديون الأساليب الإحصائية في جمع وتبويب وتحليل البيانات ومـن ثـم تفسـيرها. وكذلك معرفة أثر كل عامل من العوامل المؤثرة في ظاهرة معينة على حده وهذا جزء من اهتمام الاقتصاد القياسي.

1-7-9 علم السياسة: حيث إن معظم المشاكل الاقتصادية ذات طبيعة سياسية وأن القرارات السياسية تحمل بين طياتها نتائج اقتصادية وأن علـم الاقتصاد أول مـا نشـأ كـان يسـمى بالاقتصاد السياسي.

1-7-10 علاقة الاقتصاد بالفلسفة: إن كل فكرة اقتصادية تلازمها وتحمل في طياتها فلسفة اجتماعية وأيديولوجية. فلمعرفة مضمون الفكر الاقتصادي حـق المعرفـة يستلزم معرفة مصـدره وأساسـه الـذي ارتكـز عليـه. إن نظـرة استقرائية عميقـة لمختلف النظريـات الاقتصادية توضح وتكشف لنا بوضـوح أن البعد الفلسـفي - الأيديولوجي كـان سـيظل جوهريا فيها. كما أنه مصدر الاختلافات بين المفكرين الاقتصاديين في كل مكان وزمان.

المبحث الثاني
الاقتصاد الإسلامي
تعريفه ومصادره وسماته

1-2: تعريف الاقتصاد الإسلامي

هناك تعاريف كثيرة وضعها كتاب اقتصاديون مسلمون ولكل تعريف خصائص تميزه عن غيره. وظاهرة تعدد التعاريف في مجال العلوم الاجتماعية أمر مألوف، ويعبر عن اختلاف وجهات نظر القائلين بها حول أي الجوانب أكثر أهمية من غيرها وأيها أكثر تعبيرا عن كنه الشيء المراد تعريفه. إن أفضل تعريف هوالذي يكون مختصرا من حيث الكلمات شاملا من حيث المعاني. وسوف نقدم التعريف الآتي لعلم الاقتصاد الإسلامي لعله يكون كذلك. علم الاقتصاد الإسلامي (هوالعلم الذي يدرس سلوك المسلم الاقتصادي كما يجب أن يكون). نرى هذا التعريف جامعا للأسباب الآتية:

2-1-2: يؤكد على دراسة سلوك الإنسان المسلم وبذلك سوف يخرج من اهتمامه سلوك الإنسان غير المسلم.

2-1-2-1: إن تأكيده على سلوك الإنسان المسلم دون غيره يعني الاهتمام والتركيز على الجانب العقيدي والالتزام بالقيم وبالمبادئ الإسلامية التي جاءت بها شريعة الإسلام.

3-1-2: اهتمامه بالسلوك الاقتصادي يعني إخراج السلوك غير الاقتصادي من دائرة اهتماماته الأساسية فمثلا الصلاة والصيام والحج لا تدخل ضمن اهتمامات الاقتصاد الإسلامي إلا بقدر تأثرها أوتأثيرها على السلوك

الاقتصادي للفرد والمجتمع المسلم أما الزكاة والصدقات التطوعية والكفارات المادية واستغلال الأرض والمعادن وتنظيم التجارة والتنمية الاقتصادية ... فإنها تكون من صلب اهتمام علم الاقتصاد الإسلامي.

2-1-4: إن التأكيد على سلوك المسلم الاقتصادي لا يعني المسلم كفرد فقط بل يشمل السلوك الاقتصادي للمنشأة والمجتمع أيضا.

2-1-5: إن عبارة كما يجب أن يكون تعني التأكيد على الجانب المعياري. حيث إن الاقتصاد الإسلامي يهتم بالسلوك الاقتصادي الصحيح الذي يتفق مع أحكام ومبادئ شريعة الإسلام. ولا يهتم بدراسة ما هوكائن فعلا إلا بقدر تشخيصه والعمل على تغييره بحيث يتلاءم في أدائه الاقتصادي مع مبادئ وقواعد شريعة الإسلام. مثال على ذلك تتعامل أغلب الوحدات الاقتصادية المعاصرة بالتمويل الربوي أي التعامل بالفائدة وبالطبع يكون لمعدل الفائدة اثر على الادخار والاستثمار والاستهلاك وتعد الفائدة أداة مهمة بيد السلطة النقدية في الدولة تستخدمها للتأثير على المتغيرات الاقتصادية الكلية. إن هذه المواضيع لا تدخل ضمن اهتمام علم الاقتصاد الإسلامي. بل يهتم بتبيان وتوضيح الآثار الاقتصادية والاجتماعية السلبية للتمويل الربوي ويهتم بإيجاد البديل الإسلامي لمشكلة التمويل وتجميع المدخرات ومحاربة الاكتناز وصيغ الاستثمار الاقتصادي التي تتفق ولا تتعارض مع أحكام الشرع الإسلامي.

2-2: مصادر الاقتصاد الإسلامي:

أن مصادر الاقتصاد الإسلامي هي:

1-2-2: المصادر الأساسية:

وتضم المصدرين الأساسين الآتيين:

1-1-2-2: القران الكريم:

القرآن الكريم هوالمصدر الأول للشريعة الإسلامية التي تنظم حياة الفرد والمجتمع المسلم في جميع جوانبها ومنها الجانب الاقتصادي. والقرآن الكريم هوالمصدر لكل فكر أوتطبيق لشأن من شؤون المسلمين. لقد تضمن القرآن الكريم آيات كثيرة ذات مضمون اقتصادي. منها ما ينظم نظرة الإنسان المسلم إلى المال والموارد الاقتصادية التي بين يديه. إذ تبين أن المالك الأصلي لهذه الموارد بل لكل ما في الوجود هوالله تعالى كما في قوله تعالى: ﴿لِلَّهِ مُلْكُ ٱلسَّمَٰوَٰتِ وَٱلْأَرْضِ وَمَا فِيهِنَّ﴾ (المائدة **120**). وقوله تعالى: ﴿ وَتَبَارَكَ ٱلَّذِى لَهُۥ مُلْكُ ٱلسَّمَٰوَٰتِ وَٱلْأَرْضِ وَمَا بَيْنَهُمَا ﴾ **(الزخرف 85)**. وأن الإنسان هومستخلف في هذه الموارد ومخول فقط بالتصرف فيه على وفق ضوابط معينة كما في قوله تعالى:﴿ ءَامِنُوا۟ بِٱللَّهِ وَرَسُولِهِۦ وَأَنفِقُوا۟ مِمَّا جَعَلَكُم مُّسْتَخْلَفِينَ فِيهِ ﴾ **(الحديد7)**. وقوله تعالى: ﴿ وَءَاتُوهُم مِّن مَّالِ ٱللَّهِ ٱلَّذِىٓ ءَاتَىٰكُمْ ﴾**(النور33)**. لقد تضمن القرآن الكريم أيضا آيات تناولت مواضيع اقتصادية إجمالية مثل تحريم الربا، ومشروعية التجارة ﴿ٱلَّذِينَ يَأْكُلُونَ ٱلرِّبَوٰا۟ لَا يَقُومُونَ إِلَّا كَمَا يَقُومُ ٱلَّذِى يَتَخَبَّطُهُ ٱلشَّيْطَٰنُ مِنَ ٱلْمَسِّ ۚ ذَٰلِكَ بِأَنَّهُمْ قَالُوٓا۟ إِنَّمَا ٱلْبَيْعُ مِثْلُ ٱلرِّبَوٰا۟ ۗ وَأَحَلَّ ٱللَّهُ ٱلْبَيْعَ وَحَرَّمَ ٱلرِّبَوٰا۟ ﴾ **(البقرة 275)**. وكذلك تحريم أكل أموال الناس بالباطل، كما في قوله تعالى﴿ يَٰٓأَيُّهَا ٱلَّذِينَ ءَامَنُوا۟ لَا تَأْكُلُوٓا۟ أَمْوَٰلَكُم بَيْنَكُم بِٱلْبَٰطِلِ إِلَّآ أَن تَكُونَ تِجَٰرَةً عَن تَرَاضٍ مِّنكُمْ ۚ وَلَا تَقْتُلُوٓا۟ أَنفُسَكُمْ ۚ إِنَّ ٱللَّهَ كَانَ بِكُمْ رَحِيمًا ﴾ **(النساء:29)**.

وفي إبرام العقود وضرورة الالتزام بها قال تعالى ﴿ يَٰٓأَيُّهَا ٱلَّذِينَ ءَامَنُوٓاْ أَوۡفُواْ بِٱلۡعُقُودِۚ أُحِلَّتۡ لَكُم بَهِيمَةُ ٱلۡأَنۡعَٰمِ إِلَّا مَا يُتۡلَىٰ عَلَيۡكُمۡ غَيۡرَ مُحِلِّي ٱلصَّيۡدِ وَأَنتُمۡ حُرُمٌۗ إِنَّ ٱللَّهَ يَحۡكُمُ مَا يُرِيدُ ﴾ (المائدة:1).

هذا وقد فصل القرآن الكريم بشيء من التفصيل في بعض المواضيع كما في موضوع الميراث إذ قال تعالى ﴿ يُوصِيكُمُ ٱللَّهُ فِيٓ أَوۡلَٰدِكُمۡۖ لِلذَّكَرِ مِثۡلُ حَظِّ ٱلۡأُنثَيَيۡنِۚ فَإِن كُنَّ نِسَآءٗ فَوۡقَ ٱثۡنَتَيۡنِ فَلَهُنَّ ثُلُثَا مَا تَرَكَۖ وَإِن كَانَتۡ وَٰحِدَةٗ فَلَهَا ٱلنِّصۡفُۚ وَلِأَبَوَيۡهِ لِكُلِّ وَٰحِدٖ مِّنۡهُمَا ٱلسُّدُسُ مِمَّا تَرَكَ إِن كَانَ لَهُۥ وَلَدٞۚ فَإِن لَّمۡ يَكُن لَّهُۥ وَلَدٞ وَوَرِثَهُۥٓ أَبَوَاهُ فَلِأُمِّهِ ٱلثُّلُثُۚ فَإِن كَانَ لَهُۥٓ إِخۡوَةٞ فَلِأُمِّهِ ٱلسُّدُسُۚ مِنۢ بَعۡدِ وَصِيَّةٖ يُوصِي بِهَآ أَوۡ دَيۡنٍۗ ءَابَآؤُكُمۡ وَأَبۡنَآؤُكُمۡ لَا تَدۡرُونَ أَيُّهُمۡ أَقۡرَبُ لَكُمۡ نَفۡعٗاۚ فَرِيضَةٗ مِّنَ ٱللَّهِۗ إِنَّ ٱللَّهَ كَانَ عَلِيمًا حَكِيمٗا ﴾ (النساء:11). وكذلك هناك تفصيل مشابه في ما يسمى بآية الدّين ﴿ يَٰٓأَيُّهَا ٱلَّذِينَ ءَامَنُوٓاْ إِذَا تَدَايَنتُم بِدَيۡنٍ إِلَىٰٓ أَجَلٖ مُّسَمّٗى فَٱكۡتُبُوهُۚ وَلۡيَكۡتُب بَّيۡنَكُمۡ كَاتِبُۢ بِٱلۡعَدۡلِۚ وَلَا يَأۡبَ كَاتِبٌ أَن يَكۡتُبَ كَمَا عَلَّمَهُ ٱللَّهُۚ فَلۡيَكۡتُبۡ وَلۡيُمۡلِلِ ٱلَّذِي عَلَيۡهِ ٱلۡحَقُّ وَلۡيَتَّقِ ٱللَّهَ رَبَّهُۥ وَلَا يَبۡخَسۡ مِنۡهُ شَيۡـٔٗاۚ فَإِن كَانَ ٱلَّذِي عَلَيۡهِ ٱلۡحَقُّ سَفِيهًا أَوۡ ضَعِيفًا أَوۡ لَا يَسۡتَطِيعُ أَن يُمِلَّ هُوَ فَلۡيُمۡلِلۡ وَلِيُّهُۥ بِٱلۡعَدۡلِۚ وَٱسۡتَشۡهِدُواْ شَهِيدَيۡنِ مِن رِّجَالِكُمۡۖ فَإِن لَّمۡ يَكُونَا رَجُلَيۡنِ فَرَجُلٞ وَٱمۡرَأَتَانِ مِمَّن تَرۡضَوۡنَ مِنَ ٱلشُّهَدَآءِ أَن تَضِلَّ إِحۡدَىٰهُمَا فَتُذَكِّرَ إِحۡدَىٰهُمَا ٱلۡأُخۡرَىٰۚ وَلَا يَأۡبَ ٱلشُّهَدَآءُ إِذَا مَا دُعُواْۚ وَلَا تَسۡـَٔمُوٓاْ أَن تَكۡتُبُوهُ صَغِيرًا أَوۡ كَبِيرًا إِلَىٰٓ أَجَلِهِۦۚ ذَٰلِكُمۡ أَقۡسَطُ عِندَ ٱللَّهِ وَأَقۡوَمُ لِلشَّهَٰدَةِ وَأَدۡنَىٰٓ أَلَّا تَرۡتَابُوٓاْ إِلَّآ أَن تَكُونَ تِجَٰرَةً حَاضِرَةٗ تُدِيرُونَهَا بَيۡنَكُمۡ فَلَيۡسَ عَلَيۡكُمۡ جُنَاحٌ أَلَّا تَكۡتُبُوهَاۗ وَأَشۡهِدُوٓاْ إِذَا تَبَايَعۡتُمۡۚ وَلَا يُضَآرَّ كَاتِبٞ وَلَا شَهِيدٞۚ وَإِن تَفۡعَلُواْ فَإِنَّهُۥ فُسُوقُۢ بِكُمۡۗ وَٱتَّقُواْ ٱللَّهَۖ وَيُعَلِّمُكُمُ ٱللَّهُۗ وَٱللَّهُ بِكُلِّ شَيۡءٍ عَلِيمٞ ﴾ (البقرة:282).

من الآيات الكريمة السابقة نستدل على أن القرآن الكريم قد تضمن أحكاما شرعية اقتصادية يجب على المسلم الأخذ بها اعتقادا وعملا. ولكن القرآن الكريم هوكتاب عقيدة بالدرجة الأولى لذلك نجده يفصل في هذا المجال أي تفصيل. ومن المؤكد أن القرآن الكريم ليس كتاب اجتماع أوسياسة أواقتصاد

أوفلك ولكنه يشير إلى تلك المواضيع إشارة إجمالية ويرسم فقط خطوطها العريضة، ويترك المجال فسيحا أمام مصادر التشريع الأخرى لتبيان التفاصيل أوتحديد التطبيق العملي لهذه الاحكام بما يتلاءم مع كل زمان ومكان ولكن ضمن الإطار العام الذي يحدده القرآن الكريم. فالقرآن الكريم يأمر المؤمنين بعدم أكل أموال الناس بالباطل. ولكنه لم يفصل جميع صور هذا الباطل لأنها قد تكون متجددة. وكذلك الحال عندما يأمر القرآن الأخذ بنظام الشورى لم يحدد صيغة بعينها يتم التشاور على وفقها. بل يبقي اختيار الصيغة حسب تطور المجتمع الثقافي وتطور طرق المواصلات وسبل الاتصالات وما شابه ذلك.

من كل ما سبق نستنتج بأن القرآن الكريم هوالمصدر الأول الذي ينهل منه علم الاقتصاد الإسلامي قوانينه ومبادئه وأحكامه وغاياته. ويجتهد الاقتصادي المسلم في وضع السياسات الاقتصادية الكفيلة بإحالة هذه القوانين والأحكام والمبادئ إلى واقع عملي يعيشه المسلمون في حياتهم الاقتصادية.

2-2-1-2: السنة النبوية

تعد السنة النبوية المصدر الثاني من مصادر التشريع الإسلامي وهي كذلك بالنسبة للأفكار والنظم والتطبيقات الاقتصادية الإسلامية. إن السنة النبوية تتضمن تفصيلا وتوضيحا لأحكام القرآن الكريم وكذلك تتضمن إنشاء أحكام جديدة لم يتطرق إليها القرآن الكريم. والرسول محمد ﷺ كان يحيل كتاب الله وشرعه إلى تطبيق عملي مشاهد في جميع نواحي الحياة ومنها الناحية الاقتصادية.

إن المسلمين مأمورون بنص القرآن الكريم بإتباع السنة النبوية، وإن حياة المسلم لا تستقيم بالاستغناء عنها. إذ يقول الله تعالى ﴿ يَٰٓأَيُّهَا ٱلَّذِينَ ءَامَنُوٓاْ أَطِيعُواْ ٱللَّهَ

﴿ وَأَطِيعُواْ ٱلرَّسُولَ وَأُوْلِي ٱلۡأَمۡرِ مِنكُمۡ ﴾(النساء: 59) وكـذلك قولـه تعـالى ﴿ وَمَا يَنطِقُ عَنِ ٱلۡهَوَىٰٓ ٣ إِنۡ هُوَ إِلَّا وَحۡيٞ يُوحَىٰ ﴾ (النجم:3-4).

لقد احتوت السنة النبوية أحاديث كثيرة عن تنظيم جوانب اقتصادية مهمة مثل تقنين علاقة الإنسان المسلم بالمال المستخلف فيه. وفي جميع مراحل العملية الاقتصادية من إنتاج وتوزيع وتبادل واستهلاك. وسوف يأتي تفصيل ذلك في الفصول القادمة إن شاء الله تعالى.

من الجدير بالذكر القول بأن السنة النبوية لا تمثل بمفردها برنامج عمل لجميع السلوك الاقتصادي للفرد والمجتمع وفي كل زمان ومكان. بل هي ترسم خطوطا عريضة وأحكاما عامة - أكثر تفصيلا مما هو موجود في القرآن الكريم - يهتدي بها في استخلاص السلوك الاقتصادي الصحيح على صعيد التفاصيل الجزئية أو على صعيد ما يستجد من تطبيقات في حياة المجتمع الاقتصادية التي من شانها التجدد والتطور المستمرين.

3-2-2: المصادر التبعية:

لقد ترك القرآن الكريم والسنة النبوية المجال واسعا أمام أجيال المسلمين لاستنباط الأحكام لما يستجد لهم من مشاكل وتساؤلات تنشأ بعد عصر النبوة. حيث إن الحياة متطورة بطبيعتها. وقد لا يجد المسلمون حلولا جاهزة بتفاصيلها في القرآن الكرام أوفي السنة النبوية، فما عليهم والحالة هذه إلا أن يجتهدوا في ضوء الاحكام العامة التي أقرها القرآن الكريم والسنة النبوية، لاستخراج الحكم الشرعي لما يستجد من مسائل. وقد رتب علماء المسلمين مصادر التشريع الإسلامي بعد القرآن الكريم والسنة النبوية بالإجماع والقياس والاستحسان والمصالح المرسلة، وسد الذرائع، والعرف ...الخ. هذا فضلا عن أن الكثير من

أنواع السلوك الاقتصادي لا يمكن تقنينه مسبقا بل أن تحديده يختلف من حالة إلى أخرى. مثل التأكيد على صناعة دون أخرى، أواختيار أسلوب تكنولوجي دون آخر ... وما شابه ذلك.

4-2-2: المعرفة الاقتصادية:

لقد تطورت المعرفة الاقتصادية تطورا كبيرا أفقيا بشمولها مجالات اقتصادية واسعة وعموديا من خلال الدقة والعمق في التحليل بحيث لا يمكن للمهتم بالشؤون الاقتصادية الاستغناء عنها.

إن المعرفة الاقتصادية تضم الكثير من المفاهيم والقوانين والنظريات التي تفيد وتساعد الباحث في تفسير الظواهر الاقتصادية المشاهدة والتنبؤ بمستقبلها على وفق افتراضات معينة ومقبولة. كذلك تضم المعرفة الاقتصادية جهازا مفاهيميا موصفا بدقة لا غنى لأي باحث اقتصادي عنه مهما كان مذهبه الاقتصادي.

إن الجزء الذي نتكلم عنه من المعرفة الاقتصادية يتصف بكونه محايدا وعمليا ولا يتصف بأية صفة قيمية أومذهبية. مثال ذلك قوانين العرض والطلب، وشروط التوازن في الأسواق المختلفة، وقانون تناقص الغلة ووفورات ولا وفورات الحجم، والوفورات واللاوفورات الخارجية، وأثر الضرائب والإعانات في الاقتصاد القومي. وكذلك أساليب التحليل الرياضية والإحصائية والبيانية ... الخ.

إن هذا النوع من المعرفة الاقتصادية يمكن أن نشبهه بجدول الضرب أو العمليات الرياضية الأربع... التي تستخدم من قبل كل باحث مهما كان مذهبه. لذلك نقول إن أي دارس للاقتصاد الإسلامي يجب أن يكون ملما إلماما

كافيا بالمعرفة الاقتصادية الحديثة. حيث يستخدمها لدعم آرائه الاقتصادية الإسلامية. وكذلك يوظفها لمساعدته في تحقيق أهدافه الاقتصادية من خلال رسم السياسات الاقتصادية التي تكون ناجحة إذا ما استندت على تحليل اقتصادي نظري علمي رصين.

2-3: خصائص الاقتصاد الإسلامي:

لكل اقتصاد خصائص تميزه عن غيره. والإسلام عقيدة ونظام حياة ينظم جميع جوانب حياة الفرد والمجتمع المسلم، ومنها الجانب الاقتصادي وفيما يأتي أهم خصائص الاقتصاد الإسلامي:

2-3-1: الاقتصاد الإسلامي رباني المصدر:

ذلك لأنه يستمد مبادئه وقوانينه من القرآن الكريم والسنة النبوية. لذلك تكون قيمه مطلقة مبرأة من عيوب النسبية الزمانية والمكانية ومبرأة من عيوب الانحياز لطبقة اجتماعية معينة أوجنس دون آخر.

2-3-2: الاقتصاد الإسلامي قيمي:

إن الاقتصاد الإسلامي يلتزم بالقيم الإسلامية المستمدة من الدين الإسلامي الحنيف. وهوبذلك يكون معياري أي يهدف إلى تحقيق ما هومرغوب شرعا، أوما يجب أن يكون عليه الاقتصاد من وجهة نظر الشرع الإسلامي. إن القيم الإسلامية توجه السلوك الاقتصادي ويكون خاضعا لها. إن الباحث في الاقتصاد الإسلامي يجد ترابطا عضويا بين القيم الاقتصادية والقيم الأخلاقية الإسلامية لا نظير له فيما سواه. فالأخلاق الإسلامية تمثل لحمة الحياة الإسلامية وسداها.

2-3-3: الاقتصاد الإسلامي يحقق العدالة الاجتماعية:

ويتم ذلك من خلال نظم توزيع الثروة والدخل. حيث هناك نظام لتوزيع الثروة في المجتمع. ونظام لتوزيع عوائد الإنتاج على أصحاب عناصر الإنتاج المشتركة في تكوينه. وهناك نظام لإعادة توزيع الدخل بحيث يحد من اتساع الفجوة بين الدخول المرتفعة والمنخفضة. ومن أبهى صور العدالة الاجتماعية ضمان الكفاية لكل المواطنين بغض النظر عن دورهم في العملية الإنتاجية أودينهم. وبعد هذا الحد يسمح بالتفاوت في الملكية وذلك ما تقتضيه اعتبارات فطرية واجتماعية واقتصادية موضوعية عادلة، منها ضرورة التفرقة بين المجدين والخاملين، وضمان حافز للعمل والإبداع.

2-3-4: الملكية الإستخلافية:

الملكية في الاقتصاد الإسلامي ذات طبيعة تختلف عما هي عليه في النظم الأخرى، حيث تكون ملكية استخلافية ومعنى ذلك أن المالك المطلق هوالله الخالق البارئ للموجودات والإنسان مستخلف على ما بين يديه من أموال. لذلك ملكية الإنسان ليست مطلقة بل ترد عليها قيود كثيرة تتضمن طرق اكتساب الملكية وكيفية التعامل معها أثناء حياة المسلم وبعد وفاته.

2-3-5: الحرية الاقتصادية المنضبطة:

يقر الاقتصاد الإسلامي بالحرية الاقتصادية كأسلوب لمزاولة النشاط الاقتصادي. ولكن ترد عليها ضوابط يجب الالتزام بها وهذه الضوابط من شأنها أن توجه النشاط الاقتصادي الوجهة الصحيحة وتجعله منسجما متناسقا بكل تفاصيله محققا أعظم عائد اقتصادي واجتماعي. والالتزام بهذه الضوابط يأتي من مصدرين هما:

المصدر الأول: مصدر ذاتي نابع من الدافع الإيماني المتأصل في نفس المسلم الذي يملي عليه أن يلتزم بتعاليم الإسلام الاقتصادية وغيرها.

المصدر الثاني: مصدر موضوعي يتمثل بسلطة ولي الأمر أوالدولة حيث تتدخل في توجيه النشاط الاقتصادي الوجهة الصحيحة عندما يكون هناك أي نوع من أنواع الانحراف.

2-3-6: الاقتصاد الإسلامي اقتصاد واقعي:

يمتاز الاقتصاد الإسلامي بنظرته الواقعية إلى الأمور الحياتية التي يعالجها. فهويراعي غرائز الفرد وما جبل عليه من فطرة. وقدرته على الالتزام بالتشريعات. وهوبذلك يبتعد عن النظرات الخيالية غير القابلة للتطبيق على ارض الواقع. وبنفس الوقت لا يترك غرائز وطبائع الإنسان على سجيتها الفجة بحيث لوتركت بدون ضوابط فإنها تؤدي إلى انحراف في سلوك الإنسان والمجتمع الاقتصادي وهذا يؤدي إلى خسائر اقتصادية واجتماعية تصيب المجتمع. لقد طبق الاقتصاد الإسلامي على ارض الواقع بنجاح منقطع النظير وبدون أية خسائر اجتماعية واقتصادية. بل حقق مكاسب وعوائد اقتصادية واجتماعية كبيرة بكل المقاييس. وقد تجلى ذلك في عصر صدر الرسالة والعصور الإسلامية الزاهرة من بعده.

2-3-7: الاقتصاد الإسلامي اقتصاد مرن:

يقوم الاقتصاد الإسلامي على نوعين من الأحكام والقواعد هي:

النوع الأول: أحكام وقواعد ثابتة بطبيعتها: وهي عبارة عن مجموعة الأحكام والأصول والقواعد ذات المدلول الاقتصادي التي جاء بها الإسلام والواردة في القران الكريم والسنة النبوية إذ يجب على المسلمين الالتزام بها

في كل زمان ومكان. مثال ذلك فريضة الزكاة وتحريم التعامل بالسلع المحرمة وعدم الإضرار بالآخرين والإنفاق في سبيل الله وعدم التبذير والإسراف والتقتير وما شابه ذلك من الأحكام والقواعد.

النوع الثاني: قواعد متغيرة بطبيعتها: وهي عبارة عن الأساليب والخطط العلمية والسياسات والحلول الاقتصادية التي تباشرها الدولة والأفراد لإحالة أصول الإسلام ومبادئه الاقتصادية إلى واقع مادي ملموس يعيش المجتمع في كنفه مثال ذلك التحديد الدقيق لحد الكفاية. ومكافحة البطالة والتضخم وتحقيق النمووالتنمية الاقتصادية. واختيار وتحديد أوليات الاستثمار والأساليب التكنولوجية في الإنتاج.

إن تحديد هذه الأمور يتم بقرارات اقتصادية تتلاءم مع طبيعة الاقتصاد ومستوى تطوره وما متاح له من موارد. لذلك فإن هذه الإجراءات تختلف من زمان إلى آخر ومن مكان لآخر ولا يمكن أن تكون ثابتة جامدة. ولكنها مع ذلك تتغير وتتبدل ضمن الإطار العام الذي يحدده النوع الأول من القواعد والأحكام.

8-3-2: الاقتصاد الإسلامي اقتصاد وسطي:

يتميز الاقتصاد الإسلامي بأنه اقتصاد ذومبادئ وقيم وأحكام وسطية فلا إفراط ولا تفريط. فهويوازن بين المواقف المتطرفة بأسلوب واقعي. ومن مظاهر وسطيته الموازنة بين السعي للدنيا والسعي للآخرة والموازنة بين المصلحة الفردية والمصلحة الجماعية وبين الملكية الخاصة والملكية العامة. وكذلك وسطية في الإنفاق والاستهلاك وتدخل الدولة في النشاط الاقتصادي.

9-3-2: الاقتصاد الإسلامي اقتصاد تنموي:

إن تطبيـق مبـادئ الاقتصـاد الإسـلامي يـؤدي إلى إحـداث التنميـة الاقتصـادية وتحقيـق معدلات عالية من النموالاقتصادي المستدام لأنه يدعوإلى بـذل أقصى- الجهـود في مجـال الإنتـاج وتحقيق الاستخدام الأمثل للموارد الاقتصـادية المتاحـة ويضـمن صـيغ تمويـل واسـتثمار ناجحـة. وكذلك يضمن العدالة في توزيع ثمار النموعلى جميع أفراد المجتمـع بشـكل عـادل وعـلى وفـق معايير عادلة. وكذلك يحتـوي الاقتصـاد الإسـلامي عـلى صـيغ عادلـة وسلسـلة في مجـال التبـادل وتنظيم الأسواق. وكذلك يدعوإلى الاعتدال في الاتفـاق الاسـتهلاكي بعيـدا عـن التبـذير والإسراف. إضافة إلى دعوته إلى طلب العلم وتطبيقه في جميع ميادين الحياة.

المبحث الثالث
الملكية في الاقتصاد الإسلامي

يعد موضوع ملكية الثروة في الاقتصاد من أهم ميادين التمايز بين النظم الاقتصادية المختلفة فنلاحظ أن النظام الرأسمالي يؤكد على الملكية الفردية وأن للفرد حرية تامة في التصرف بما يملك أثناء حياته وبعد مماته. أما في النظام الاشتراكي (المخطط مركزيا) فإنه يؤكد على ملكية الدولة لجميع وسائل الإنتاج والتصرف فيها يكون من اختصاص الدولة. أما الملكية في النظام الاقتصادي الإسلامي فهي ملكية استخلافية. تقوم على ما يسمى بمبدأ الاستخلاف والمستمد مضمونه من القرآن الكريم المصدر الأول للاقتصاد الإسلامي.

1-3: مبدأ الاستخلاف

إن مبدأ الاستخلاف من المبادئ الأساسية التي يؤمن بها المسلم إذ ينظم هذا المبدأ علاقة المسلم بما تحت يده من أموال. من خلال ضوابط وقيود تضمن حسن استخدام هذه الأموال وتحول دون إساءة استخدامها.

يبين القرآن الكريم أن الله تعالى هوخالق الكون﴿ ٱللَّهُ ٱلَّذِى خَلَقَ ٱلسَّمَٰوَٰتِ وَٱلْأَرْضَ وَمَا بَيْنَهُمَا فِى سِتَّةِ أَيَّامٍ ثُمَّ ٱسْتَوَىٰ عَلَى ٱلْعَرْشِ ۖ مَا لَكُم مِّن دُونِهِۦ مِن وَلِىٍّ وَلَا شَفِيعٍ ۚ أَفَلَا تَتَذَكَّرُونَ ﴾ **(السجدة:4)**. وخالق الشيء وبادئه هو مالكه ملكية مطلقة ﴿ لِلَّهِ مُلْكُ ٱلسَّمَٰوَٰتِ وَٱلْأَرْضِ وَمَا فِيهِنَّ ۚ وَهُوَ عَلَىٰ كُلِّ شَىْءٍ قَدِيرٌۢ ﴾ **(المائدة:120)**، ﴿ وَتَبَارَكَ ٱلَّذِى لَهُۥ مُلْكُ ٱلسَّمَٰوَٰتِ وَٱلْأَرْضِ وَمَا بَيْنَهُمَا وَعِندَهُۥ عِلْمُ ٱلسَّاعَةِ وَإِلَيْهِ تُرْجَعُونَ ﴾ **(الزخرف:85)**. هذه ملكية لا يشاركه فيها أحد ﴿ وَلَمْ يَكُن لَّهُۥ شَرِيكٌ فِى ٱلْمُلْكِ ﴾ **(الإسراء: 111)**.

إن المسلم يؤمن بالضرورة بما تقرره هذه الآيات من أن الملك جميعه لله

تعالى، وأن المالك المطلق وحده له حق التصرف المطلق بما يشاء من ملكه. وأنه سبحانه قد امتن على عباده بأن سخر لهم هذا الملك لينتفعوا به ويستعينوا به لأداء مهمتهم في العبادة. ﴿أَلَمْ تَرَوْا۟ أَنَّ ٱللَّهَ سَخَّرَ لَكُم مَّا فِى ٱلسَّمَٰوَٰتِ وَمَا فِى ٱلْأَرْضِ وَأَسْبَغَ عَلَيْكُمْ نِعَمَهُۥ ظَٰهِرَةً وَبَاطِنَةً ۗ وَمِنَ ٱلنَّاسِ مَن يُجَٰدِلُ فِى ٱللَّهِ بِغَيْرِ عِلْمٍ وَلَا هُدًى وَلَا كِتَٰبٍ مُّنِيرٍ﴾ (لقمان:20)، ﴿وَسَخَّرَ لَكُم مَّا فِى ٱلسَّمَٰوَٰتِ وَمَا فِى ٱلْأَرْضِ جَمِيعًا مِّنْهُ ۚ إِنَّ فِى ذَٰلِكَ لَءَايَٰتٍ لِّقَوْمٍ يَتَفَكَّرُونَ﴾ (الجاثية:13).

لقد أتم الله نعمته على الإنسان بأنه استخلفه في بعض ملكه ﴿وَإِذْ قَالَ رَبُّكَ لِلْمَلَٰٓئِكَةِ إِنِّى جَاعِلٌ فِى ٱلْأَرْضِ خَلِيفَةً﴾ (البقرة: 30)، وقال تعالى ﴿وَهُوَ ٱلَّذِى جَعَلَكُمْ خَلَٰٓئِفَ ٱلْأَرْضِ وَرَفَعَ بَعْضَكُمْ فَوْقَ بَعْضٍ دَرَجَٰتٍ لِّيَبْلُوَكُمْ فِى مَآ ءَاتَىٰكُمْ ۗ إِنَّ رَبَّكَ سَرِيعُ ٱلْعِقَابِ وَإِنَّهُۥ لَغَفُورٌ رَّحِيمٌۢ﴾ (الأنعام:165). وقد قضت حكمة المستخلف سبحانه أن يبين للإنسان المُستخلف طريقة التصرف في المال المستخلف فيه، ولم يكله إلى نفسه بل أرسل له الرسل ليهديه إلى أسلوب التعامل الصحيح مع ما استخلف فيه. وقد رتب الله تعالى الثواب والعقاب على مدى الالتزام بهدي الله المبلغ للناس عن طريق الرسل ﴿فَإِمَّا يَأْتِيَنَّكُم مِّنِّى هُدًى فَمَنِ ٱتَّبَعَ هُدَاىَ فَلَا يَضِلُّ وَلَا يَشْقَىٰ ﴿١٢٣﴾ وَمَنْ أَعْرَضَ عَن ذِكْرِى فَإِنَّ لَهُۥ مَعِيشَةً ضَنكًا وَنَحْشُرُهُۥ يَوْمَ ٱلْقِيَٰمَةِ أَعْمَىٰ﴾ (طه:124)، ومن الضروري التأكيد على أن نتائج الالتزام بهدي الله أوعدمه لا تظهر في الحياة الآخرة فقط بل تظهر في الحياة الدنيا أيضا على شكل سعادة عيش أو ضنك.

إن كل نشاط اقتصادي يزاوله المسلم واقع ضمن التكليف. أي يثاب عليه إن أحسن ويعاقب عليه إن أساء. وهكذا تضفى على الملكية الاستخلافية صبغة

عقدية وحكم شرعي يترتب عليه تبعات دنيوية وأخروية على المستخلفين[1]. وهذا يعني أنه في الإسلام وحده يملك الإنسان المسلم في أن واحد أن يعيش لدنياه وهويعمل لآخرته. وأن يعمل لله وهويعمل لمعاشه، وأن يحقق التزامه الديني من خلال مزاولة نشاطه اليومي في عمارة الأرض ومباشرة أمور الرزق. ولا يتطلب كل ذلك إلا إخلاص النية لله تعالى فيما يقوم به من أعمال. إذ أن النيات تقلب العادات إلى عبادات.

عندما نقرأ القرآن الكريم نجد فيه ثلاثة مواقف متناسقة تجاه المال والثروة تنظم هذه المواقف حقيقة ما يجب أن تكون عليه نظرة وعلاقة الإنسان بالمال المستخلف فيه. ولكل موقف أهداف يراد إبلاغها وترسيخها.

1-1-3: الموقف الأول:

نسبة المال إلى اللـه تعالى:

ورد هذا الموقف في آيات كثيرة منها قوله تعالى ﴿ وَءَاتُوهُم مِّن مَّالِ ٱللَّهِ ٱلَّذِىٓ ءَاتَىٰكُمْ ﴾(النور: **33**)، وقوله تعالى ﴿ يَٰٓأَيُّهَا ٱلَّذِينَ ءَامَنُوٓاْ أَنفِقُواْ مِمَّا رَزَقْنَٰكُم ﴾ (البقرة: **254**) وقوله تعالى ﴿ ءَامِنُواْ بِٱللَّهِ وَرَسُولِهِۦ وَأَنفِقُواْ مِمَّا جَعَلَكُم مُّسْتَخْلَفِينَ فِيهِ ﴾(الحديد: **7**)، وكذلك في مواضع أخرى من القرآن الكريم تنسب الأموال إلى اللـه تعالى. وهذا الموقف ينسجم مع ملكية اللـه تعالى المطلقة لما خلق من سماوات وأرض وما فيهما. وغالبا ما يرد هذا الموقف عندما يراد التوجيه والإرشاد إلى البذل والإنفاق في سبيل اللـه تعالى.

---

(1) عبد الجبار حمد عبيد السبهاني، الاستخلاف و التركيب الاجتماعي في الإسلام، رسالة ماجستير في الاقتصاد، كلية الإدارة والاقتصاد، جامعة بغداد، 1405هـ - 1985م ص41.

ومن أهداف هذا الموقف أنه يذكّر الناس بأن ما يملكون من أموال هي ملك مطلق لله تعالى وليست لهم. وأن سلطانهم عليها محدود لا يتجاوز الالتزام بمهام الخلافة لذلك عليهم أن يلتزموا بأوامر ونواهي المالك الأصلي، فيما يخص جمع الأموال واستغلالها وإنفاقها ... وإلا فلا يكونون ملتزمين بشروط الاستخلاف الإلهي وسيكونون ناقضين لهذا العهد وسوف يحاسبون على ذلك[1].

لقد أجمع الفقهاء على أن العباد لا يملكون الأعيان، وإنما مالك الأعيان خالقها سبحانه، وأن العباد لا يملكون سوى الانتفاع بها على الوجه المأذون فيه شرعا فمن كان مالكا لعموم الانتفاع فهوالمالك المطلق ومن كان مالكا لنوع منه فملكه مقيد[2].

إن في هذا التقرير ضمان للالتزام بحسن التعامل مع الأموال كسبا واستغلالا وإنفاقا، يستمد من إيمان المسلم بالآيات الكريمة السابق ذكرها، وما تقرره من التزام بأوامر ونواهي الشارع الحكيم.

2-1-3: الموقف الثاني:

نسبة الأموال إلى عباد أفرادا وجماعات

ينسب القرآن الكريم ملكية الأموال إلى العباد أفرادا تارة كما في قوله تعالى ﴿ ٱلَّذِى يُؤۡتِى مَالَهُۥ يَتَزَكَّىٰ ﴾ (الشمس:**18**) وقوله تعالى ﴿ يَحۡسَبُ أَنَّ مَالَهُۥٓ

(1) محمد صقر و آخرون، دور الاقتصاد الإسلامي في إحداث نهضة معاصرة، ط1 جمعية الدراسات و البحوث الإسلامية، عمان، 1400 هـ 1980م ص 31.

(2) أبو الفرج عبد الرحمن بن رجب الحنبلي، القواعد في الفقه الإسلامي، دار المعرفة للطباعة و النشر بيروت ب ت، ص 195.

﴿أَخْلَدَهُۥ﴾ (الهمزة:3) وقوله تعالى ﴿مَآ أَغْنَىٰ عَنِّي مَالِيَهْ ۜ﴾ (الحاقة:28).

وينسب القرآن الكريم المال إلى الجماعة تارة أخرى في قوله تعالى ﴿وَلَا تُؤْتُوا۟ ٱلسُّفَهَآءَ أَمْوَٰلَكُمُ ٱلَّتِى جَعَلَ ٱللَّهُ لَكُمْ قِيَـٰمًا وَٱرْزُقُوهُمْ فِيهَا وَٱكْسُوهُمْ وَقُولُوا۟ لَهُمْ قَوْلًا مَّعْرُوفًا﴾ (النساء:5)، وقوله تعالى﴿يَـٰٓأَيُّهَا ٱلَّذِينَ ءَامَنُوا۟ لَا تَأْكُلُوٓا۟ أَمْوَٰلَكُم بَيْنَكُم بِٱلْبَـٰطِلِ﴾ (النساء: 29)، وقوله تعالى ﴿إِنَّ ٱللَّهَ ٱشْتَرَىٰ مِنَ ٱلْمُؤْمِنِينَ أَنفُسَهُمْ وَأَمْوَٰلَهُم بِأَنَّ لَهُمُ ٱلْجَنَّةَ﴾(التوبة: 111). إن إضافة المال إلى العباد أفرادا وجماعات تدل على أنهم ملكوا حق الانتفاع به على الوجه الشرعي فقط. حيث إن القاعدة اللغوية تقضي بأن الإضافة يكفي فيها أدنى الأسباب. لذلك نجد أن القرآن الكريم أضاف مال السفهاء إلى أوليائهم لا لأنهم ملكوا المال ولكن لأنهم ملكوا حق التصرف فيه - لصالح السفهاء - بما لهم من حق الولاية[1].

ليس هناك تناقض بين نسبة ملكية المال إلى الخالق سبحانه مرة وإلى العباد أفرادا وجماعات مرة أخرى. بل إن ذلك يحقق مقاصد شرعية منها:

أ. إن إضافة المال إلى الله تعالى فيها ضمان وجداني لتوجيه المال إلى نفع العباد. وعدم استخدام هذا المال بشكل يضر بالفرد والمجتمع.

ب. تحد من تعلق الإنسان بما تحت يده من أموال. وتهون عليه أمر الإنفاق والتخلي عن هذا المال عندما يتطلب الأمر ذلك.

ج. إن إضافة المال إلى العباد فيه إشباع لغريزة حب التملك التي جبل عليها الإنسان والمتأصلة في طبعه كما في قوله تعالى ﴿وَتُحِبُّونَ ٱلْمَالَ حُبًّا جَمًّا﴾

(1) عبد القادر عودة، المال و الحكم في الإسلام، ط5، المختار الإسلامي للطباعة و النشر والتوزيع، القاهرة، 1397هـ - 1977، ص 43.

(الفجر:20)، وقوله تعالى ﴿ وَإِنَّهُۥ لِحُبِّ ٱلۡخَيۡرِ لَشَدِيدٌ ﴾ (العاديات:8).

د. إن إضافة المال إلى العباد فيه حافز لاستثارة همة الإنسان في سبيل الحفاظ على هذا المال والحرص على استثماره وتنميته في أفضل الفرص الاستثمارية، وكذلك عدم إنفاق الأموال بتبذير وإسراف أوتقتير.

هـ. ن الإسلام دين المسؤولية - وهذه المسؤولية يجب أن تحدد بدقة لكي يثاب المحسن ويعاقب المسيء - وهناك مستويان من المسؤولية:

المستوى الأول: مسؤولية الفرد عما تحت يده من أموال وكيفية تعامله معها ﴿ فَمَن يَعۡمَلۡ مِثۡقَالَ ذَرَّةٍ خَيۡرٗا يَرَهُۥ ۝٧ وَمَن يَعۡمَلۡ مِثۡقَالَ ذَرَّةٖ شَرّٗا يَرَهُۥ ﴾ (الزلزلة:7-8)، وقوله تعالى ﴿ كُلُّ نَفۡسِۭ بِمَا كَسَبَتۡ رَهِينَةٌ ﴾ (المدثر:38). ويقول الرسول محمد ﷺ (ما تزال قدما عبد يوم القيامة حتى يسأل عن أربع عمره فيم أفناه، وعن شبابه فيما أبلاه، وعن ماله من أين اكتسبه وفيم أنفقه وعن علمه ماذا عمل به)[1].

المستوى الثاني: مسؤولية المجتمع التي وردت بصيغة خطاب للجماعة المسلمة كقوله تعالى ﴿ وَلَا تُؤۡتُواْ ٱلسُّفَهَآءَ أَمۡوَٰلَكُمُ ٱلَّتِي جَعَلَ ٱللَّهُ لَكُمۡ قِيَٰمٗا ﴾ (النساء: 5). إضافة إلى المسؤولية التي تقع على ولي الأمر حيث يقول الرسولﷺ ((كلكم راعٍ وكلكم مسؤول عن رعيته، فالإمام راع ومسؤول عن رعيته ...))[2].

(1) زكي الدين عبد العظيم بن عبد القوي المنذري، الترغيب و الترهيب من الحديث الشريف، ج2، ط1، بيروت، دار الكتب العلمية، 1406هـ - 1986م، ص 552.
(2) البخاري، 844.

3-1-3-1: الموقف الثالث:.

بعد أن بين القرآن الكريم المواقف النظرية للموقف من الملكية نجده يحدد طبيعة الموقف العملي من الأموال والحقوق المترتبة عليها في آيات أخرى كقوله تعالى ﴿ ءَامِنُواْ بِٱللَّهِ وَرَسُولِهِۦ وَأَنفِقُواْ مِمَّا جَعَلَكُم مُّسْتَخْلَفِينَ فِيهِ ﴾ (الحديد: 7). وكذلك حق الجماعة في مال الفرد كقوله تعالى ﴿ وَفِىٓ أَمْوَٰلِهِمْ حَقٌّ لِّلسَّآئِلِ وَٱلْمَحْرُومِ ﴾ (الذريات:**19**) ومسؤولية ولي الأمر على سبيل المثال في جباية الزكاة ﴿ خُذْ مِنْ أَمْوَٰلِهِمْ صَدَقَةً تُطَهِّرُهُمْ وَتُزَكِّيهِم بِهَا وَصَلِّ عَلَيْهِمْ إِنَّ صَلَوٰتَكَ سَكَنٌ لَّهُمْ وَٱللَّهُ سَمِيعٌ عَلِيمٌ ﴾ (التوبة:**103**) وفي توزيع حصيلتها ﴿ إِنَّمَا ٱلصَّدَقَٰتُ لِلْفُقَرَآءِ وَٱلْمَسَٰكِينِ وَٱلْعَٰمِلِينَ عَلَيْهَا وَٱلْمُؤَلَّفَةِ قُلُوبُهُمْ وَفِى ٱلرِّقَابِ وَٱلْغَٰرِمِينَ وَفِى سَبِيلِ ٱللَّهِ وَٱبْنِ ٱلسَّبِيلِ فَرِيضَةً مِّنَ ٱللَّهِ وَٱللَّهُ عَلِيمٌ حَكِيمٌ ﴾ (التوبة:**60**).

2-3: أشكال الملكية الاستخلافية

يمكن تقسيم الملكية الاستخلافية على أربعة أنواع هي:

1-2-3 الملكية الاستخلافية الفردية:

لقد أقر الإسلام ملكية الأفراد للأموال حيث قال تعالى ﴿ إِنَّ ٱللَّهَ ٱشْتَرَىٰ مِنَ ٱلْمُؤْمِنِينَ أَنفُسَهُمْ وَأَمْوَٰلَهُم بِأَنَّ لَهُمُ ٱلْجَنَّةَ يُقَٰتِلُونَ فِى سَبِيلِ ٱللَّهِ فَيَقْتُلُونَ وَيُقْتَلُونَ وَعْدًا عَلَيْهِ حَقًّا فِى ٱلتَّوْرَىٰةِ وَٱلْإِنجِيلِ وَٱلْقُرْءَانِ وَمَنْ أَوْفَىٰ بِعَهْدِهِۦ مِنَ ٱللَّهِ فَٱسْتَبْشِرُواْ بِبَيْعِكُمُ ٱلَّذِى بَايَعْتُم بِهِۦ وَذَٰلِكَ هُوَ ٱلْفَوْزُ ٱلْعَظِيمُ ﴾ (التوبة:**111**)، وقال تعالى ﴿ خُذْ مِنْ أَمْوَٰلِهِمْ صَدَقَةً تُطَهِّرُهُمْ وَتُزَكِّيهِم بِهَا وَصَلِّ عَلَيْهِمْ إِنَّ صَلَوٰتَكَ سَكَنٌ لَّهُمْ وَٱللَّهُ سَمِيعٌ ﴾ (التوبة:**103**). وقال الرسول ﷺ ((من قتل دون ماله

فهو شهيد))[1]. إن في هذا الإقرار استجابة للفطرة الإنسانية المحبة للمال وتحفيزا لبـذل الجهد وتنمية الأموال وحسن استخدمها. كذلك ليكون كـل فـرد مسـؤول عـما تحـت يـده مـن أموال فلا يصح أن تكون مسؤولية العباد عن كل الأموال المسخرة لهـم مسؤولية شـائعة. لـذلك أقر الإسلام الملكية الفردية ليسأل كل فرد عما استخلف فيه من أموال.

3-2-2 الملكية الاستخلافية الجماعية:

تتمثل في أن ينظم شخصان أوأكثر نشاطهم الاقتصادي بصورة استثمار مشترك مثال علـى ذلك الشركات الإسلامية الإنتاجية التي تكون بصيغ متعددة ومشروعه كشركة المضاربة والعنان.

3-2-3: الملكية الاستخلافية الاجتماعية:

وتشمل بعـض الأمـوال التـي تكـون ملكيتهـا مشـاعة بيـن النـاس والأصـل في ذلـك قـول الرسول ﷺ (المسلمون شركاء في ثلاث: في الكلأ والماء والنار)[2]، ولا يقتصر مدلول النص على هذه الموارد فقط بل أن قواعد الشريعة تقضي بأن ما كان ضروريا مثلها لا يصح أن يترك تملكه للأفـراد خصوصا إذا نشأ عن ذلك حرج يصيب عامة الناس.

---

(1) أبو عبد اللـه محمد بن يزيد القزويني، إبن ماجه، سنن ابن ماجه، م4، ص19.
(2) أبو داود سليمان بن الأشعث بـن إسحاق الأزدي السجستاني، سـنن أبي داود، ج2، ط1 القاهرة، مطبعـة البابي الحلبي و أولاده، 1952، ص 249.

4-2-3 الملكية الاستخلافية لبيت المال:

تتضمن الأموال التي تكون بيد الدولة التي تتصرف فيها لتحقيق المصالح العامة المعتبرة شرعا. ومن أمثلة هذه الأموال الزكاة التي لها أوجه إنفاق محددة شرعا وخمس الغنائم والمعادن والركاز، واللقطات ومال من لا وارث له وأموال الجزية.

وبشكل عام يمكن أن نحدد ميدان الملكية للنوعين الآخرين بأنواع الأموال الآتية:

1. الأموال التي ترصد للمنافع العامة، ولا يمكن أن تستوفي كامل أغراضها وهي مملوكة للأفراد كالطرق والأنهار.
2. الموارد الإنتاجية التي تكون حية بطبيعتها. حيث يكون عائد الاستثمار فيها كبيرا بحيث لا يتناسب مع الكلفة المبذولة.
3. الأموال التي تؤول ملكيتها من الأفراد إلى الدولة. هذه الأموال لا يمكن أن تملك للأفراد ملكية تامة بل يمكن أن تقطع لهم إقطاع منفعة لا إقطاع رقبة كما هوالحال في أرض السواد (العراق).

3-3: ضوابط الملكية الاستخلافية:

تنضبط الملكية الاستخلافية من خلال القيود التي أوردها الشارع الحكيم عليها التي يجب أن يلتزم بها المستخلف. ويمكن أن نصنف هذه القيود على نوعين هما[1]:

(1) جعفر عباس حاجي، المذهب الاقتصادي في الإسلام، القسم الأول، ط1، الكويت مكتبة الألفين، 1408هـ - 1987م، ص325-338.

1-3-3: القيود الأصلية الواقعة على الملكية:

هذه القيود مستمدة من القرآن الكريم والسنة النبوية والأحكام الاجتهادية الصادرة من كبار فقهاء المسلمين. حيث تبين بأن الإنسان لا يملك الحرية المطلقة في حياته أوبعد مماته في التملك من حيث المصدر والاستعمال أوالإنفاق أوالانتقال. ويمكن تصنيف القيود الأصلية على أربعة أنواع هي كآلاتي:

1-1-3-3: القيود الملازمة لأسباب الملك

لقد حدد الإسلام طرقا مشروعة للتملك منها:

أ. الاستيلاء على المباح

ب. العمل المشروع

ج. الميراث

د. العقود المباحة الناقلة للملكية

وقد حرم الإسلام طرقا غير مشروعة للتملك منها:

أ. الربا

ب. الاحتكار

ج. السرقة

د. الغصب

هـ الرشوة

و. العمل المحرم وكل كسب حرمته الشريعة الإسلامية

3-3-1-2: القيود الملازمة لاستعمال الملكية:

بعد أن يدخل المال في ملكية المسلم ترد عليه القيود الآتية:

أ. أداء كافة الحقوق المالية المترتبة على ملكيته للأموال وعلى وفق الشروط الشرعية ومن أهم هذه الحقوق الزكاة والنفقات الواجبة.

ب. الامتناع عن مباشرة التصرفات المالية المحرمة مثل الاكتناز والتبذير والإسراف والتقتير. وعدم الإضرار بالآخرين.

ج. يجب عليه أن يحسن الانتفاع بما يملك من أموال وعليه أن ينميها بطرق الاستثمار المشروعة. وإذا أساء استعمالها بما يضر بمصلحته أو بمصلحة المجتمع فيعد سفيها ويحجر عليه عندئذ.

3-3-1-3: القيود الملازمة لانتقال الملكية:

إن انتقال الملكية من شخص إلى آخر إما أن يكون أثناء حياته أوبعد مماته:

أ. قيود نقل الملكية أثناء حياة المالك: يجب أن يتم الانتقال على وفق صيغ مشروعة مثل العقود الناقلة للملكية كالبيع والهبة والهدية ونقل الملكية عن طريق حكم القضاء كالحجر على أموال المدين أونزع الملكية الخاصة لمصلحة عامة.

ب. قيود نقل الملكية بعد وفاة المالك: هناك حقوق ترد على الملكية بعد وفاة المالك هي حسب الترتيب:

- حقوق الميت نفسه والمتمثلة بنفقات تجهيزه ودفنه.
- حقوق الدائنين للميت.
- حقوق الموصى لهم بحدود الثلث ومن غير الورثة.
- حقوق الورثة التي يحددها نظام الميراث الإسلامي.

3-3-1-4: القيود الملازمة لموضوع الملكية:

هناك قيود نوعية ترد على الملكية فلا يجوز للمسلم تملك الأشياء المحرمة كالخمر ولحم الخنزير والميتة ... وهناك قيود كمية فلا يجوز للمسلم تملك الثروات العامة كماء الأنهار والمراعي.

3-3-2: القيود الاستثنائية التي ترد على الملكية:

تنشأ هذه القيود من خلال قيام الدولة بدورها الاقتصادي المتمثل بضبط النشاط الاقتصادي ورده إلى السلوك الصحيح متى ما حصل انحراف وكذلك تنشأ هذه القيود من واجب الدولة في رعاية المصلحة العامة والحرص عليها. ومن صور هذه القيود:

3-3-2-1: فرض الضرائب على المكلفين عندما تتطلب المصلحة العامة ذلك.

3-3-2-2: التدخل في تحديد الأسعار عندما ينشأ انحراف في آلية السوق مثل الاحتكار.

3-3-2-3: توجيه النشاط الإنتاجي والاستهلاكي للأفراد بما يحقق المصلحة العامة.

3-3-2-4: التدخل لتحقيق مبدأ الضمان والتكافل الاجتماعي.

3-3-2-5: التدخل لنزع الملكية الفردية عند تعارضها مع المصلحة العامة، أوأن تتطلب الأخيرة ذلك. ويتم ذلك بعوض وهوما يسمى بالتأميم.

إن وجود هذه القيود مجتمعة من شأنها أن تجعل من الملكية الاستخلافية أداة لعمارة الأرض ونفع الناس وعدم الإضرار بهم وتحقيق الانسجام وعدم

التعارض بين المصالح الفردية والمصالح الجماعية. بمعنى آخر أنها تجعل الملكية الاستخلافية وظيفة اجتماعية يمارسها المستخلف على وفق ضوابط صارمة ترفع من كفاءة أداء هذا المستخلف وتحقق أعظم عائد اقتصادي واجتماعي ممكن.

إن الالتزام بهذه القيود ينشأ من مصدرين الأول هوإيمان المسلم بالأحكام الشرعية. وسعيه لتعظيم ثوابه في الآخرة من خلال الالتزام بأكبر قدر يستطيعه من هذه الأحكام. ويعد الدافع الإيماني هواللبنة الأساسية التي اعتمد عليها الإسلام في بناء المجتمع المسلم.

أما المصدر الثاني للالتزام بهذه القيود فينشأ من رقابة المجتمع على تصرفات أفراده الاقتصادية ممثلا بالدولة حيث من مسؤوليتها تقويم أي اعوجاج في سلوك الوحدات الاقتصادية متى ما حصل ورده إلى السلوك الصحيح وبالطريقة المناسبة بحيث لا يكون هناك تعارض مع مقاصد الشريعة ولا مع المصلحة العامة.

المبحث الرابع
المشكلة الاقتصادية وسبل حلها في المذاهب الاقتصادية

1-4: طبيعة المشكلة الاقتصادية:

يقصد بالمشكلة الاقتصادية ندرة الموارد الاقتصادية مقارنة مع الحاجات الإنسانية المتعددة لذلك يجب الاختيار من بين الاستخدامات المتعددة لهذه الموارد لإشباع أكبر قدر من تلك الحاجات[1]. وعليه يمكن القول إن أي وضع اقتصادي يتميز بالخصائص الآتية[2]:

1. ندرة الموارد بالنسبة للرغبات كشرط أساس لقيام أي مشكلة اقتصادية.
2. لكل مورد اقتصادي استعمالات بديلة بحيث أن كل استعمال يشبع رغبة معينة، إن تخصيص المورد لإشباع أية رغبة لابد أن يستوجب التضحية بإشباع رغبة أخرى.
3. تعذر حل المشكلة الاقتصادية إلا بالاختيار بين الرغبات العديدة.
4. ارتباط المشكلة الاقتصادية ارتباطا وثيقا بطرق الأفراد في كسب مواردهم باعتبارها الخطوة الضرورية في عملية إشباع الرغبات.

إن المشاكل الاقتصادية التي يتولى حلها علم الاقتصاد هي مشاكل

---

(1) عبد المنعم السيد علي، مدخل في علم الاقتصاد، ج1، (الجامعة المستنصرية، مطابع جامعة الموصل، 1984) ص 63.

(2) فكري أحمد نعمان، النظرية الاقتصادية في الإسلام، ط1 (بيروت، المكتب الإسلامي 1405هـ - 1985م)، ص 95.

موضوعية بكل المقاييس. وموضع الاختلاف بين المذاهب الاقتصادية ليست في كونها مشاكل من عدمها وإنما في مواجهتها بالحلول الصحيحة والأساليب الإيجابية المناسبة[1].

والاقتصاد الإسلامي يقر بوضوح تام بوجود مشكلة اقتصادية رئيسة تتفرع عنها المشاكل الفرعية في المجتمع، إلا أن الأسلوب والأدوات والمقاييس المستخدمة في تحديد المشكلة الرئيسة وتشخيص علتها الأساسية وكيفية علاجها تختلف في الاقتصاد الإسلامي عما هي عليه في المذاهب الوضعية الأخرى.

2-4: المشكلة الاقتصادية وسبل حلها في المذهب الاقتصادي الرأسمالي.

إن سبب المشكلة الاقتصادية من وجهة نظر الاقتصاد الرأسمالي يكمن في جانبين هما: جانب عرض الموارد الاقتصادية حيث يسود الاعتقاد بأن الموارد الاقتصادية محدودة بسبب محدودية الأرض وما فيها، أوشح الطبيعة وأن هذه الموارد آخذة في النقصان بسبب استهلاكها المستمر، ولا يمكن مضاعفة الإنتاج لسبب واحد على الأقل هوظهور مفعول قانون تناقص الغلة[2].

أما الجانب الثاني فهوجانب الطلب حيث إن حاجات الإنسان في ازدياد مستمر بسبب زيادة حجم السكان من جانب وظهور حاجات جديدة مع تطور المجتمع حضاريا من جانب آخر. مع هذا التناقض أوعدم التوافق بين الجانبين

(1) محمد الفيصل آل سعود، التعريف الاصطلاحي لعلم الاقتصاد الإسلامي (مطابع الاتحاد الدولي للبنوك الإسلامية)، ص23.

(2) يعني قانون تناقص الغلة: أنه عند إضافة وحدات متتالية من عنصر إنتاجي متغير إلى عناصر الإنتاج الثابتة فإن الناتج الكلي يزداد أولا بمعدل متزايد ثم بمعدل متناقص إلى أن يصل إلى أعلى مستوى له ثم يبدأ بالتناقص المطلق.

تنشأ مشكلة الاختيار بين الاستخدامات المتعددة لهذه الموارد لإشباع أكبر قدر من تلك الحاجات. إن عملية الاختيار لهذه القرارات الاقتصادية الأخرى كلها تتم على وفق آلية السوق أوجهاز الأسعار الذي يعمل بدون تدخل الدولة ويعطي أفضل الحلول حسب وجهة نظر هذا النظام.

4-3: المشكلة الاقتصادية وسبل حلها في المذهب الاشتراكي الماركسي:

إن سبب المشكلة الاقتصادية من وجهة نظر كتاب الاقتصاد الاشتراكي الماركسي هوالتناقض بين شكل الإنتاج وعلاقات الإنتاج أي بين مستوى تطور أدوات وأساليب الإنتاج وبين علاقات التوزيع أي كيفية تقاسم الناتج بين أفراد المجتمع. ومن وجهة نظر النظام الاشتراكي الماركسي فإنه متى ما تم الوفاق والانسجام بين شكل الإنتاج وعلاقات الإنتاج فإن المشكلة الاقتصادية سوف تحل وهذا ما سوف يحصل باعتقادهم عندما يصل المجتمع إلى النظام الشيوعي.

4-4: أسباب المشكلة الاقتصادية وسبل حلها في الاقتصاد الإسلامي:

إن نظرة الاقتصاد الإسلامي إلى المشكلة الاقتصادية لا تتفق مع نظرة الاقتصاد الرأسمالي للأسباب الآتية:

أ. عدم صحة قانون تناقض الغلة تطبيقيا على صعيد العالم لأنه يفترض ثبات المعرفة العلمية وثبات المستوى التكنولوجي المستخدم في الإنتاج. وهذا يعني أن حجم الموارد لا يتحدد بما موجود فعلا بل يتحدد أيضا بالمستوى التكنولوجي السائد.

ب. إن الإقرار بتزايد حاجات الإنسان وعدم محدوديتها ناشئ من النظرة المادية الشهوانية والحيوانية إلى الحياة والتمتع بأكبر قدر من الملاذ دون الالتفات إلى أي قيم أخرى.

ج. إن الواقع يشير إلى أن الكثير من الموارد الاقتصادية غير مستغلة لاسيما في الدول الفقيرة وإن الكثير منها أيضا مستغل لإشباع حاجات كمالية جدا، وإن موارد أخرى مسخرة لإشباع حاجات تضر بالإنسانية أصلا.

وكذلك لا تتفق نظرة الاقتصاد الإسلامي مع نظرة الاشتراكيين الماركسيين للأسباب الآتية:

أ. إن دراسة الوقائع التاريخية تثبت عدم صحة الحتمية المادية التي قال بها ماركس. وأن ما يحصل من تطور في النظم الاجتماعية لا يعود فقط إلى تطور قوى الإنتاج ومن ثم التناقض بينها وبين علاقات الإنتاج بل لأسباب أخرى أهم من ذلك.

ب. فشل نبوءة ماركس حول مستقبل النظم الاجتماعية حيث لم تقم الاشتراكية في أعتى الدول رأسمالية وهي إنكلترا بل قامت وانتهت في روسيا القيصرية قبل أن تبلغ مداها أوتصل إلى المرحلة الشيوعية حيث تحل المشكلة الاقتصادية تماما.

ج. ليس صحيحا أن لكل مستوى من تطور قوى الإنتاج علاقات توزيع خاصة به. بل يمكن أن تتطور الأولى وتبقى الثانية كما هي عليه. أوأن يحدث العكس أيضا. مثال ذلك تغير علاقات التوزيع في المجتمع العربي عندما جاء الإسلام قبل تغير قوى الإنتاج. وبقاء هذه العلاقات كما هي عليه في العصور الإسلامية اللاحقة على رغم من تطور قوى الإنتاج.

إن موقف الاقتصاد الإسلامي من المشكلة الاقتصادية يمكن إجماله فيما يأتي:

1-4-4: حقيقة المشكلة الاقتصادية:

إن الاقتصاد الإسلامي يرفض فكره شح أوبخل الطبيعة ولا يقر بأن الندرة أصلا من أصول الخلق. بل أن الأصل في الخلق الوفرة النسبية قال تعالى ﴿وَءَاتَىٰكُم مِّن كُلِّ مَا سَأَلْتُمُوهُۚ وَإِن تَعُدُّواْ نِعْمَتَ ٱللَّهِ لَا تُحْصُوهَآۗ إِنَّ ٱلْإِنسَٰنَ لَظَلُومٌ كَفَّارٌ﴾ (ابراهيم:34). أي أعطاكم كل ما من شأنه أن يسأل لإحتياج الناس آلية سواء سئل بالفعل أم لم يسأل. والسؤال هنا بلسان الحال وليس بلسان المقال[1]. و(لا تحصوها) أي لا تطيقوا عدها لكثرتها[2]. فهي أكثر من أن يحصيها البشر أويحيط بها إدراك الإنسان لأن البشر محدودون بين بداية ونهاية وحدود من العلم والإدراك[3].

قال الله تعالى عن الأرض ومواردها الاقتصادية ﴿وَجَعَلَ فِيهَا رَوَٰسِيَ مِن فَوْقِهَا وَبَٰرَكَ فِيهَا وَقَدَّرَ فِيهَآ أَقْوَٰتَهَا فِيٓ أَرْبَعَةِ أَيَّامٍ سَوَآءً لِّلسَّآئِلِينَ﴾ (فصلت:10). وقال تعالى ﴿وَمَا مِن دَآبَّةٍ فِي ٱلْأَرْضِ إِلَّا عَلَى ٱللَّهِ رِزْقُهَا وَيَعْلَمُ مُسْتَقَرَّهَا وَمُسْتَوْدَعَهَاۚ كُلٌّ فِي كِتَٰبٍ مُّبِينٍ﴾ (هود:6). والمضمون التطبيقي لهذه النصوص هوتكوين وحصول الثقة لدى المسلم الخبر اليقين المنزل في كتاب الله أن الكون يحتوي على المزيد من الأقوات والطيبات. وهي من الكثرة والتنوع إلى حد أن يعجز الإنسان عن حصرها. وهذا إعجاز

(1) أبو الفضل شهاب الدين السيد محمود الالوسي البغدادي، روح المعاني في تفسير القرآن العظيم والسبع المثاني، م5، ج13 (دار الفكر، بيروت 1398هـ - 1987م). ص226.

(2) أبو عبد الله محمد بن أحمد الأنصاري القرطبي، الجامع لأحكام القرآن، م5، ج9 ط1 (دار الكتب العلمية، بيروت، 1408هـ – 1988م)، ص 241.

(3) سيد قطب، في ظلال القرآن، ج13، الطبعة الشرعية العاشرة (دار الشروق، بيروت، 1402هـ – 1982م)، ص 2108.

دائم للإنسان. إلا أن الحصول على هذه النعم مرهون بأعمال العقل واليد في الكشف عنها. وقد ضمن الله تعالى لعباده العيش الرغيد إن هم استقاموا على منهجه القويم [1].

ومصداق ذلك قوله تعالى ﴿ وَلَوْ أَنَّ أَهْلَ ٱلْقُرَىٰٓ ءَامَنُوا۟ وَٱتَّقَوْا۟ لَفَتَحْنَا عَلَيْهِم بَرَكَٰتٍ مِّنَ ٱلسَّمَآءِ وَٱلْأَرْضِ وَلَٰكِن كَذَّبُوا۟ فَأَخَذْنَٰهُم بِمَا كَانُوا۟ يَكْسِبُونَ ﴾ (الأعراف:96). وكذلك قوله تعالى ﴿ وَأَلَّوِ ٱسْتَقَٰمُوا۟ عَلَى ٱلطَّرِيقَةِ لَأَسْقَيْنَٰهُم مَّآءً غَدَقًا ﴾ (الجن:16).

لقد ذكرنا في بداية هذا الموضوع أن الاقتصاد الإسلامي يرفض فكرة شح أو بخل الطبيعة ولا يقر بوجود الوفرة المطلقة لكل الموارد الاقتصادية، بل هناك موارد اقتصادية بقدر يكفي لإشباع الحاجات الإنسانية المعتمدة شرعا. لقد قال الله تعالى ﴿ وَإِن مِّن شَىْءٍ إِلَّا عِندَنَا خَزَآئِنُهُۥ وَمَا نُنَزِّلُهُۥٓ إِلَّا بِقَدَرٍ مَّعْلُومٍ ﴾ (الحجر:21)، ومما يدل على عدم ابتذال الموارد الاقتصادية في الأرض ولحكمة تبينها الآية الكريمة ﴿ وَلَوْ بَسَطَ ٱللَّهُ ٱلرِّزْقَ لِعِبَادِهِۦ لَبَغَوْا۟ فِى ٱلْأَرْضِ وَلَٰكِن يُنَزِّلُ بِقَدَرٍ مَّا يَشَآءُ إِنَّهُۥ بِعِبَادِهِۦ خَبِيرٌۢ بَصِيرٌ ﴾ (الشورى:27). أي لتكبروا وأفسدوا فيها بطرا ولبغى بعضهم على بعض استيلاء واستعلاء وأصل البغي تجاوز الاقتصاد وفيما يتحرى كمية أو كيفية [2].

---

(1) عبد الحميد الغزالي، أهم الخصائص المميزة للاقتصاد الإسلامي، الموسوعة العلمية والعملية للبنوك الإسلامية، م3، ج5، ط1، (الاتحاد الدولي للبنوك الإسلامية 1403هـ - 1983م)، ص234.

(2) أبو سعيد عبد الله بن عمر بن محمد الشيرازي البيضاوي، تفسير البيضاوي أسرار التنزيل وأسرار التأويل، م2، ط1، (دار الكتب العلمية، بيروت 1408هـ - 1988م)، ص363.

2-4-4: سبب المشكلة الاقتصادية:

إن سبب تفاقم المشكلة الاقتصادية هوالإنسان نفسه. وذلك ما عبرت عنه الآية الكريمة ﴿وَءَاتَىٰكُم مِّن كُلِّ مَا سَأَلْتُمُوهُ وَإِن تَعُدُّوا نِعْمَتَ ٱللَّهِ لَا تُحْصُوهَآ إِنَّ ٱلْإِنسَٰنَ لَظَلُومٌ كَفَّارٌ﴾ (إبراهيم:**34**). فظلم الإنسان يتمثل في عدم العدالة في توزيع الناتج الاقتصادي المتحقق بحيث يأخذ البعض أكثر مما يستحق ويأخذ البعض الآخر أقل مما يستحق. أما كفر الإنسان للنعمة فيتمثل في تقصير عن الاستغلال الأمثل والكفء للموارد الاقتصادية المتاحة وتكاسله عن السعي لاكتشافها واستثمارها وكذلك تخصيصه نسبة كبيرة من هذه الموارد لغير ما خلقت له أومجانبة الاستخدام الأولى مثال ذلك تخصيص نسبة كبيرة من الموارد لصناعة وسائل الدمار الشامل، وإتلاف المحاصيل لغرض تقليل عرضها ومن ثم رفع أسعارها أوتخصيص الموارد لإشباع حاجات كمالية وترفيه لفئة قليلة وترك حاجات ضرورية ملحة لعموم الناس(1).

3-4-4: حل المشكلة الاقتصادية:

إن المشكلة الاقتصادية تمثل أهم وأخطر جوانب الحياة الاجتماعية لمالها من تأثير مباشر على سلوك الإنسان وتصرفاته سلبا أو إيجابا. ومن هنا نجد أن الإسلام قد وجه نظر الإنسان إلى خطورة هذه المشكلة ووضع لحلها أسسا

(1) عيسى عبده، الاقتصاد الإسلامي مدخل و منهاج، الكتاب الأول (دار الاعتصام، دار النصر للطباعة الإسلامية، مصر 1974)، ص32.

واقعية تشكل الخطوط الرئيسة لنظامه الاقتصادي المتكامل مع الأنظمة الأخرى[1].

وتتمثل هذه الأسس في ثلاثة جوانب هي:

أ. السعي والعمل لزيادة الإنتاج ﴿ هُوَ ٱلَّذِى جَعَلَ لَكُمُ ٱلْأَرْضَ ذَلُولًا فَٱمْشُوا۟ فِى مَنَاكِبِهَا وَكُلُوا۟ مِن رِّزْقِهِۦ وَإِلَيْهِ ٱلنُّشُورُ ﴾ (الملك:15) فالقانون الإلهي لحصول الرزق هو السعي (العمل الصالح) للحصول عليه. وقد قال الرسول ﷺ ((اطلبوا الرزق في خبايا الأرض))[2] والمخبأ يحتاج إلى عمل وجهد للعثور عليه واستخراجه واستغلاله، ويتضمن هذا العمل أيضا اكتشاف أفضل الأساليب العلمية والتكنولوجية في التعامل مع الموارد الاقتصادية في مجال الكشف عنها واستغلالها.

ب. العدالة في توزيع الناتج الاقتصادي المتحقق. وتتضمن هذه العدالة توزيع الناتج أوالدخل على وفق معايير مقبولة مثل مساهمة الفرد في تكوين هذا الناتج ومدى حاجاته من هذا الدخل ليشبع حاجاته الإنسانية المعتدلة. وفي النظام الاقتصادي الإسلامي نظم فرعية كثيرة للتوزيع من شأنها أن تقلل الفجوة بين الدخول العالية والمنخفضة حيث تعمل على رفع مستوى الدخول المنخفضة وتحد من ارتفاع الدخول وتركز الثروة لدى فئة قليلة من

---

(1) محسن عبد الحميد، نظرات في الاقتصاد الإسلامي، دار الأنوار للمطبوعات، مطبعة الحوادث، (بغداد، 1978)، ص 3.

(2) جلال الدين السيوطي، الفتح الكبير في ضم الزيادة إلى الجامع الصغير (دار الكتب العربية الكبرى) بيروت.

المجتمع. وقد أمر القرآن الكريم بتوسيع قاعدة توزيع الدخول محذرا من تفاوت الثروات وما تؤدي إليه من نتائج اجتماعية واقتصادية سلبية ﴿ مَّآ أَفَآءَ ٱللَّهُ عَلَىٰ رَسُولِهِۦ مِنْ أَهْلِ ٱلْقُرَىٰ فَلِلَّهِ وَلِلرَّسُولِ وَلِذِى ٱلْقُرْبَىٰ وَٱلْيَتَٰمَىٰ وَٱلْمَسَٰكِينِ وَٱبْنِ ٱلسَّبِيلِ كَىْ لَا يَكُونَ دُولَةًۢ بَيْنَ ٱلْأَغْنِيَآءِ مِنكُمْ ﴾ **(الحشر:7).**

تنمية الجانب الشخصي لسلوك الإنسان أي أن الإسلام ينمي طاقات المسلم الروحية والأخلاقية بحيث يجعله قادرا على الاستمتاع بصورة أفضل أي يحصل على مستوى أعلى من الإشباع بنفس القدر المادي المتاح من الموارد الاقتصادية مقارنة مع المستهلك غير المسلم[1].

(1) محمد أحمد صقر، الاقتصاد الإسلامي مفاهيم و مرتكزات، (دار النهضة العربية، القاهرة، 1398 هـ - 1978) ص17 - 18.

الفصل الثاني
الإنتاج في الاقتصاد الإسلامي

الفصل الثاني
الإنتاج في الاقتصاد الإسلامي

يعد الإنتاج المرحلة الأولى من مراحل العملية الاقتصادية التي تتبعها مراحل التوزيع والتبادل والاستهلاك على التوالي. يعرف الانتاج في الاقتصاد الوضعي بانه خلق المنفعة اوزيادتها. وخلق المنفعة يعني انتاج سلع جديدةاوتقديم خدمات. اما زيادة المنفعة فتعني زيادة منفعة السلعة القائمة وذلك من خلال التغيير في مكان اوزمان عرضها.

ولكن ما هي المنفعة؟ المنفعة في الاقتصاد الوضعي هي خاصية في السلع والخدمات تشبع حاجة لدى الفرد اوالمجتمع. وكل شيء يكون عليه طلب فهويحقق منفعة بغض النظر عن القيم الدينية اوالاجتماعية اوالصحية، فمن وجهة النظر الاقتصادية البحتة نجد أن الخمر والمخدرات ولعب القمار كلها سلع وخدمات اقتصادية تحقق منافع ما دام عليها طلب فعال من قبل مستهلكيها.

أما مفهوم الإنتاج في الاقتصاد الاسلامي فانه يختلف عما هوعليه في الاقتصاد الوضعي من زاوية مفهوم المنفعة فقط. فالمنفعة في الاقتصاد الاسلامي ليست مفهوما ذاتيا فقط يحدده المستهلك بل هي مفهوم قيمي يتضمن ضوابط شرعية خارجة عن ذوق وتفضيلات المستهلك. فالسلع والخدمات في الاقتصاد الاسلامي تقسم على نوعين هي السلع والخدمات الطيبة وهي التي اباح الشرع استهلاكها والتمتع بها، وانتاج هذه الطيبات فقط يمثل خلق للمنفعة اوزيادتها. اما النوع الثاني فهي السلع والخدمات الخبيثة التي حرم الاسلام انتاجها اوتداولها اوممارستها. وعلى هذا الأساس يمكن تعريف الانتاج في الاقتصاد الاسلامي بانه خلق اوزيادة المنفعة المباحة شرعا.

المبحث الاول
محددات الإنتاج في الاقتصاد الاسلامي

لم يكن النشاط الانتاجي محررا من كل قيد، بل ترد عليه محددات كثيرة تعصمه من الانحراف. وتلزمه بالسير على وفق المنهج السليم الذي فيه صلاح العباد والبلاد. هذه المحددات تنضبط في تاثيرها بفعل عوامل ذاتية نابعة من الدافع الايماني للفرد والمجتمع المسلم. وعوامل موضوعية نابعة من تدخل الدولة في النشاط الاقتصادي وهذه المحددات هي:

1 -1: العقيدة الاسلامية

تنظم العقيدة الاسلامية الاطار العام لمجمل حياة الفرد والمجتمع المسلم. وترسم لهما الخطوط العريضة التي يجب ان يسير عليها لضمان تحقيق مصالحهما الدينية والدنيوية معا. ومن المعلوم ان اهتمام الاسلام بالجوانب المادية من حياة الانسان يسير جنبا الى جنب مع الجوانب الروحية، اذ لا تستقيم حياة الانسان بجانب منهما دون الاخر﴿ وَٱبْتَغِ فِيمَآ ءَاتَىٰكَ ٱللَّهُ ٱلدَّارَ ٱلْـَٔاخِرَةَ ۖ وَلَا تَنسَ نَصِيبَكَ مِنَ ٱلدُّنْيَا ﴾(**القصص: 77**). وتنظيم النشاط الاقتصادي من الامور التي حظيت باهتمام كبير في الاسلام. والنشاط الانتاجي منه ما هوذوعلاقة وثيقة بعقيدة المسلم، ومن وجوه عديدة اهمها:

1-1-1: إن عقيدة المسلم تملي عليه ان يكون عابدا لله ﴿ وَمَا خَلَقْتُ ٱلْجِنَّ وَٱلْإِنسَ إِلَّا لِيَعْبُدُونِ ﴾ (**الذريات:56**)، ومن متطلبات العبادة الخالصة طاعة المعبود فيما يامر وينهي، واذا ما علمنا ان الله قد سخر لعباده ما في الكون من موارد ﴿ وَسَخَّرَ لَكُم مَّا فِى ٱلسَّمَٰوَٰتِ وَمَا فِى ٱلْأَرْضِ جَمِيعًا مِّنْهُ ۚ إِنَّ فِى ذَٰلِكَ لَـَٔايَٰتٍ لِّقَوْمٍ

يَتَفَكَّرُونَ ﴾ (الجاثية:13) وجعلهم خلفاءه في الأرض ﴿ وَإِذْ قَالَ رَبُّكَ لِلْمَلَٰٓئِكَةِ إِنِّي جَاعِلٌ فِي ٱلْأَرْضِ خَلِيفَةً ﴾ (البقرة: 30)، وأمرهم بإعمارها ﴿ هُوَ أَنشَأَكُم مِّنَ ٱلْأَرْضِ وَٱسْتَعْمَرَكُمْ فِيهَا ﴾ (هود: 61). والاستجابة لطلب الإعمار هذا لا يتحقق الا من خلال مباشرة النشاط الانتاجي – انتاج الطيبات - والقاعدة الفقهية تقضي بأن (ما لا يتم الواجب الا به فهوواجب)[1]. لذا فإن ممارسة النشاط الانتاجي يعد واجبا دينيا اضافة الى كونه واجبا دنيويا.

2-1-1: إن النشاط الإنتاجي الذي يقوم به المسلم يدخل ضمن المفهوم الواسع للعمل الذي يجب ان يؤديه عبادة لله ﴿ وَقُلِ ٱعْمَلُواْ فَسَيَرَى ٱللَّهُ عَمَلَكُمْ وَرَسُولُهُۥ وَٱلْمُؤْمِنُونَ وَسَتُرَدُّونَ إِلَىٰ عَٰلِمِ ٱلْغَيْبِ وَٱلشَّهَٰدَةِ فَيُنَبِّئُكُم بِمَا كُنتُمْ تَعْمَلُونَ ﴾(التوبة:105). إن هذا الاعتقاد يزود المسلم بدافع ذاتي ومعين لا ينضب من الطاقة المعنوية التي تدفعه لممارسة النشاط الانتاجي، وان عمله هذا في سبيل الله قبل ان يكون في سبيل الناتج المتحقق[2]. وفي الحديث الشريف مر على النبي ﷺ رجل فرأى أصحاب رسول الله ﷺ من جلده ونشاطه، فقالوا: يا رسول الله لو كان هذا في سبيل الله، فقال رسول الله ﷺ، إن كان خرج يسعى على ولده صغارا فهوفي سبيل الله، وان كان خرج يسعى على ابوين شيخين كبيرين فهو في سبيل الله، وان كان خرج يسعى على نفسه يعفها

---

(1) علي احمد الندوي: القواعد الفقهية " (ط2، دمشق، دار القلم، 1406 هـ - 1986م) ص345.

(2) الحسين عصمة: السلوك الاقتصادي ترجمة للمعتقدات "، مجلة الاقتصاد الاسلامي دبي، (العدد 155، السنة الثالثة عشر، 1414 هـ - 1994م) ص63-64.

فهو في سبيل الـلـه، وان كان خرج يسعى رياء ومفاخرة فهوفي سبيل الشيطان)[1].

1-1-3: على المسلم ان يستغل الموارد والطاقات التي سخرها الـلـه له ومكنه منهـا اسـتغلالا أمثل، لأنه مسؤول عن ذلك يوم القيامة، اذ يقول الرسول ﷺ ((ما تـزال قـدما عبـد يـوم القيامة حتى يسال عن اربع: عمره فيم افناه، وعن شبابه فيم ابلاه؟ وعـن مالـه مـن ايـن اكتسبه وفيم انفقه؟ وعن علمه ماذا عمل به؟))[2].

إن هذا الشعور المستمد من حقيقة العقيدة الاسلامية، قـد سـاهم في بنـاء الانسـان الذي يعد اللبنة الأساسية لقيام اية حضارة، وقد تمثـل هـذا البنـاء عنـد ظهـور الاسـلام في اعادة تشكيل شخصية الانسان العربي من خلال تغيير نظرته الى نفسه وحياته والى علاقته بخالقه وبمايحيط به، ليصبح انسانا جديدا تماما يعمل وبشكل تلقـائي عـلى تغيـير واقعـه المادي الى واقع افضل، لقد قامت العقيدة الاسلامية بهذا الـدور الحاسـم في عمليـة البنـاء للاسباب الآتية:

1-3-1-1: ان وضوحها وتوافقها مع فطرة الانسان، اكسـب المـؤمن بهـا نوعـا مـن الاسـتقرار الروحي الذي يعد مـن المقومـات الضرـورية لاكـتمال الشخصـية الفاعلـة والمنتجـة إذ إن سلامة الاعتقاد والتصور شرط اساس لضمان الفاعلية والعطاء، لأن العقل البشري لا يكـون كذلك عندما يكون صاحبه في تيه وضياع اعتقادي، فالإنتاج لا يكون هدفا بحـد ذاتـه، بـل وسيلة يتشفع

(1) صحيح مسلم، م2، رقم الحديث 994.
(2) المنذري، جـ2، ص524.

بها لادراك غاية اسمى يحددها طبيعة المعتقد، وهوالـذي يحـرك الفـرد بهـذا الاتجـاه اوذاك، وبقدر ما يكون حضور المعتقد قويا تكون الحركة اكثر فاعلية، وبغيابه يكون العكس.

1-1-3-2: ان الاستقرار الروحي ممكن ان يجده الانسان في أية عقيـدة يـؤمن بهـا، لكـن مـا يميز العقيدة الاسلامية هو الأساس الذي تقوم عليه، والشمول والترابط الذي بينتـه شرائـع الاسلام، فاذا ما وعاها العقل واحتواها الفؤاد فإنها تفجر في الإنسان كل طاقاتـه الخـيرة في البذل والعطاء وتجعل منه عنصرا ايجابيا وفاعلا على كل صعيد.

1-1-3-3: فهم حقيقة العلاقة بين المسلم وما سخر الـلـه له من موارد تدعوالمسلم الى:

أ. ان يشكر الـلـه على هذه النعم، ومـن معـاني الشـكر الاسـتغلال الامثـل للمـوارد فـيما خلقت له وعدم العبث بها اوتبذيرها، اذ يقول الرسول ﷺ ((من قتـل عصـفورا عبثـا عج الى الـلـه يوم القيامة يقول يـا رب ان فلانـا قتلنـي عبثـا ولم يقتلنـي منفعـة))[1] وكذلك استخدام الشيء في غير محله وترك الاستخدام الاولى، حيث يقول الرسـول ﷺ ((بينما رجل راكب بقرة التفتت اليه فقالت لم اخلق لهذا خلقت للحراثة))[2] وهـذا توجيه بليغ إلى ضرورة اخذ كل شيء بقانونه الذي تنقاد به غلته، وتبلغ به اقصى ـ مـا قُدّر لها.

(1) المنذري، مصدر سابق، ص159.

(2) احمد بن علي بن حجر العسقلاني " فتح الباري، شرح صحيح البخاري "، ج5، بيروت، دار الفكر، ص8.

ب. ان يسعى في استخدامه لعناصر الانتاج لبلوغ اقصى كفاءة تخصيصة[1] وكفاءة فنية[2]. ويعم ذلك من خلال اتباع اكفأ الاساليب الفنية، وكلما اتقن المسلم دوره في العملية الانتاجية ورفع كفاءته وطور فنه كان اكثر امتثالا لاوامر الله تعالى ﴿ إِنَّ ٱللَّهَ يَأۡمُرُ بِٱلۡعَدۡلِ وَٱلۡإِحۡسَٰنِ وَإِيتَآيِٕ ذِي ٱلۡقُرۡبَىٰ وَيَنۡهَىٰ عَنِ ٱلۡفَحۡشَآءِ وَٱلۡمُنكَرِ وَٱلۡبَغۡيِۚ يَعِظُكُمۡ لَعَلَّكُمۡ تَذَكَّرُونَ ﴾(النحل: **90**) وقال رسول ﷺ ((إن الله كتب الاحسان على كل شئ))[3]، ومن الاحسان اتقان العمل وقال ﷺ ((إن الله يحب إذا أتى أحدكم عملا أن يتقنه))[4]، ومن هنا فالمسلم الذي يحقق كفاءة إنتاجية أعلى يكون أفضل من الذي يحقق كفاءة أدنى لأن الأخير قام بعملية إسراف وتبذير للموارد، وهذان أمران منهيٌ عنهما أشد النهي.

2-1: أهداف الإنتاج في الاقتصاد الاسلامي:

تسعى عملية الإنتاج في الاقتصاد الاسلامي لبلوغ اهداف معينة يمكن تصنيفها الى الاهداف الآتية:

1-2-1: أهداف تعبدية:

إن مهمة الإنسان في هذه الحياة هي العبادة ﴿ وَمَا خَلَقۡتُ ٱلۡجِنَّ وَٱلۡإِنسَ إِلَّا

(1) الكفاءة التخصصية: انتاج مزيج من السلع والخدمات باستخدام احسن مزيج من العناصر المستخدمة.
(2) الكفاءة الفنية: تحقيق حجم معين من الانتاج بكمية اقل من العناصر المستخدمة او تحقيق كمية اكبر من الانتاج باستخدام الكمية نفسها من العناصر المستخدمة
(3) ابن ماجه، ج2، ص212.
(4) السيوطي، الفتح الكبير في ضم الزيادات إلى الجامع الصغير، ج1، ص354.

﴿ لِيَعْبُدُونِ ﴾ (الذريات:56). وجزء من عبادته عمارة الأرض. ﴿ هُوَ أَنشَأَكُم مِّنَ ٱلْأَرْضِ وَٱسْتَعْمَرَكُمْ فِيهَا ﴾ (هود: الآية 61). فعمارة الأرض واجب ديني قبل كل شيء. وهذا يعني ان المثل الاعلى للمسلم المنتج ليس اشباع الشهوات المادية فقط. وانما ركبت هذه الاخيرة لحكمة معنوية ظاهرة ، وهي معاونته على تحقيق الغاية من وجوده[1].

إن تنمية الإنتاج باستثمار الموارد المتاحة، وبافضل السبل يعد من المباديء الأساسية في التعمير التي يجب على المسلمين افرادا وجماعات الاخذ بها. ان انتاج السلع والخدمات ما هوالا وسيلة لخدمة الانسان وسبيل لتمكينه ماديا وروحيا للقيام بما عهد اليه من مهام الخلافة والعبادة، وفي هذا المعنى يقول ابن تيمية (ان الله خلق الخلق لعبادته وخلق لهم الاموال ليستعينوا بها على عبادته)[2].

إن ممارسة النشاط الانتاجي وتنمية الثروة يجب ان يكون هدف وسيلة بالدرجة الاولى لا هدف غاية بحد ذاته لانه لوكان هدف غاية بحد ذاته لاكتسبت الثروة نوعا من الصنمية ولاتخذت الثروة من الانسان عبدا لها يسعى لجمعها وتنميتها سالكا في ذلك كل سبيل ومتحللا من كل قيم اخلاقية هابطا الى حضيض المادية الصرفة التي لا هم لها سوى التمتع باكبر قدر من ملاذ الحياة، دونما النظر الى عاقبة الامور على صعيد المجتمع والانسانية في الحياة الدنيا ومتجاهلا الإيمان باليوم الآخر وما سيسأل عنه يؤمئذ من عمل.

(1) محمود أبو السعود، خطوط رئيسية في الاقتصاد الاسلامي، ط2 (الكويت، مكتبة المنار الاسلامية، 1388 هـ - 1968م) ص11.

(2) تقي الدين احمد بن تيمية: السياسة الشرعية في اصلاح الراعي والرعية، (بيروت، دار الكتب العلمية) ص36.

2-1-1: أهداف شخصية:

يحقق المسلم من عملية الانتاج أهدافا شخصية نابعة من التزاماته تجاه نفسه واسرته واقاربه ومجتمعه، والوفاء بهذه الالتزامات تقربه الى الله زلفى إذا اخلص النية فيها لله، وتفصيل هذه الاهداف يكون على النحوالاتي:

أ- انفاق المسلم على نفسه وكفاية امره، ان ذلك يعد من السعي في سبيل الله كما ورد في الحديث الشريف ((... إن كان خرج يسعى الى نفسه يعفها فهوفي سبيل الله))[1]، إضافة إلى ما للكسب من تربية للانسان ولذة معنوية يصفها الرسول ﷺ بقوله ((ما اكل أحد طعاما خيرا من ان ياكل من عمل يده وان نبي الله داود كان ياكل من عمل يده)[2] ونبي الله داود كان نبيا وملكا.

ب- على المسلم واجبات مالية تجاه اسرته وذويه فهومكلف شرعا بالانفاق على زوجته واولاده الصغار واقاربه المعسرين، يقول الرسول ﷺ (ابدأ بمن تعول امك واباك واختك واخاك ثم ادناك ادناك)[3]، والمسلم القادر آثم إن ضيع هؤلاء في امر النفقة، اذ يقول الرسول ﷺ ((كفى المرء إثما أن يضيع من يقوت)[4]، وقد اجمع الفقهاء على ان نفقة القريب المعسر تجب على قريبه الموسر ولم يخالف أحد منهم هذا الوجوب[5].

(1) صحيح مسلم، م5، رقم الحديث 994.
(2) المنذري، ج2، مصدر سابق، ص521.
(3) سنن النسائي، م 3، ج5، ص61.
(4) الوصابي، ص31.
(5) روحي أورخان، نظام نفقات الأقارب في الفقه الاسلامي، دراسات في الاقتصاد الاسلامي، ط 1، (جده - المركز العالمي لابحاث الاقتصاد الاسلامي (1405هـ - 1985م) ص67.

ج- على الفرد واجبات تجاه مجتمعه تتمثل في انه يجب ان يكون عضوا نافعا يقول الرسول ﷺ ((احب الناس الى الله تعالى انفعهم للناس))[1] ونفع الناس من خلال العمل المنتج وكفاية النفس وأداء الالتزامات المالية والاجتماعية. فالمسلم الذي ينتج وينفق افضل بكثير من الذي يتلقى المعونة اذ يقول الرسول ﷺ (اليد العليا خير من اليد السفلى وابدأ بمن تعول)[2].

3-1: معايير الاستثمار في الاقتصاد الإسلامي

إن الاستثمار في أي نشاط إنتاجي يجب أن يخضع لمعايير يتم من خلالها ترتيب سلم الأولويات. ومن المعايير المهمة في ذلك ما يأتي[3]:

1-3-1-1: اختيار طيبات المشروع على وفق الأولويات الإسلامية:

إن الإسلام وضع أهدافا للحياة البشرية. وعملية الإنتاج يجب أن تساعد على تحقيق هذه الأهداف التي تدعى بالمصالح، وأنها تكون على ثلاثة مستويات هي الضروريات والحاجيات والتحسينيات وفيما يأتي توضيح لمعانيها وجزء من مفرداتها:

1-3-1-1: الضروريات:

هي التي لابد منها لقيام مصالح الدين والدنيا، بحيث إذا فقدت لم تجر مصالح العباد على استقامة بل على فساد وتهارج وفوت حياة وفي الأخرى

(1) الطبراني المعجم الكبير، رقم الحديث، 13646.
(2) صحيح مسلم، مصدر سابق، م2، رقم الحديث 994.
(3) محمد أنس الزرقاء، القيم و المعايير الإسلامية في تقويم المشروعات، جدة، مجلة المسلم المعاصر، العدد31، 1982، ص4-21.

فوت النجاة والنعيم. ومجموع الضروريات تدور على الترتيب حول حفظ الدين والنفس والعقل والنسل والمال[1]. إن تحديد هذه الضروريات يعني بشكل مباشر أن الإنسان يجب ان يكون القيمة الاقتصادية الأولى التي تسخر لها كل القيم الاخرى[2]. وهذا يدل على أن الاقتصاد الإسلامي لا يقر بأولوية الدور الذي يناط برأس المال المادي في عملية التنمية الاقتصادية، بل الدور الأول هوللإنسان المسلم[3]. لذلك يجب الاستثمار في العنصر البشري أولا، أي بناء الإنسان على وفق المبادئ الإسلامية الصحيحة حتى يكون رشيدا في سلوكه منتجا في مجتمعه[4].

إن توفير هذه الضروريات لا يضمن الإبقاء على قيد الحياة فقط بل يتضمن حفظ هذه المقاصد على نحويمكن من إقامة فروض الإسلام وحرمة النفس الإنسانية وتحريم ما يحجب العقل كالخمر والمخدرات والتمكين من الزواج وتحريم الزنا وصيانة الأموال من العدوان[5]. ومن مستلزمات ذلك:

أ. توفير الأمن لحياة الإنسان وعرضه وماله، وتوفير الحماية للمجتمع من الاعتداء الخارجي ﴿وَأَعِدُّواْ لَهُم مَّا ٱسْتَطَعْتُم مِّن قُوَّةٍ وَمِن رِّبَاطِ ٱلْخَيْلِ تُرْهِبُونَ بِهِۦ عَدُوَّ ٱللَّهِ وَعَدُوَّكُمْ﴾ **(الأنفال: الآية 60)**، إذ إن للمسلمين أعداء في كل

(1) أبو إسحاق إبراهيم بن موسى الشاطبي، الموافقات في أصول الشريعة، ج2 (بيروت، دار المعرفة، ب ت)، ص8-10.

(2) مالك بن نبي، مصدر سابق، ص79.

(3) عبد العزيز فهمي هيكل، مصدر سابق، ص143.

(4) المصدر نفسه، ص149.

(5) محمد أنس الزرقاء، صياغة إسلامية لجوانب من دالة المصلحة الاجتماعية و نظرية سلوك المستهلك، قراءات في الاقتصاد الإسلامي، جامعة الملك عبد العزيز، 1407هـ - 1987م، ص363.

زمان يتربصون بهم الدوائر، والقوة مطلوبة لأنها مرادفة للعزة. كما هي مطلوبة للمجتمع مطلوبة للفرد حيث إن ((المؤمن القوي خير وأحب إلى الله من المؤمن الضعيف ...))[1]، ومن متطلبات القوة الاستقلال الاقتصادي وعدم التبعية لغير المسلمين ((لا يكون أحدكم إمعة))[2]. والتبعية للأمة أخطر مما هي للفرد ويحذرنا النذير الأمين بقوله ﷺ ((لتتبعن سنن من كان قبلكم باعا بباع وذراعا بذراع وشبرا بشر حتى لودخلوا جحر ضب لدخلتم فيه))[3].

ب. توفير مستلزمات حفظ الصحة العامة والخاصة ومعالجة الأمراض والوقاية من الأوبئة.

ج. توفير المنتجات الغذائية الأساسية ومستلزماتها الصناعية والمياه الصالحة للشرب الملائمة لكلا الجنسين ولكل الأعمار.

د. توفير المساكن الملائمة للظروف البيئية والاجتماعية التي توفر الراحة وتحفظ كيان الأسرة.

هـ توفير المواصلات اللازمة لدفع الحرج الشديد عند عدم توفرها. إن توفير هذه الضروريات واجب على المجتمع المسلم سواء تم ذلك من خلال آلية السوق أو لم يتم. إذ إن الإنتاج ليس وقفا على ما تسمح به هذه الآلية. بل يجب تخصيص الموارد اللازمة لإشباع هذه الحاجات الضرورية بغض النظر عن التفاعل القائم بين قوى العرض والطلب وما يمليه من تخصيص

(1) مسلم مصدر سابق، ج4، رقم الحديث 2664، ص2052.
(2) محمد أبو زهرة، مصدر سابق، ص381.
(3) ابن ماجه، مصدر سابق، ج2، ص377.

للموارد. إذ إن الربح ليس هوالهدف الوحيد للإنتاج في الاقتصاد الإسلامي على الرغم من أهميته، بل إن الأساس تنمية الإنسان وتوفير احتياجاته وإن لم يتم ذلك من خلال آلية السوق فتقع مسئوليته على الدولة.

2-1-3-1: الحاجيات (شبه الضروريات):

تشمل كل شئ تركه لا يخل بالأصول الخمسة ولكن يؤدي إلى الضيق والحرج[1]. ومن السلع والخدمات الحاجية:

أ. الأغذية شبه الضرورية والصناعات القائمة عليها.

ب. المرافق العامة لتيسير أعباء الحياة التي تتفق مع ظروف العصر- كالمجاري الصحية والمواصلات العامة والحفاظ على الصحة العامة بتوفير الأدوية الوقائية والعلاجية.

ج. إنتاج الملابس اللازمة لتحسين المظهر والزينة المناسبة من غير تجاوز للحدود الشرعية من تبذير أوإسراف.

د. المساكن الواسعة والمؤثثة.

هـ نشر المعارف والعلوم النافعة.

و. التوسع في مراكز التدريب والبحث العلمي لتطوير قدرات المجتمع وطاقاته.

3-1-3-1: التحسينيات (الكماليات):

تشمل السلع والخدمات الزائدة على أصل الضروريات والحاجيات. إذ إن فقدانها لا يخل بأمر ضروري أوحاجي. وإنما تجرى مجري التحسين والتزيين[2]. وتتضمن على سبيل المثال:

---

(1) الشاطبي، مصدر سابق، ج2، ص10.

(2) الشاطبي، مصدر سابق، ص12.

أ. تحسين المأكل والملبس والمسكن دون تبذير أوإسراف.

ب. أجهزة منزلية حديثة تزيد من الراحة في البيت.

ج. مواصلات خاصة ملائمة.

د. خدمات طبية متطورة وميسرة.

هـ الراحة وممارسة الهوايات المباحة والاستجمام والفعاليات المتصلة به وبالقدر الضروري للمحافظة على راحة العقل والبدن واستعادة النشاط والحيوية.

و. مستلزمات الزينة كالزهور والمجوهرات.

إن تخصيص الموارد في الاقتصاد الإسلامي يرتبط بهذه الأولويات فلا يراعي توفير الكماليات إلا بعد الفراغ من إشباع الحاجيات ولا تراعي الحاجيات إلا بعد الفراغ من إشباع الضروريات[1]. مع العلم أن درجة ثواب المستثمر أوالمنتج المسلم خاضعة لهذه الأوليات الإسلامية[2].

2-3-1: توليد رزق رغد لأكبر عدد ممكن من الأحياء:

ينبغي تفضيل المشروع الإنتاجي الذي يوفر أكبر فرص عمل ليساعد الأفراد على اكتساب رزقهم. ويكون ذلك ضمن الفن التكنولوجي المناسب كذلك تراعى الوفورات الخارجية التي ممكن أن يقدمها المشروع لغير مالكي

(1) عبد الجبار حمد عبيد السبهاني، الاستخلاف و التركيب الاجتماعي في الإسلام (رسالة ماجستير، كلية الإدارة و الاقتصاد - جامعة بغداد، 1405هـ-1985م) ص78.

(2) عبد الحميد الغزالي، مصدر سابق، ص210.

عناصر الإنتاج التي لا تدخل ضمن حسابات المشروع التقليدية لأنها لا تباع في السوق، كتنقية المشروع للبيئة والزيادة في جماليتها وتطويره للحركة التجارية والعمرانية ... مثال هذا المعيار قوله ﷺ ((ما من مسلم يغرس غرسا، أويزرع زرعا، فيأكل منه طير أوإنسان أوبهيمة إلا كان له به صدقة))(1).

3-3-1: مكافحة الفقر وتحسين توزيع الدخل والثروة:

يتحقق ذلك من خلال اختيار المشاريع التي تنتج على وفق الأولويات السابقة وهنا سيعطى وزنا أكبر لإنتاج السلع والخدمات الضرورية والحاجية التي يكون الطلب عليها قليل المرونة من قبل الفقراء. وإنتاج هذه السلع بكفاية يؤدي إلى أن تكون أسعارها معتدلة متضمنة أرباحا اعتيادية مما يزيد من فائض المستهلك من استهلاكها.

4-3-1: حفظ المال وتنميته:

إن حفظ المال واستثماره في الوجوه المشروعة يُعد من التكاليف الإيجابية على مالك المال، فكلما حسن المركز المالي للمسلم استطاع أن يكون أحسن إسلاما وأقدر على أداء فرائضه، أما إذا بقيت الأموال معطلة عمدا بغير استثمار يعود بالنفع على الفرد والمجتمع فإن ذلك يحمل المالك وزرا لأنه جاحد لنعمة الله فيما أتاه من مال، لم يوظفه فيما خلق له.

إن حفظ المال وتنميته يعد من المقاصد الإسلامية الكبرى، لذلك يجب الاستثمار في المشاريع ذات الكفاءة الاقتصادية دون غيرها، ويعبر عن هذا المعيار من خلال التمييز في الدخل الذي يولده المشروع بين ما سيذهب للاستهلاك

(1) مسلك، مصدر سابق، المجلد 3، ص1189، رقم الحديث 1553.

وللاستثمار ما سيذهب للادخار ثم الاستثمار، فيعطى هذا الأخير وزنا، أكبر في عملية التقويم[1].

5-3-1: رعاية مصالح الأجيال القادمة:

يؤكد القرآن الكريم على ضرورة تعاطف أجيال المؤمنين المتعاقبة وتراحمها فيما بينها ﴿وَٱلَّذِينَ جَآءُو مِنۢ بَعۡدِهِمۡ يَقُولُونَ رَبَّنَا ٱغۡفِرۡ لَنَا وَلِإِخۡوَٰنِنَا ٱلَّذِينَ سَبَقُونَا بِٱلۡإِيمَٰنِ وَلَا تَجۡعَلۡ فِي قُلُوبِنَا غِلّٗا لِّلَّذِينَ ءَامَنُواْ رَبَّنَآ إِنَّكَ رَءُوفٞ رَّحِيمٌ﴾ **(الحشر:10)** وقد استدل عمر بن الخطاب ﷺ بهذه الآية عندما فرض الخراج على أرض العراق المفتوحة بدلا من توزيعها على الفاتحين مراعاة لمصالح أجيال المسلمين اللاحقة.

وعلى صعيد الأسرة الواحدة يقول ﷺ ((إنك إن تذر ورثتك أغنياء خير من أن تدعهم عاله يتكففون الناس))[2].

من هذه النصوص نستنتج أنه يجب الاستثمار في المشاريع التي لا تستنزف الثروات بجور خصوصا غير المتجدد منها، كذلك عدم الاستثمار في المشاريع التي تلوث البيئة، فلا بد أن يؤخذ بالاعتبار الآثار الجانبية التي تؤثر على صحة الإنسان ومجمل الآثار السلبية بعيدة المدى، فإتلاف الموارد بشكل تعسفي يعد إفسادا منهيا عنه، ﴿وَإِذَا تَوَلَّىٰ سَعَىٰ فِي ٱلۡأَرۡضِ لِيُفۡسِدَ فِيهَا وَيُهۡلِكَ ٱلۡحَرۡثَ وَٱلنَّسۡلَۚ وَٱللَّهُ لَا يُحِبُّ ٱلۡفَسَادَ﴾ **(البقرة: 205)**، كذلك عند تقويم المشروع الإنتاجي إسلاميا يجب أن تراعى مصالح الأجيال القادمة مهما بعدوا ولكن الأقربون أولى بالمعروف،

---

(1) عبد الحميد الغزالي، مصدر سابق، ص217.

(2) مسلم، مصدر سابق، المجلد 3، ص1201، رقم الحديث 1628.

ولعل ذلك يسوغ إعطاء أهمية متناقصة مع الزمن لمنافع المشروع المتولدة لمن يأتي بعدنا، وكذلك يجب ألا يعتمد على القيمة الحالية كمعيار وحيد بل يجب النظر الى المشروع من زاوية أخلاقية وإنسانية تأخذ مصالح الأحياء من بعدنا في الاعتبار[1].

ينبغي أن نعي جيدا أن القرآن الكريم والسنة النبوية قد عنيا بأمور العقيدة والشريعة، وقد تضمنا من الأفكار الاقتصادية المقتصرة على التوجيهات العامة التي يمكن أن يسترشد بها في صياغة ستراتيجية للإنتاج ليس إلا، لأن هذه الأخيرة يجب أن تكون من وضع الإنسان ومرتبطة بواقعه[2]. إن أوليات الإنتاج لا تعني التركيز على الإنتاج الزراعي أوالصناعي أوالاهتمام بالصناعات الخفيفة أوالثقيلة، ولكنها تعني أنها طالما كان قطب رحى الجهد التنموي هوالإنسان فإن النشاط الإنتاجي يجب أن يوظف لتوفير احتياجاته المتمثلة بضمان مستوى الكفاية كحد أدنى لكل الأفراد[3]. إذ لا خير في استثمارات تشبع حاجات كمالية لفئات قليلة من المجتمع، قبل توفير الكفاية لجميع أفراد المجتمع[4]. بعد توفر هذا المستوى من التنمية لا يمكن الجزم بأفضلية نشاط اقتصادي على آخر، لأن ذلك يتوقف على ظروف المجتمع وفي ذلك يقول الرسول ﷺ ((إن كان شيئا

---

(1) عبد الحميد الغزالي، مصدر سابق، ص219.
(2) عبد الهادي علي النجار، مصدر سابق، ص71.
(3) محمد عبد المنعم عفر، السياسات الاقتصادية في الإسلام، مصدر سابق، ص186.
(4) عبد الرحمن يسري أحمد، دراسات في علم الاقتصاد الإسلامي، (الاسكندرية، دار الجامعات المصرية، 1988) ص124.

من أمر دنياكم فشأنكم به))[1]، المهم هوالاستثمار في النشاط الاقتصادي الذي يساهم بقسط أكبر في تنمية الدخل القومي ويحقق الاستخدام الأمثل للموارد ويساهم بقدر أكبر في رفاه المجتمع، ويدخل ذلك ضمن توجيه الرسول ﷺ القائل: ((أحرص على ما ينفعك))[2]، وكذلك قوله ﷺ ((من أصاب من شيء فليلزمه))[3]، هذه الأحاديث توجه المستثمر والمنتج إلى أن يلتزم طريق البحث عن أفضل مجالات الاستثمار والالتزام بها[4].

3-1-3: أهداف اجتماعية:

من أهم الأهداف الاجتماعية توفير الكفاية لعموم افراد المجتمع، ويتم ذلك من خلال انتاج السلع والخدمات اللازمة لذلك، ويجب انتاج هذا القدر من الانتاج الذي يؤمن مستوى الكفاية الاستهلاكي، وبغض النظر عما يتمتع به الافراد من قوة شرائية اوما يشكلونه من طلب فعال، وان عدم الالتزام بهذا يعني الوقوع في دائرة الاسراف المحرم لما فيه من توجيه للموارد والى مجالات ذات عائد اجتماعي اقل من غيرها.

إن تحقيق هدف الكفاية لكل فرد يتطلب ان يخضع النشاط الإنتاجي لمعايير كمية ونوعية في أن واحد، فالزيادة المستمرة في حجم الناتج القومي تعد هدفا مهما، إلا أن محتوى وتركيب هذا الناتج مهم هوالاخر، اذ يجب ان تكون السلع

(1) ابن ماجه، مصدر سابق، ج2، ص68.
(2) مسلم، مصدر سابق، ج4، ص2052.
(3) ابن ماجه، مصدر سابق، ج2، ص6.
(4) عبد الرحمن يسري أحمد، دراسات في علم الاقتصاد الإسلامي، ص128.

والخدمات المنتجة تحقق مزيدا من الاشباع لاكبر عدد من افراد المجتمع بما ينسجم مع القيم الاسلامية فمؤسسة الانتاج في الاقتصاد الاسلامي يجب ان يتحدد انتاجها على اساس المفهوم الاسلامي للعدالة الاجتماعية فلا يصح انتاج السلع التي يطلبها الاغنياء فقط وترك انتاج السلع التي يطلبها الفقراء، وكذلك لا يجوز انتاج السلع التي تضر بالبيئة اوالصحة العامة. ويمكن ان نقول ان العائد الاجتماعي من عملية الانتاج يجب ان يفوق دائما العائد الشخصي مع التاكيد على ان الثاني جزء من الاول.

إن الجهاز الإنتاجي في الاقتصاد الاسلامي يجب ان يسترشد في قراراته بمعيار موضوعي يتمثل في مستوى الرفاهية الاقتصادية التي يحققها، ومعيار ذاتي يتمثل بمدى التزامه بالقيم الاخلاقية الاسلامية التي تعنيه.

المبحث الثاني
ضوابط الإنتاج في الاقتصاد الإسلامي

يقسم الإنتاج في الاقتصاد الاسلامي على نوعين رئيسين الاول هوالانتاج الحلال المباح والثاني هوالانتاج المحظور الحرام، والإسلام يأمر بمزاولة النشاطات الاقتصادية من النوع الاول والنافعة للفرد والمجتمع، وينهي عن النوع الثاني وكل انتاج ضار اوالذي ضرره أكبر من نفعه.

إن الالتزام بمبدأ الحلال والحرام من شأنه ان يوجه الجهاز الانتاجي لاستغلال المواردالمتاحة في انتاج البدائل الممكنة والمشروعة من السلع والخدمات. والتحريم المباشر لبعض المنتجات والنهي عن الإسراف في المباح منها يؤدي الى اتاحة فرصة أكبر لاشباع حاجات أكبر مما يعني مزيدا من الرفاهية.

إن الموارد الاقتصادية في الاقتصاد الاسلامي تستطيع ان تعطي في أي وقت وتحت أي مستوى فني للانتاج، مقدرة أكبر على الاشباع، ذلك لأن تطلعات الانسان المسلم للاستهلاك المتنامي تظل منضبطة في اطار الحلال والحرام مما يسد منافذ الشهوات وانواع السلوك الضار التي تستنزف جانباكبيرا من الموارد.

يمكن إيجاز ضوابط الإنتاج في الاقتصاد الاسلامي في ما ياتي:

2-1: ان يقع الشيء المنتج في دائرة الحلال وان لا يخل الانتاج بمقاصد الشرع وهي حفظ الدين والنفس والعقل والنسل والمال.

2-2: ان تكون طريقة توليف عناصر الانتاج منسجمة مع دائرة الحلال فلا يجوز التمويل عن طريق الربا اواستغلال العمال وبخسهم حقوقهم اوتكليفهم اكثر مما يطيقونه اواغتصاب الأرض ...

3-2: ان تدار عملية الانتاج باسلوب مشروع لا يتعارض مع مباديء واحكام الشريعة، فإدارة المشروع الإنتاجي لا تتمكن من ممارسة أساليب احتكارية في العرض والتسعير، وذلك لأن الاحتكار أمر محرم في الشريعة الاسلامية ويحرم معه كل ما يترتب على السلوك الاحتكاري من اضرار للمستهلكين ويقول الرسول ﷺ ((لا يحتكر إلا خاطئ))[1].

4-2: يجب عدم الاضرار بالاخرين حيث القاعدة قول الرسول ﷺ ((لا ضرر ولا ضرار))[2] ومن صيغ الضرر المحرمة:

- الاضرار بصحة الاخرين.
- الاضرار بالبيئة الطبيعية والحياتية.
- انواع الغش المختلفة.
- عدم الالتزام بمواصفات وخصائص السلعة القياسية.
- الاعلان الكاذب عن مواصفات غير موجودة في السلعة.
- عدم بخس حقوق مالكي عناصر الانتاج.

5-2: ان لا يترتب على الانتاج تحقيق مفسده أكبر من المنفعة والدليل على ذلك قول الله تعالى ﴿ يَسْـَٔلُونَكَ عَنِ ٱلْخَمْرِ وَٱلْمَيْسِرِ ۖ قُلْ فِيهِمَآ إِثْمٌ كَبِيرٌ وَمَنَٰفِعُ لِلنَّاسِ وَإِثْمُهُمَآ أَكْبَرُ مِن نَّفْعِهِمَا ۗ وَيَسْـَٔلُونَكَ مَاذَا يُنفِقُونَ قُلِ ٱلْعَفْوَ ۗ كَذَٰلِكَ يُبَيِّنُ ٱللَّهُ لَكُمُ ٱلْـَٔايَٰتِ لَعَلَّكُمْ تَتَفَكَّرُونَ ﴾ (البقرة: **219**)، وبتعبير آخر يجب أن تكون المنفعة الاجتماعية أكبر من المنفعة الشخصية للمنتج مع التاكيد على ان

(1) مسلم، م 2، رقم الحديث 1605.
(2) ابن ماجه، ج2، مصدر سابق، ص44.

الثانية جزء من الاولى ولكن إذا ما حصل تعارض بينهما فإن الاخيرة في الغالب تكون اولى بالمناصرة.

2-6: ان السلوك الاستهلاكي للمجتمع المسلم يعد ضابطا مهما لعملية الانتاج، حيث إن التزام المستهلك المسلم بضوابط الحلال والحرام يفوت على المنتج المنحرف في انتاجه امكانية تسويق انتاجه في السوق الاسلامية. فالاسلام اذا حرم شيء حرم جميع المراحل التي يمر بها هذا الشيء من انتاج وتبادل واستهلاك إذ يقول الرسولﷺ ((لعنت الخمر بعينها وعاصرها ومعتصرها وبائعها ومبتاعها وحاملها والمحمولة إليه وآكل ثمنها وشاربها وساقيها))[1].

2-7: الضابط الأخير يكمن في تدخل الدولة ومراقبتها للنشاط الاقتصادي لكل مرحلة ومنها مرحلة الإنتاج، حيث تتدخل الدولة في رسم السياسات الاقتصادية لتحقيق اهداف المجتمع الاقتصادية والاجتماعية الأخرى وتراقب من خلال اجهزتها العامة (الحسبة) سير العملية الانتاجية وتمنعه من الانحراف لما لها من سلطة ولما عليها من مسؤولية.

إن الضوابط السابقة وغيرها كفيلة بتقويم سلوك الجهاز الانتاجي وجعله يسير على وفق السلوك الذي يحقق الاستخدام الامثل للموارد وربما يحقق الرفاهية الاقتصادية والاجتماعية مع ضمان التقدم الاقتصادي وتحقيق معدلات نمومناسبة مع الحفاظ على الموارد الاقتصادية من الهدر والضياع والاستنزاف غير المفيد.

(1) ابن ماجه، ج2، مصدر سابق، ص225.

المبحث الثالث
عناصر الإنتاج في الاقتصاد الإسلامي

يقصد بعناصر الإنتاج كل شيء يساهم في انتاج السلع والخدمات وأصحاب عناصر الإنتاج يتقاسمون ما انتجوا من دخل، وعناصر الإنتاج في الاقتصاد الراسمالي هي الأرض والعمل وراس المال والتنظيم، وعوائدها هي الريع والأجر والفائدة (الربا) والربح على التوالي. اما في المذهب الاشتراكي الماركسي فهويعترف بعنصر انتاجي واحد هوالعمل ويعود إليه كل العائد وهومصدر القيمة.

أما تقسيم عناصر الانتاج في الاقتصاد الاسلامي فهي تختلف عما هي عليه في الاقتصاد الراسمالي اوالاشتراكي الماركسي، حيث إن اول ما يستبعد كعنصر مستقل هوالتنظيم، اذ يدخل ضمن عنصر العمل، فالمنظم يقوم بعمل وكل ما في الامر ان طبيعة عمله تختلف عن طبيعة عمل الآخرين حيث انه هوالمسؤول الأول عن إدارته، وثاني ما يستبعد هوراس المال فهويعبر عن كل ثروة تم انتاجها بعمل سابق لكي تساهم من جديد في انتاج الثروة. فهناك كما يرى هكس صعوبة في التمييز على وجه الدقة بين الأرض وراس المال أي بين ما هومن صنع الانسان وما هوليس من صنعه[1].

بناء على ما تقدم سوف نقسم عناصر الإنتاج في الاقتصاد الاسلامي على عنصرين فقط هما العمل والمال، فالعمل يتضمن العمل الماجور وعمل المنظم

(1) سعيد أبو الفتوح محمد بسيوني، الحرية الاقتصادية في الاسلام واثرها في التنمية (ط1 المنصورة، جدار الوفاء، 1408 هـ - 1988م) ص227.

كما أن المال يشمل الموارد الطبيعية وراس المال[1]، وعائد العمل يكون على شكل اجـور اوربح وعائد المال يكون على شكل ربح ان كـان رأسـمال نقـدي أوربحـا و/ أوإيجـارا إن كـان رأسمالا عينيا. وسوف نناقش هذين العنصرين بالتفصيل الاتي:

1-3 عنصر الانتاج الاول: العمل

يعرف العمل بأنه كل جهد بـدني اوذهنـي يبذلـه الانسـان لايجـاد منفعـة معتـبرة شرعـا اوزيادتها، ولا يقتصر مدلول العمل على العمل الماجور أوعمل العامل لنفسـه بـل يشـمل عمـل المنظم اوادارة المشروع الانتاجي. فما يقوم به المضـارب اوالمـدير المـاجور هوعمـل مـن الاعـمال ليس الا وإن اختلفت مسئوليته عن غيره من العمال.

1-1-3: مكانة العمل في الاقتصاد الاسلامي:

للعمل الاقتصادي مكانة بارزة في الاقتصاد الاسلامي، وتأتى هذه المكانة من الامور الآتية:

1-1-1-3: دعوة الاسلام الى العمل:

دعا الإسلام اتباعه إلى العمل الصالح بكل انواعه، قـال اللـــه تعـالى ﴿ وَقُلِ ٱعْمَلُواْ فَسَيَرَى ٱللَّهُ عَمَلَكُمْ وَرَسُولُهُۥ وَٱلْمُؤْمِنُونَ وَسَتُرَدُّونَ إِلَىٰ عَٰلِمِ ٱلْغَيْبِ وَٱلشَّهَٰدَةِ فَيُنَبِّئُكُم بِمَا كُنتُمْ تَعْمَلُونَ ﴾ (التوبة:105)، وطلب الخـالق مـن عبـاده العمـل في الأرض واسـتخراج الخـيرات بعـد ان سـخرها وذللها لهم ﴿ هُوَ ٱلَّذِى جَعَلَ لَكُمُ ٱلْأَرْضَ ذَلُولًا

(1) علي عبد الرسول، " المباديء الاقتصادية في الاسلام " (مصر، دار الفكر العربي 1968) ص7.

﴿ فَامْشُوا فِي مَنَاكِبِهَا وَكُلُوا مِن رِّزْقِهِ ۖ وَإِلَيْهِ النُّشُورُ ﴾ (الملك:15). ويعبر بالآكل هنا عن وجوه الانتفاع المختلفة))[1]، وفي الحديث الشريف يحث الرسول ﷺ بقوله ((لأن يغدواحدكم فيحتطب على ظهره ليتصدق به وليستغني عن الناس خير له من ان يسال رجلا اعطاه اومنعه))[2]. إن العمل الذي يدعواليه الاسلام هوحتما العمل الصالح الذي يفيد العامل ومجتمعه، وإن تلبية هذه الدعوة واجب على المسلمين كافة.

2-1-1-3: جعل الاسلام العمل عبادة:

هناك من يرى العمل سلوكا ظاهريا يستمد جذوته من حرص الانسان على الحياة وهو عمل فطري، ويرى الآخرون إن الإنسان يعمل من أجل الدخل فقط أما الإسلام فنجده قد تجاوز هذه النظرات القاصرة واحتواها من خلال ربطه المحكم بين الفطرة في الحرص على الحياة والتمتع بشطر زينتها - المال - ورضا الله تعالى. اذ جعل طريق الفلاح في الدنيا هونفسه طريق الفلاح في الاخرة. أي ان الاسلام رفع العمل الاقتصادي الى مرتبة العبادة ولكي يكون العمل عباده يجب ان يكون عملا صالحا. ومضمون الصلاح يشمل الجوانب الآتية:

أ. **صلاحية العامل**: أي يجب ان يصدر من انسان مؤمن ﴿ مَنْ عَمِلَ سَيِّئَةً فَلَا يُجْزَىٰ إِلَّا مِثْلَهَا ۖ وَمَنْ عَمِلَ صَالِحًا مِّن ذَكَرٍ أَوْ أُنثَىٰ وَهُوَ مُؤْمِنٌ فَأُولَٰئِكَ يَدْخُلُونَ الْجَنَّةَ يُرْزَقُونَ فِيهَا بِغَيْرِ حِسَابٍ ﴾ **(غافر:40)**.

(1) الالوسي، مصدر سابق، م 4، جـ 18، ص17.
(2) المنذري، مصدر سابق، ج2، ص522.

ب. **صلاحية الباعث على العمل**: وهوما يعبر عنه بصلاح النية، اذ يقول الرسول ﷺ ((إنما الأعمال بالنيات، وإنما لكل امرئ ما نوى، فمن كانت هجرته الى الله ورسوله فهجرته إلى الله ورسوله ومن كانت هجرته لدنيا يصيبها اوامراة يتزوجها، فهجرته الى ما هاجر اليه))[1].

ج. **صلاحية أسلوب العمل**: على العامل ان يحسن عمله ولا يفسد فيه ﴿إِنَّ ٱللَّهَ يَأْمُرُ بِٱلْعَدْلِ وَٱلْإِحْسَـٰنِ وَإِيتَآيِٕ ذِى ٱلْقُرْبَىٰ وَيَنْهَىٰ عَنِ ٱلْفَحْشَآءِ وَٱلْمُنكَرِ وَٱلْبَغْىِ ۚ يَعِظُكُمْ لَعَلَّكُمْ تَذَكَّرُونَ﴾ **(النحل:90).**

د. **صلاحية التوقيت**: أي يجب ان يقدم العمل في الوقت المناسب فكثير من احكام وشعائر الإسلام موقوتة [إِنَّ الصَّلاَةَ كَانَتْ عَلَى الْمُؤْمِنِينَ كِتَابا مَوْقُوتا] (النساء: 103)، وكذلك الصوم والحج والزكاة، مما يدل على اهمية التوقيت في اعمال المسلم، ومن وصية أبي بكر الصديق رضي الله عنه لعمر بن الخطاب رضي الله عنه قوله (إن لله عليك حقا في الليل لا يقبله في النهار وحقا في النهار لا يقبله في الليل)[2].

3-1-1-3: وجوب العمل:

لم يكتف الإسلام بالدعوة إلى العمل والترغيب فيه بل جعله ضربا من ضروب العبادة، وجعله فرضا وليس نفلا في كثير من الاحيان، قال تعالى: ﴿هُوَ ٱلَّذِى جَعَلَ لَكُمُ ٱلْأَرْضَ ذَلُولًا فَٱمْشُوا۟ فِى مَنَاكِبِهَا وَكُلُوا۟ مِن رِّزْقِهِۦ ۖ وَإِلَيْهِ ٱلنُّشُورُ﴾ **(الملك: 15)**

(1) البخاري، رقم الحديث 1.

(2) أبو يوسف يعقوب بن ابراهيم، كتاب الخراج، (ط3، القاهرة، المطبعة السلفية، 1982)، ص11.

والمشي هنا لمطلق الطلب لأن من المشي وما عطف عليه ما هو واجب، فقد يكون العمل في حق الفرد القادر فرض عين وذلك عندما يحتاج اليه للنفقة على نفسه ومن يعول، وقد يكون فرض كفاية تقع مسؤولية القيام به على المجتمع، وقد قرر العلماء ان العمل في كل باب من ابواب النفع يعتبر فرض كفاية يجب القيام به، ويدخل ضمن ذلك جميع الاعمال العلمية وبشكل عام كل ما تحتاج اليه الجماعة يعد فرض كفاية يجب القيام به[1]، هذا ويترتب على حكم وجوب العمل ثلاث مسائل هي:

المسالة الأولى: تحريم البطالة

حذر الإسلام من البطالة ونهى عن الكسل والتواكل، فكل قادر على العمل عليه ان يعمل ويأخذ مكانه في موكب العاملين، ولا يحل لمسلم ان يتكاسل عن طلب رزقه بحجة التفرغ للعبادة[2]. وتحرم البطالة ولو كانت عن ظهر غنى خاصة اذا كان المجتمع محتاجا لعمل هذا الشخص فهو ببطالته يضيع طاقة انتاجية المجتمع بحاجة ماسة اليها. ويعيش في فراغ تنشأ عنه مفاسد كثيرة في اغلب الظن يحرص الاسلام على درئها وسد منافذها قال الرسول ﷺ ((نعمتان مغبون فيهما كثير من الناس الصحة والفراغ)[3] بمعنى أن عدم الانتفاع بهما مدعاة لمحاسبة المرء.

(1) سعيد عبد الفتاح بسيوني، مصدر سابق، ص356.
(2) يوسف القرضاوي، "الحلال و الحرام في الإسلام"، (ط1، مصر، دار احياء الكتب العربية، 1960)، ص89.
(3) البخاري، صحيح البخاري، تحقيق قاسم الشماعي الرفاعي، م4، ج 8 (ط1، بيروت، دار القلم، 1407هـ – 1987 م) ص453.

لقد شرع الله تعالى التوكل عليه في جميع الاعمال، والتوكل يأتي مرحلة لاحقة لعقد العزم على العمل ﴿فَإِذَا عَزَمْتَ فَتَوَكَّلْ عَلَى اللَّهِ﴾ (آل عمران: 159) وهناك من يفهم شرائع الاسلام خطأ، فيقعد عن مباشرة الأسباب بحجة انه متوكل على الله، وهذا فهم سقيم في حقيقته، فقد قال الرسول ﷺ لمن ترك ناقته بلا عقال عند باب المسجد متوكلا على الله ((اعقلها وتوكل على الله))[1] ويُعرف عمر بن الخطاب المتوكل بقوله ((إنما المتوكل رجل القى الحب في الأرض وتوكل على الله))[2]. والتوكل على الله يعد طاقة معنوية تشد من أزر الطاقة المادية في مراحل ما قبل التنفيذ والتنفيذ وما بعد التنفيذ، وتحصنها من الضعف والخور والغرور.

المسالة الثانية: تحريم المسالة

يترتب على تحريم البطالة تحريم المسالة بالضرورة، لأن من لا يعمل يضطر الى المسالة، وحذر الرسول ﷺ بقوله ((لأن يحتطب احدكم حزمة على ظهره خير له من ان يسال احدا فيعطيه او يمنعه))[3]، والمسالة من غير ضرورة تعد ظلما للسائل والمسؤول يقول رسول الله ﷺ لقبيصة بن المخارق ((يا قبيصة ان المسالة لا تحل الا لاحد ثلاثة، رجل تحمل حماله فحلت له المسالة حتى يصيبها ثم يمسك، ورجل أصابته جائحة اجتاحت ماله فحلت له المسالة حتى يصيب قواما من عيش ورجل أصابته فاقه حتى يقول ثلاثة من ذوي الحجى من قومه لقد اصابت فلان فاقه فحلت له المسالة حتى يصيب قواما من عيش، فما سواهن من المسالة يا قبيصة سحت ياكلها صاحبها سحتا))[4].

---

(1) ابو هاجر محمد السعيد بسيوني زغلول، " موسوعة اطراف الحديث " ج2 (ط1، بيروت، عالم التراث، 1410 هـ - 1989م)، ص2.

(2) شوقي احمد دنيا، التنمية الاقتصادية، (ط1، دار الفكر العربي 1979)، ص72.

(3) المنذري: مصدر سابق، ج2، ص522.

(4) صحيح مسلم، ج2، رقم الحديث 1044.

لقد حرم الإسلام العيش على الصدقات لمن لا يستحقها، وبهذا فإن الزكاة لا تشجع على البطالة كما يدعي البعض لأنها كما يقول الرسول ﷺ (لاحظ فيها لغني ولا لقوي مكتسب)[1]. بل الزكاة تساعد على العمالة والاستخدام لأنها من جانب تدفع اصحاب رؤوس الاموال الى استثمارها لحمايتها من أن تأكلها الزكاة ومن جانب آخر فإن توزيع الزكاة على مستحقيها ينشط الطلب الفعال بشقيه الاستهلاكي والاستثماري.

إن المسلم يمكن أن يفاضل بين بدائل الاعمال حسب الاجر الا ان المفاضلة غير واردة بين العمل والبطالة، فالعامل المسلم يمارس أي عمل مهما كان العائد منخفضا ولا يركن إلى البطالة، لأنه في الحالة الأولى يستحق المساعدة المالية على العكس من الثانية. وهذا السلوك الإسلامي افضل مما هوموجود في بعض الدول التي تمنح مساعدات للعاطلين عن العمل، فالعامل العاطل عن العمل يفاضل بين معونة البطالة وعائد العمل ومشقته، فإذا تساوى الأجر مع معونة البطالة أواكثر بقليل فهو يفضل المعونة، وبذلك يحصل هدر لموارد المجتمع من ناحية المعونة ومن ناحية تعطيل العامل وضياع طاقته، وقد أثبتت الدراسات التطبيقية في الولايات المتحدة الامريكية، ان اعانة البطالة التي تقدمها الحكومة في قطاعات معينة قد ادت الى رفض كثير من العمال العمل باجر يساوي الاعانة الممنوحة، ولا يبدأ العاطل بالعمل الا عندما يفوق الاجر كثيرا معونة البطالة[2]. ولا يمكن أن يحدث ذلك في الاقتصاد الاسلامي لأن الصدقات لا تحل للقوي

(1) النسائي، م3، ج5، ص100.
(2) عوف محمود الكفراوي، " الاثار الاقتصادية والاجتماعية للانفاق العام في الاسلام " (الاسكندرية، مؤسسة شباب الجامعة للطباعة والنشر والتوزيع، 1983) ص51.

المكتسب وأن عليه أن يستعف بالعمل وأن لم يكفه عائد العمل يعطى اتمام كفايته من خلال وسائل اعادة توزيع الدخل المتعددة (نظم التكافل الاسلامية).

المسالة الثالثة: استمرارية العمل

إن الإسلام يجعل من العامل المسلم وحدة انتاجية دائمة، وبأقصى طاقة وافضل أسلوب، وذلك لأن العمل عبادة، والمسلم مأمور بعبادة ربه الى آخر لحظة في حياته ﴿ وَٱعْبُدْ رَبَّكَ حَتَّىٰ يَأْتِيَكَ ٱلْيَقِينُ ﴾ (الحجر:99)، والمسلم ليس مسؤولا عن الأعمال التي قام بها فقط، بل مسؤول عن الوقت الذي مر به حيث يقول الرسول ﷺ ((ما تزال قدما عبد يوم القيامة حتى يسال عن اربع ... وعن عمره فيم أفناه))[1]. وهدف المسلم في حياته هوتعظيم ثوابه عند الله عن طريق الاعمال الصالحة، لذلك هوفي سباق دائم مع الوقت ليغتنمه في العمل الصالح وفي الحديث يقول الرسول ﷺ ((ما من يوم يطلع الا وينادي: ياابن آدم انا خلق جديد وعلى عملك شهيد فاغتنمني فاني لا اعود الى يوم القيامة))[2]. ولأهمية هدف المسلم في تعظيم ثوابه فقد أعطاه الله فرصة لذلك حتى بعد الموت اذ يقول الرسول ﷺ ((إذا مات الإنسان انقطع عنه عمله الا من ثلاثه: صدقة جارية اوعلم ينتفع به اوولد صالح يدعوله))[3]. والإسلام يدفع المسلم الى العمل الصالح حتى لولم ينتفع هوشخصيا ولا أي مخلوق غيره، أي يعمل لاخر ساعة من عمره فقط بل من عمر الحياة الدنيا كما في قول الرسول ﷺ

(1) المنذري، ج 2، مصدر سابق، ص552.
(2) يوسف ابراهيم يوسف، المنهج الاسلامي في التنمية الاقتصادية، ص262.
(3) صحيح مسلم، م3 ص1200رقم الحديث 1631.

((إذا قامت على احدكم القيامة وفي يد أحدكم فسيلة فليغرسها))[1].

في ضوء هذه القيم فإن المسلم يبقى عاملا منتجا ما امتد به العمر فليس هناك تقاعد عن العمل بعد سن معين يقعد بعدها الانسان منتظرا الموت، بل يستمر بالعمل المناسب له ما استطاع الى ذلك سبيلا، فمن خلال العمل يحس الإنسان بقيمته ويتذوق طعم الحياة حلوا ويتزود ليوم المعاد.

2-1-3: طبيعة قوة العمل في الاقتصاد الإسلامي:

تتحدد طبيعة قوة العمل الاسلامية من خلال خصائصها النوعية والكمية الآتية:

1-2-1-3: الخصائص النوعية:

تتضح خصائص قوة العمل في المجتمع المسلم من خلال واجبات وحقوق العامل المسلم وكما يأتي:

أ- واجبات العامل المسلم:

هناك واجبات على العامل المسلم اداؤها بكل دقة وأمانة، وهذه الواجبات لها صفة الالتزام الديني اضافة الى الالتزام التشريعي ومن أهم هذه الواجبات:

الواجب الأول: طلب العلم

لقد دعا الإسلام إلى طلب العلم ووعد طالبيه بالثواب العظيم ﴿ يَرْفَعِ ٱللَّهُ ٱلَّذِينَ ءَامَنُوا۟ مِنكُمْ وَٱلَّذِينَ أُوتُوا۟ ٱلْعِلْمَ دَرَجَـٰتٍ ۚ وَٱللَّهُ بِمَا تَعْمَلُونَ خَبِيرٌ ﴾ **(المجادلة: 11)**.

(1) احمد بن خنبل، مسند الامام احمد، ج 3 (بيروت، المكتب الاسلامي للطباعة والنشر) ص184.

وقد جعل الرسول ﷺ طلبه فريضة ((طلب العلم واجب على كل مسلم))[1] وجعله طريقا للجنة ((من سلك طريقا يلتمس فيه علما سهل الله له به طريقا الى الجنة))[2]، ومن خرج في طلب العلم فهوفي سبيل الله حتى يرجع))[3]. والمسلم يأخذ العلم من أي اناء خرج حتى لووجده عند المشركين حيث يقول الرسول ﷺ ((الحكمة ضالة المؤمن أنى وجدها فهوأحق الناس بها))[4]، والحكمة هي الفكرة الصحيحة في كل ميدان، وعلى المسلم أن يكون ديدنه طلب المزيد من العلم ﴿وَقُل رَّبِّ زِدْنِي عِلْمًا﴾ **(طه: 114)**، لأنه يدرك أنَّ اكتمال العلم في شخص انسان غاية لا تدرك قال تعالى: ﴿وَمَآ أُوتِيتُم مِّنَ ٱلْعِلْمِ إِلَّا قَلِيلًا﴾ **(الإسراء: 85)**، وإنه موقن دائما أن ﴿وَفَوْقَ كُلِّ ذِى عِلْمٍ عَلِيمٌ﴾ **(يوسف: 76)**، وكما يقول الرسول ﷺ ((كفى بالمرء جهلا إذا اعجب برأيه))[5].

الواجب الثاني: نشر العلم وعدم كتمانه

بعد أن يحصل المسلم على العلم عليه ان ينشره اذ إن ((افضل الصدقة أن يتعلم المرء المسلم علما ثم يعلمه اخاه المسلم))[6] و((من علم علما فله اجر من عمل به ...))[7]، ويحرم على العالم المسلم كتمان ما عنده من العلم لأن

(1) المنذري، مصدر سابق، ج 1، ص96.
(2) المصدر نفسه، ص105.
(3) المنذري، مصدر سابق، ج1 ص105 .
(4) ابن ماجه، ج2، ص420.
(5) المنذري، ج1، ص93.
(6) المصدر نفسه، ص98.
(7) المصدر نفسه، ص101.

((من سئل عن علم فكتمه الجم يوم القيامة بلجام من نار))[1]، ولا شك أن العلم المأمورين بطلبه هوالعلم النافع وليس غيره إذ يقول الرسول ﷺ ((اللهم أني أعوذ بك من علم لا ينفع))[2]، والعلم النافع كل ما ينفع الناس في معاشهم اومعادهم، أي الدين والدنيا معا، وكما يقول أحد العلماء المعاصرين (علم الفقه ليس اقرب الى الدين من علم الحديد)[3]. يتبين مما سبق ان كل مسلم يجب أن يكون طالب علم أومتعلم معا وكما يقول الرسول ﷺ ((العالم والمتعلم شريكان في الاجر ولا خير في سائر الناس))[4].

الواجب الثالث: ربط العلم بالعمل

طلب العلم ليس غاية في حد ذاته، وإنما هووسيلة الإخلاص وإتقان العمل، فالعلم قبل العمل قال تعالى:﴿ فَٱعۡلَمۡ أَنَّهُۥ لَآ إِلَٰهَ إِلَّا ٱللَّهُ وَٱسۡتَغۡفِرۡ لِذَنۢبِكَ وَلِلۡمُؤۡمِنِينَ وَٱلۡمُؤۡمِنَٰتِۗ وَٱللَّهُ يَعۡلَمُ مُتَقَلَّبَكُمۡ وَمَثۡوَىٰكُمۡ ﴾ **(محمد:19)**، وهوشرط لصحة العمل وقبوله، وعلى المسلم أن يعمل بما علم لأنه مسؤول عن ذلك، اذ يقول الرسول ﷺ ((وما تزال قدما عبد يوم القيامة حتى يسال ... وعن علمه ماذا عمل فيه))[5]، وإن الوعيد الشديد لمن لا يعمل بعلمه اذ ان ((اشد الناس عذابا يوم القيامة عالم لم ينفعه علمه))[6]. إن تطبيق العلم في ميدان العمل يجعل

---

(1) المصدر نفسه، ص121.
(2) المصدر نفسه، ص124.
(3) محمد الغزالي، " كيف نتعامل مع القرآن "، (ط1، المنصورة، دار الوفاء للطباعة والنشر والتوزيع، 1412 هـ -1992م)، ص150.
(4) ابن ماجه، ج1، مصدر سابق، ص48 رقم 241.
(5) المنذري، ج1، مصدر سابق، ص125.
(6) المصدر نفسه، ج1، مصدر سابق، ص127.

العامل اكثر انتاجية واكثر نفعا إذ يقول الرسول ﷺ ((قليل العمل مع العلم كثير وكثيره مع الجهل قليل))[1]، وذلك لأن العلم إمام والعمل تابعه فالعمل لا يكون صالحا الا بعلم وفقه.

الواجب الرابع: التخصص والاحتراف

هناك دعوة إسلامية صريحة للتخصص في كل ميدان من ميادين الحياة مثال على ذلك قوله تعالى: ﴿ وَمَا كَانَ ٱلْمُؤْمِنُونَ لِيَنفِرُواْ كَآفَّةً فَلَوْلَا نَفَرَ مِن كُلِّ فِرْقَةٍ مِّنْهُمْ طَآئِفَةٌ لِّيَتَفَقَّهُواْ فِى ٱلدِّينِ وَلِيُنذِرُواْ قَوْمَهُمْ إِذَا رَجَعُوٓاْ إِلَيْهِمْ لَعَلَّهُمْ يَحْذَرُونَ ﴾ (التوبة:**122**)، ووجود المختصين في كل ميدان يحتاجه المسلمون واجب كفائي على المجتمع لأن عليهم تقع مسؤولية ما يواجه المجتمع من معضلات قال تعالى: ﴿ وَلَوْ رَدُّوهُ إِلَى ٱلرَّسُولِ وَإِلَىٰٓ أُوْلِى ٱلْأَمْرِ مِنْهُمْ لَعَلِمَهُ ٱلَّذِينَ يَسْتَنۢبِطُونَهُۥ ﴾ (النساء: **83**) وعلى المجتمع أن يسمع لقول المختصين في كل ميدان ﴿ فَسْـَٔلُوٓاْ أَهْلَ ٱلذِّكْرِ إِن كُنتُمْ لَا تَعْلَمُونَ ﴾ (النحل: **43**).

إن الاحتراف من سنن المرسلين عليهم السلام، فقد روي ان آدم كان زراعا، ونوح نجارا، وإدريس خياطا، وإبراهيم بزازا، وداود حدادا وسليمان خواصا، وسيدنا محمد ﷺ اشتغل برعي الغنم والتجارة[2]، وكذلك الصحابة الكرام فقد كان ابوبكر بزازا والزبير جزارا وعبد الرحمن بن عوف تاجرا ... فقد علموا من الرسول ﷺ قوله ((إن الله يحب المؤمن المحترف))[3]. إن تعدد واختلاف حاجات الفرد والجماعة واختلاف قابليات الأفراد

(1) السيوطي، الجامع الصغير، ج2، ص46 .
(2) جمال الدين عباد، " شريعة الاسلام العمل والعمال "، (شركة الاتحاد للطباعة 1967) ص21.
(3) المنذري، ج2، مصدر سابق، ص524.

واستعداداتهم، تتطلب التخصص في كل الميادين لذلك يقول الرسولﷺ ((اعملوا فكل ميسر لما خلق له))[1]، وقيمة الشخص بما يحسن من عمل ولذلك يقول عمر بن الخطاب ﷺ (إني لأرى الغلام فيعجبني فاذا قيل لا حرفة له سقط من عيني)[2].

الواجب الخامس: إتقان العمل

كما أتقن الله تعالى صنع الكون ﴿ صُنْعَ ٱللَّهِ ٱلَّذِىٓ أَتْقَنَ كُلَّ شَىْءٍ ۚ إِنَّهُۥ خَبِيرٌۢ بِمَا تَفْعَلُونَ ﴾ (**النمل: 88**)، وانه هو﴿ ٱلَّذِىٓ أَحْسَنَ كُلَّ شَىْءٍ خَلَقَهُۥ ۖ وَبَدَأَ خَلْقَ ٱلْإِنسَٰنِ مِن طِينٍ ﴾ (**السجدة:7**)، وانه القائل﴿ لَقَدْ خَلَقْنَا ٱلْإِنسَٰنَ فِىٓ أَحْسَنِ تَقْوِيمٍ ﴾ (**التين:4**)، لذلك طلب الله تعالى من الانسان الاحسان في كل شيء يقول الرسول ﷺ ((إن الله كتب الاحسان على كل شيء))[3]. و((ان الله يحب من العامل اذا عمل ان يحسن))[4] ومن الإحسان أن يتقن العمل ((ان الله يحب اذا عمل احدكم عملا ان يتقنه))[5] ومن معاني الإحسان أيضا ((أن تعبد الله كانك تراه فإن لم تكن تراه فانه يراك))[6]، ولذلك فإن على العامل المسلم ان يتقن عمله انطلاقا من ايمانه وعبادته لأنه يعبد الله كانه موصول به[7].

---

(1) مسلم، ج4، ص2040، رقم 2647.

(2) ابن الجوزي، "تاريخ عمر بن الخطاب "، (مطبعة توفيق الادبية)، ص202.

(3) مسلم، ج4، ص1548 رقم 1955.

(4) السيوطي، الفتح الكبير، مصدر سابق، ج 1 ص356.

(5) السيوطي، الفتح الكبير، مصدر سابق، ج 1، ص354.

(6) العسقلاني، فتح الباري، مصدر سابق، ج1، ص114.

(7) جمال محمد عبده، " دور المنهج الاسلامي في تنمية الموارد البشرية، (ط1، عمان دار الفرقان للنشر والتوزيع، 1404 هـ - 1984 م)، ص267.

إن التزام العامل غير المسلم بواجباته نابع من القوانين التي تحكمه والتربية التي نشأ عليها، وإن أبدع في عمله وأتقنه فمرد ذلك الى الحوافز المادية والمعنوية الدنيوية، أما العامل المسلم فإضافة إلى كل ذلك فإن التزامه بواجباته ينبع من مراقبته المستمرة لله (أن تعبد الله كانك تراه، فإن لم تكن تراه فهويراك)[1]، فإن استطاع العامل ان يتخلص من رقابة القوانين بحال من الاحوال، فهولن يستطيع ان يتخلص من رقابة الله تعالى له في كل زمان ومكان فهو سبحانه ﴿ يَعْلَمُ خَآئِنَةَ ٱلْأَعْيُنِ وَمَا تُخْفِى ٱلصُّدُورُ ﴾ (غافر:19) ﴿ وَهُوَ مَعَكُمْ أَيْنَ مَا كُنتُمْ ﴾(الحديد: 4).

ب. حقوق العامل المسلم:

من أهم الحقوق التي يجب ان يحصل عليها العامل المسلم التي لها أثر كبير في شخصية العامل ومهارته وعطائه، ما ياتي:

الحق الأول: الحصول على الاجر المناسب

من حق العامل ان يحصل على الأجر المناسب وهو أجر المثل الذي يتحدد حسب تفاعل قوى العرض والطلب في القطاع الخاص، وعلى صاحب العمل ان يعطي العامل ما يتناسب مع انتاجيته والقاعدة في ذلك قول الله تعالى ﴿ وَلَا تَبْخَسُوا۟ ٱلنَّاسَ أَشْيَآءَهُمْ ﴾ **(الأعراف: 85).**

الحق الثاني: الحصول على الاجر في الموعد المحدد

من حق العامل أن يحصل على اجره في الموعد المحدد حيث يقول الرسول ﷺ ((أعطوا الأجير اجره قبل ان يجف عرقه))[2]، وهذا لا يمنع من تسليم الاجر

(1) العسقلاني، فتح الباري، مصدر سابق، ج1، ص114.
(2) ابن ماجه، ج 2، مصدر سابق، ص63.

حسب شروط عقد العمل كان يسلم الاجر اسبوعيا اوشهريا او سنويا ويجب أن لا يهضم حق العامل في اجره حيث حذر الرسول ﷺ من ذلك في الحديث القدسي: ((قال الله ثلاثة انا خصمهم يوم القيامة ... ورجل استأجر أجيرا فاستوفى منه ولم يعطه أجره))[1].

الحق الثالث: وضوح شروط عقد العمل

يجب أن تكون شروط العمل واضحة من حيث المدة اومقدار الاجر حيث يقول الرسول ﷺ ((من استأجر أجيرا فليعلمه))[2] لأن في ذلك قطعا لاسباب الغبن والخلاف والنزاع ويجب على طرفي عقد العمل الالتزام بشروط العقد لقوله تعالى ﴿يَٰٓأَيُّهَا ٱلَّذِينَ ءَامَنُوٓاْ أَوۡفُواْ بِٱلۡعُقُودِ﴾(المائدة: 1).

الحق الرابع: كفاية الموظف العام

يجب أن يحصل الموظف العام على اجر يكفيه لسد حاجاته الضرورية بحيث يتفرغ لعمله ولا يتشاغل بغيره فيقصر فيه، وقد قال الرسول ﷺ ((من ولي لنا عملا وليس له منزل فليتخذ منزلا أو ليست له زوجة فليتزوج أوليس له خادم فليتخذ له خادما او ليست له دابة فليتخذ دابه ومن اصاب شيئا سوى ذالك فهو غال))[3]، هذا يعني أن المسكن والمركب والزوجة وما يتبعها من المستلزمات التي يجب ان توفرها الدولة للعاملين لديها، ليس هذا فقط بل يجب ان يستغني العامل الحكومي براتبه عن مد يده إلى الأموال العامة أواستغلال

---

(1) ابو بكر احمد بن الحسين بن علي البيهقي، "السنن الكبرى" (ط1، بيروت، الناشر محمد امين دمج) ج6 ص120.

(2) البيهقي، ج 6، مصدر سابق، ص120.

(3) مسند احمد، رقم الحديث 17329.

موقعه الوظيفي لتحقيق مكاسب خاصة له، فقد استخدم عمر بن الخطاب اصحاب رسول الله ﷺ في جباية الخراج، فقال له أبوعبيدة بن الجراح: دنست اصحاب رسول الله ﷺ، فقال له عمر: يا ابا عبيدة اذا لم استعن باهل الدين على سلامة ديني فبمن استعين؟ قال: أما إن فعلت فأغنهم بالعمالة عن الخيانة[1]. أن أبا عبيدة كان يخشى على أصحاب رسول الله ﷺ الذين هم أفضل الأمة بشهادته ﷺ من الخيانة بسبب العوز اوعدم كفاية اجورهم، فكيف الحال مع موظفي الدولة في القرون اللاحقة مع مابهم من عدم كفاية في الاجور وما بهم من بعد عن عصر الرسالة وقلة التقوى؟

الحق الخامس: بذل الطاقة

من حق العامل ان لا يعمل فوق طاقته﴿ لَا يُكَلِّفُ ٱللَّهُ نَفْسًا إِلَّا وُسْعَهَا ۚ لَهَا مَا كَسَبَتْ وَعَلَيْهَا مَا ٱكْتَسَبَتْ ۗ رَبَّنَا لَا تُؤَاخِذْنَآ إِن نَّسِينَآ أَوْ أَخْطَأْنَا ۚ رَبَّنَا وَلَا تَحْمِلْ عَلَيْنَآ إِصْرًا كَمَا حَمَلْتَهُۥ عَلَى ٱلَّذِينَ مِن قَبْلِنَا ۚ رَبَّنَا وَلَا تُحَمِّلْنَا مَا لَا طَاقَةَ لَنَا بِهِۦ ﴾(البقرة: **286**)، ويقول الرسول ﷺ ((إذا أمرتكم بأمر فأتوا منه ما استطعتم))[2]، ذلك لأن العمل فوق الطاقة يؤدي الى استنزاف سريع لطاقات العامل، وإن ذلك مدعاة للارهاق وانقطاع العمل بمرور الوقت، حيث إن (احب الاعمال الى الله ادومها وإن قل)[3] وإن قليلا دائما خير من كثير منقطع. وكما يقول الرسول ﷺ: (المنبت لا ظهرا أبقى ولا أرضا قطع)[4].

(1) أبو يوسف، الخراج، ص113.
(2) صحيح البخاري، ج9، ص749، رقم 2095.
(3) المنذري، الترغيب والترهيب، ج4، ص129.
(4) البخاري، رقم الحديث 2021.

الحق السادس: الحصول على الراحة

إن بذل الطاقة في العمل يجب ان يقابله حصول العامل على اوقات للراحه يتجدد فيها النشاط ويستمتع العامل بالملاذ المشروعة ولكي يشعر بأنه مكرم من اللـه تعالى وإن ما في الكون مسخر لاعانته على اداء مهام العبادة على اكمل وجه، فمثلا أوقات العبادة الخاصة يجب الا تستغل في النشاط الاقتصادي ﴿ يَٰٓأَيُّهَا ٱلَّذِينَ ءَامَنُوٓاْ إِذَا نُودِيَ لِلصَّلَوٰةِ مِن يَوۡمِ ٱلۡجُمُعَةِ فَٱسۡعَوۡاْ إِلَىٰ ذِكۡرِ ٱللَّهِ وَذَرُواْ ٱلۡبَيۡعَۚ ذَٰلِكُمۡ خَيۡرٞ لَّكُمۡ إِن كُنتُمۡ تَعۡلَمُونَ ﴾ (الجمعة:9). وبشكل عام لا يجوز الافراط في جانب ولا التفريط في جانب اخر حتى لوكان الاول قيام الليل اوصيام النهار اذ يقول الرسول ﷺ (إن لجسدك عليك حقا، وإن لعينيك عليك حقا وإن لزوجك عليك حقا)[1].

إن قيام العامل بواجباته وحصوله على حقوقه تجعله عاملا ذا انتاجية عالية ومبدعا في عمله ومساهما بشكل فاعل في رفد المجتمع بالسلع والخدمات وبالكمية والنوعية التي يحتاجها أي يساهم في رفع مستوى الرفاهية الاجتماعية.

2-2-1-3: الخصائص الكمية

لحجم السكان ومن بعده حجم قوة العمل دور مهم في احداث التنمية الاقتصادية من عدمها، وقد تباينت المواقف تجاه ذلك الدور الى حد التناقض والذي يهمنا هووجهة النظر الاسلامية التي تتضح من خلال ماياتي:

أ. موقف الإسلام من الزيادة السكانية:

يدعوالإسلام اتباعه إلى تبني سياسة سكانية توسعية، وهوذوموقف متفائل تجاه أي زيادة سكانية، ومن الأدلة على ذلك:

(1) العسقلاني، فتح الباري، ج 4، ص218 رقم الحديث 1975.

1. رغب الإسلام في الزواج:

قال تعالى: ﴿ فَٱنكِحُواْ مَا طَابَ لَكُم مِّنَ ٱلنِّسَآءِ مَثۡنَىٰ وَثُلَٰثَ وَرُبَٰعَ ﴾ **(النساء: 3) والزواج من سنة النبي ﷺ حيث قال: (... وأتزوج النساء فمن رغب عن سنتي فليس مني)[1].**

أ. دعا الإسلام إلى زيادة الإنجاب:

حيث يقول الرسول ﷺ (تزوجوا الودود الولود فاني مكاثر بكم الامم)[2]. هذا وقد عد القرآن الكريم الذرية شطر الزينة ﴿ ٱلۡمَالُ وَٱلۡبَنُونَ زِينَةُ ٱلۡحَيَوٰةِ ٱلدُّنۡيَا ﴾ **(الكهف: 46)**. وإن مقدمها من دواعي السرور ﴿ فَبَشَّرۡنَٰهُ بِغُلَٰمٍ حَلِيمٍ ﴾ **(الصافات:101)**. وإن تكثير الذرية امر مقصود لارتباطه بالارادة الالهية ﴿ يَٰٓأَيُّهَا ٱلنَّاسُ ٱتَّقُواْ رَبَّكُمُ ٱلَّذِي خَلَقَكُم مِّن نَّفۡسٍ وَٰحِدَةٍ وَخَلَقَ مِنۡهَا زَوۡجَهَا وَبَثَّ مِنۡهُمَا رِجَالٗا كَثِيرٗا وَنِسَآءٗ ﴾ **(النساء: 1)**.

لهذه الأدلة وغيرها فإن الأصل في النسل ان يترك له المدى، فالامة مامورة بتكثير سوادها، وان الكثرة قوة، وقوة المجموع في كثرة العدد، مع افتراض ثبات الخصائص النوعية قال تعالى ﴿ كَٱلَّذِينَ مِن قَبۡلِكُمۡ كَانُوٓاْ أَشَدَّ مِنكُمۡ قُوَّةٗ وَأَكۡثَرَ أَمۡوَٰلٗا وَأَوۡلَٰدٗا ﴾ **(التوبة: 69)**، والأخذ بأسباب القوة واجب على المجتمع المسلم ﴿ وَأَعِدُّواْ لَهُم مَّا ٱسۡتَطَعۡتُم مِّن قُوَّةٍ ﴾ **(الأنفال: 60)** من أجل هذا وغيره نجد أن الإسلام يدعوإلى زيادة النسل في مجمل نصوصه وما ينبع عنها من فلسفة وفكر

(1) العسقلاني، ج 9، مصدر سابق، ص104.

(2) المنذري، ج3، مصدر سابق، ص46.

وتطبيق[1]. كان ذلك لأن قوانين الإسلام الاقتصادية والاجتماعية مع تعاليمه الخلقية وتربيته الروحية قد محت كل الاسباب التي تدعوالى التشاؤم من الزيادة السكانية[2]. وإن كانت هناك حالات فردية مباحه لتحديد النسل فإنها لم ترق لتكون سياسة سكانية عامة تتبعها الامة، بل ابيحت في حدود الحاجة والضرورة، إذ إن الإسلام مبني على رفع الحرج[3].

ب. العلاقة بين حجم السكان والنموالاقتصادي:

يرى اغلب الاقتصاديين ان النموالسكاني السريع يحول دون تحقيق معدل نمواقتصادي مرتفع، أوهومعرقل في افضل الاحوال، وهم في ذلك يتعاملون مع العنصر البشري كما يتعاملون مع العناصر المادية الاخرى مفترضين انه كم عددي ليس الا، مهملين بذلك خواصه ومقدرته على إحداث التأثير، وما يمثله من قوة عمل منتجة يعد توفرها أحد الركائز الأساسية لأي جهد تنموي. فالانسان المنتج والمستهلك هوصانع التنمية.

إن الذين ينظرون الى زيادة السكان كعامل سلبي في عملية النموالاقتصادي ينطلقون من افتراض ان العنصر البشري هومتغير تابع للمتغيرات المادية من حوله، بينما وجهة النظر الاسلامية ترى ان العنصر البشري هو متغير مستقل

(1) احمد عبيد الكبيسي " فلسفة نظام الاسرة في الاسلام "، (ط2، مطبعة الحوداث 1990) ص55.

(2) ابو الاعلى المودودي، " حركة تحدديد النسل " (بيروت، مؤسسة الرسالة، 1979) ص176.

(3) رمزي زكي، " المشكلة السكانية و خرافة المالثوسيه "، (الكويت، سلسلة عالم المعرفة 1984) ص196.

يؤثر في المتغيرات المادية من حوله، هذه النظرة تبرز اهمية الخصائص النوعية للعنصر البشري ومقدرته على التأثير الإيجابي في بيئته المادية.

إن مشكلة تخلف البلدان النامية ليست في كثرة الاعداد البشرية وإنما في ضعف خصائصها النوعية التي تحيل كثرتها الى غثاء كغثاء السيل لا يرتجى منها كثير خير، ان عملية التنمية لن تنتعش بانقاص عدد السكان ولا أحد يجزم بأن ذلك يجعل للسكان دورا ايجابيا.

إن تحقيق النمووالتنمية الاقتصادية يتطلب قبل كل شيء تطوير الخصائص النوعية الايجابية للسكان التي من شانها ان تجعل الطاقة الانتاجية تنمومعدل يفوق معدل نموالسكان وبذلك يتكون الفائض الاقتصادي الذي يستخدم لمزيد من التراكم والرفاهية.

2-4: عنصر الانتاج الثاني: المال:

يعرف المال في الفقه الاسلامي بانه كل ما له قيمة مادية بين الناس وجاز شرعا الانتفاع به في حال السعة والاختيار[1]. وإذا كان الفكر الاقتصادي يشترط في كون الشيء مالا النفع والندرة، فإن فقهاء المسلمين اشترطوا النفع والحيازة[2]. إن المفهوم الإسلامي للمال يتفوق على المفهوم الاقتصادي الوضعي ويتضمنه في بعض جوانبه، فاشتراطه توفر النفع المشروع فإنه يضمن للمال معنا قيميا، كذلك توفر شرط الحيازة يتضمن مفهوم الندرة، فلا تكون هناك قيمة

(1) احمد عواد الكبيسي، " مالية المعادن و ملكيتها و استثمارها في الاقتصاد الاسلامي " رسالة دكتوراه، كلية العلوم الاسلامية، جامعة بغداد، 1994، ص19.

(2) علي عبد الرسول، مصدر سابق، ص9.

للسلع غير القابلة للحيازة. وإذا ما استثمر المال سمي رأسمالا حيث يساهم راس المال في عملية الانتاج جنبا الى جنب مع العمل ويتخذ راس المال صورتين هي راس المال النقدي وراس المال العيني وقد وضع الإسلام ضوابط تكفل حسن استخدامهما.

3-2-1: ضوابط استثمار راس المال النقدي:

من هذه الضوابط ما يأتي:

3-2-1-1: تحريم الربا:

عرف الفقهاء الربا بانه (فضل مال مشروط بلا عوض في معاوضة المال بمال)[1]، والربا هوالفائدة في الفكر الاقتصادي الوضعي، وقد حرم الإسلام التعامل بالربا في قوله تعالى ﴿ يَٰٓأَيُّهَا ٱلَّذِينَ ءَامَنُواْ ٱتَّقُواْ ٱللَّهَ وَذَرُواْ مَا بَقِيَ مِنَ ٱلرِّبَوٰٓاْ إِن كُنتُم مُّؤۡمِنِينَ ٢٧٨ فَإِن لَّمۡ تَفۡعَلُواْ فَأۡذَنُواْ بِحَرۡبٖ مِّنَ ٱللَّهِ وَرَسُولِهِۦۖ وَإِن تُبۡتُمۡ فَلَكُمۡ رُءُوسُ أَمۡوَٰلِكُمۡ لَا تَظۡلِمُونَ وَلَا تُظۡلَمُونَ ﴾(البقرة: **278-279**).

وفي السنة النبوية المطهرة لعن رسول الله ﷺ (آكل الربا وموكله وكاتبه وشاهديه وقال هم سواء)[2]، جاء في هذا التحريم للربا بسبب اثارة السلبية على الاقتصاد والمجتمع ومنها:

أ. إن انعدام الفائدة يعد عاملا فعالا في زيادة اقبال المستثمرين على اوجه الاستثمار المختلفة، وذلك لأن المستثمر في الاقتصاد الربوي يجري مقارنة بين معدل الفائدة والكفاية الحدية لراس المال (العائد المتوقع) ويعد القرار

(1) عبد الحميد الغزالي، مصدر سابق، ص476.
(2) مسلم، رقم الحديث 1598.

الاستثماري ناجحا اذا كانت الاخيرة أكبر من الاولى، أما في الاقتصاد الإسلامي فإن القرار الاستثماري معفو من قيد الفائدة، وهذا من شانه ان يحيل كل الفرص الاستثمارية التي رفضت بسبب كلفة الفائدة الى مشاريع ذات جدوى اقتصادية ناجحة، وهذا يعني أن كل فرصة استثمارية تعد ناجحة بمجرد كون الكفاية الحدية لرأس المال موجبة[1].

ب. أما من ناحية تاثير الفائدة على الادخار فإن هناك شكوكا حقيقية حول وجود الصلة بين معدل الفائدة وحجم الادخار، فوفقا لنظرية التوظيف الحديثة فإن الادخار يعتمد على مستوى الدخل وعلى دوافع سيكولوجية[2]، تتأثر بالعادات والتقاليد السائدة والتصورات المستقبلية للأفراد، لذا فإن حوافز الادخار مستقلة عن الفائدة. ومن هنا فإن ارتفاع معدل الفائدة سيقلل من حجم الاستثمارات مما يؤدي الى انخفاض في حجم الدخل، وبما أن الدخل يعتمد على الادخار فإن انخفاضا في حجم المدخرات سوف يحصل على فرض ثبات العوامل الاخرى ومن ثم تتناقص فرص تمويل الاستثمارات الجديدة مع احتمال ارتفاع اعلى لمعدل الفائدة[3]. لذلك يرى الاقتصادي المعروف جون مينارد كنز أن على السياسة النقدية ان تتجه دوما الى تخفيض سعر الفائدة. وأن المجتمع النامي

---

(1) صبحي فندي الكبيسي، تحريم الربا وبعض اثاره الاقتصادية، مجلة كلية الادارة والاقتصاد، الجامعة المستنصرية، العدد 45، 1989) ص124.

(2) سامي خليل، النظريات والسياسات النقدية والمالية، (ط1، الكويت، شركة كاظمة للنشر والترجمة والتوزيع، 1982) ص259.

(3) م. م. منان، " الاقتصاد الاسلامي بين النظرية والتطبيق "، القاهرة، المكتب المصري الحديث للطباعة والنشر، ص 118.

بصورة مثالية سيصل الى حالة يصبح فيها سعر الفائدة على راس المال صفرا وانه لوأزيلت هذه الفرملة - الفائدة - يكون نموراس المال الحقيقي في العالم الحديث من السرعة بحيث يصبح احتمال هبوط سعر الفائدة الحالي الى الصفر شيئا محققا[1].

ج. إن الأخذ بالنظام الربوي يؤدي الى تكوين طبقتين في المجتمع الاولى غنية وتزداد غنى بأيسر الطرق والثانية فقيرة وتزداد فقرا، وبمعنى آخر فإن النظام يخلق قوة شرائية مرتفعة للاولى ومنخفضة للثانية، مما يؤثر على توجيه النشاط الانتاجي في تخصيص الموارد لانتاج السلع والخدمات التي تلبي طلب الفئة الاولى، وتجاهل إنتاج ما يلبي حاجة الفئة الثانية.

د. يؤدي الربا بمرور الوقت الى تركز الثروات النقدية بايدي المرابين والمصارف الربوية، وسلوكها سلوكا احتكاريا في تعاملها مع عملائها إضافة إلى ذلك فإن هذا الوضع يمكنها من فرض سيطرتها على مقدرات الامور الاقتصادية والسياسية للبلدان وتسخيرها لخدمة مصالحها بلا أي اعتبار اخر.

هـ إن الاقتصاد الربوي يكون اكثر عرضة للازمات المالية، حيث إن سعر الفائدة غير مرتبط بالانتاج والربحية، مما يزيد من تكاليف الانتاج وينقل عبئ ذلك إلى المستهلك، حيث ترتفع الاسعار وتزداد معدلات التضخم يتبعها انخفاض في الطلب يتبعه انخفاض في الانتاج وزيادة نسبة البطالة، ويؤدي ذلك إلى تدهور القيمة الحقيقة للنقود مما ينجم عنه صعوبات مالية

---

(1) جعفر عباس حاجي، مصدر سابق، ص661.

تعرض الاقتصاد لأزمات عنيفة تـؤثر سـلبا في اسـتقراره الاقتصادي والسـياسي ومعـدلات نموه[1].

و. للربا آثار سـلبية عـلى صـعيد القـروض الاسـتهلاكية تتمثـل في ارهـاق ميزانيـة المسـتهلك، وايقاعهم في دوامة من الديون وفوائدها يستلزم الوفاء بهـا التقليـل مـن الاستهلاك، ممـا يؤثر على رفاهيتهم، اما على المستوى الكلي فإن الربـا يـؤدي الى خفـض حجـم الاسـتهلاك خصوصا السلع الضرورية وشـبه الضـرورية ويـؤدي ذلك الى انخفـاض في حجم الطلـب الفعال يتبعه انخفاض في مستوى الاستخدام أي حدوث الكساد والبطالة.

ز. إن وجود الفائدة يدفع صاحب راس المـال الى اقراض رأسـماله النقـدي وهـو يأخـذ بنظـر الاعتبار سعر الفائدة فقط، بغض النظر عن مجال الاستثمار الذي موله من حيث الجدوى والمشروعية، بينما في الاقتصـاد الاسـلامي حيـث تحـرم الفائـدة يكـون صاحب راس المـال مشاركا وحريصا على توجيه راسماله نحوالاستثمار المجدي، لأن ربحه يتوقف عـلى نتيجـة الاستثمار وهومخاطر برأسماله إن لم ينجح المشروع.

ح. إن النظام الربوي ساهم في خلق مشكلة من اخطر المشاكل الاقتصادية الدولية المعـاصرة، وهي مشكلة مديونية الدول الفقيرة للدول الغنية، حيث تواجه الـدول المدينـة صـعوبات في تسديد الديون وفوائدها، مما يضطرها الى طلب اعادة جـدولتها، وهـذه الجدولـة هـي وسيلة لتاجيل المشـكلة وليس لعلاجهـا، بـل تـؤدي إلى مضـاعفة الـديون. وقـد أصبحت مشكلة المديونية

---

(1) محمود عوف الكفراوي، الاثار الاقتصادية والاجتماعية للإنفاق العام في الاسلام مصدر سابق، ص131.

الدولية سببا للتدخل في الشؤون السياسية والاقتصادية للدول النامية بل حتى للتأثير في الشؤون الفكرية والمذهبية مما يؤدي الى تكريس التبعية باشكالها المختلفة.

2-1-2-3: البديل الاسلامي للتمويل الربوي:

قدم الإسلام صيغا بديلة لاسلوب التمويل الربوي ذات كفاءة عالية وخالية من الأضرار الاقتصادية والاجتماعية، ومن أهم هذه الصيغ ما ياتي:

أ: القرض الحسن:

وهوالقرض الذي لا يدر منفعة اقتصادية على المقرض، وقد حث الإسلام على ذلك اذ قال الرسول ﷺ ((الصدقة بعشرة أمثالها والقرض بثمانية عشر))[1]، وقال أيضا ((من منح منيحة لبن او ورق كان له مثل عتق رقبة))[2]. ولتنظيم عملية الإقراض هذه ولضمان سداد القرض ذهب الاسلام الى اتباع الالية التالية:

1. توثيق الدين بكتابته عند كاتب العدل والإشهاد عليه.
2. قبض الرهان ضمانا للقرض.
3. تخصيص سهم الغارمين من حصيلة الزكاة لسداد دين من يعجز عن سداد دينه.

إن القرض الحسن غالبا مايستخدم لاغراض استهلاكية، ولا مانع من استخدامه لاغراض استثمارية. ففي الحالة الاولى فانه يوفر للمحتاجين قوة

(1) المنذري، ج2، مصدر سابق، ص40.
(2) المصدر نفسه، ص39.

شرائية بلا اعباء اضافية مما يمكنهم من اشباع حاجاتهم الضرورية، وينشط دورة التبـادل ثم الانتاج. اما في الحالة الثانية فإن القرض الحسن يخفض تكاليف الانتاج ويخفض الأسعار مـما يؤدي الى استقرار المستوى العام للاسعار   ومكافحة التضخم في الاقتصاد[1].

ب: المضاربة:

تعرف المضاربة بأنها عقد شركة في الربح بمال من جانب وعمل من جانب آخر[2]. وعـلى وفق هذا العقد يقدم رب المـال مالـه للعامـل (المضـارب) الـذي يسـتثمره لطلب الـربح الـذي يتقاسمانه حسب ما اتفقا عليه، وإن حصل خسران فانه يصيب رب المال في ماله والمضارب في عمله.

إن المضاربة أصبحت في الوقت الحاضر مـن اهـم صـيغ التمويـل في الاقتصاد الاسـلامي، وتعد بديلا إسلاميا رائدا للكثير من المعاملات الربوية وأنها ذات طبيعـة مرنـة تسـتوعب الكثير من عمل مؤسسات التمويل الاستثمارية[3]. ففـي حالـة الشركات تكون المضاربة مبـاشرة بـين المدخر والمستثمر أما في حالة المصارف الاسلامية فإنها تسـتطيع تجميـع المـدخرات واستثمارها مباشرة أوإعادة المضاربة بها مع المستثمرين المحتاجين للتمويل من غير الوقوع في الربا المحـرم. إن في عقد المضاربة يلتقي المال النقدي مع الجهد البشري لتكون ثمرة هذا اللقاء تعاونا على البر في حالتي الربح والخسران[4].

---

(1) جعفر عباس حاجي، مصدر سابق ،ص 677.

(2) زكريا محمد الفاتح القضاة، " السلم والمضاربة من عوامل التيسير في الشريعة الإسلامية"، (ط1، عمان، دار الفكر للنشر والتوزيع، 1984)، ص158.

(3) علي حسن عبد القادر، " فقه المضاربة "، 1980، ص37.

(4) محمد احمد سراج، النظام المصرفي في الاسلام، القاهرة، دار الثقافة للنشر والتوزيع 1989) ص220.

إن عقد المضاربة يصلح لتمويل الاستثمارات المختلفة الزراعية والصناعية والتجارية على حد سواء، وكذلك تصح المضاربة في مال الفرد أوالجماعة. وهذا يعد أساسا نظريا للاستثمار الجماعي، ولذلك يمكن استخدام المضاربة لتعبئة المدخرات الصغيرة والكبيرة ولتمويل المشاريع التي تحتاج الى استثمارات مالية ضخمة[1].

إن لعقد المضاربة وما يتضمنه من مشاركة بين العمل والمال مزايا إيجابية منها[2]:

ترشيد استخدام رؤوس الاموال المتاحة للمجتمع، اذ إن مشاركة الممولين للمستثمرين في الارباح وتحملهم للخسران يؤدي إلى أن تقوم المشاريع على اسس اكثر جدوى وفي ذلك ضمان لتوجيه اموال المجتمع الى افضل مجالات الاستثمار.

تشجيع استثمار المدخرات لأن مشاركة اصحابها في الانتاج على اساس من العدل يدعوهم الى عدم الاكتناز بل الى الاستثمار وبذلك تزداد عمليات بناء راس المال الانتاجي.

القضاء على التناقض بين مصالح الممولين والمستثمرين لأن مصالحهم تكمن معا في نجاح المشروع، بدلا من سعي الممولين لرفع سعر الفائدة وسعي المستثمرين لخفضه.

(1) عوف محمود الكفراوي، "النقود والمصارف في النظام الاسلامي" (الإسكندرية - دار االجامعت المصرية، 1407هـ)، ص71.

(2) محمد عبد المنعم عفر، "السياسات الاقتصادية في الاسلام"، مصدر سابق، ص217.

ج- تحريم الاكتناز:

لقد حرم الإسلام كنز النقود ﴿ ۞ يَـٰٓأَيُّهَا ٱلَّذِينَ ءَامَنُوٓاْ إِنَّ كَثِيرًا مِّنَ ٱلْأَحْبَارِ وَٱلرُّهْبَانِ لَيَأْكُلُونَ أَمْوَٰلَ ٱلنَّاسِ بِٱلْبَـٰطِلِ وَيَصُدُّونَ عَن سَبِيلِ ٱللَّهِ ۗ وَٱلَّذِينَ يَكْنِزُونَ ٱلذَّهَبَ وَٱلْفِضَّةَ وَلَا يُنفِقُونَهَا فِى سَبِيلِ ٱللَّهِ فَبَشِّرْهُم بِعَذَابٍ أَلِيمٍ ﴾ **(التوبة: 34)**، وبتحريم الاكتناز وفرض الزكاة يصل الشارع الحكيم الى مقصده في ضرورة تداول راس المال وعدم تركزه بأيد قليلة ﴿ كَىْ لَا يَكُونَ دُولَةًۢ بَيْنَ ٱلْأَغْنِيَآءِ مِنكُمْ ﴾ **(الحشر: 7)**. وكذلك يدفع برؤوس الاموال المدخرة نحوالاستثمار ويمنع تعطيلها، وهذا يساهم مساهمة فعالة في احداث التشغيل الكامل للموارد النقدية والاقتصادية[1]. هذا ويعد مكتنز المال آثما لأنه[2]:

1. عطل خاصية لنعمة من نعم الله - المال - وسلب هذه النعمة وظيفتها وأجرم في حق نفسه عندما امتنع عن استثمار ما بيده من اموال ممكن ان يعود عليه بالنفع والخير.
2. حبس عن المجتمع قوة محتاجا اليها ذلك لأن النقود المكتنزة يقابلها في مكان ما طاقة انتاجية اوسلع منتجة بحاجة الى شراء.
3. الجأ باكتنازه القائمين على امر الامة ان يبحثوا عن سياسات واجراءات تعويضية، هي دائما تزيد الامور تعقيدا، لأنها تقوم على تقديرات وافتراضات قد تصيب وقد تخطيء وإن أصابت فلن تبلغ الصواب كله.

(1) رفعت محمد العوضي، "في الاقتصاد الإسلامي"، (ط1، الدوحة، 1410)، ص98.
(2) احمد النجار، "المدخل الى النظرية الاقتصادية في المنهج الاسلامي" (ط1، بيروت، دار الفكر 1393 هـ - 1973م)، ص149.

د- فرض الزكاة:

للزكاة دور كبير في تنشيط الاستثمار، فاضافة الى عقوبة الاكتناز في الاخرة والوعيد الشديد لمن يجمع الاموال من غير اداء حقوقها ﴿وَيْلٌ لِّكُلِّ هُمَزَةٍ لُّمَزَةٍ ① ٱلَّذِى جَمَعَ مَالًا وَعَدَّدَهُۥ﴾ **(الهمزة:1-2)**، يمكن اعتبار الزكاة عقوبة دنيوية - إن صح التعبير- للأموال غير المستثمرة، لأن الاموال المستثمرة سوف تخرج زكاتها من عائد الاستثمار.

إن الزكاة تدفع اصحاب رؤوس الاموال - التي تفوق النصاب - الى استثمارها وإلا تعرضت للتآكل بسبب الزكاة، اذ تفقد الثروات النقدية 2.5% من قيمتها سنويا كزكاة، ويمكن توضيح هذا التناقص للثروات النقدية من خلال الشكل البياني رقم (1)، وتستمر الثروة النقدية بالتناقص سنويا إلى أن تصل الى حد الاعفاء وهوما دون النصاب، لذلك تنمية المال واستثماره ضرورة لا بد منها للمسلم ولكي يحافظ على مركزه المالي كحد ادنى، وهذا ما يسعى اليه كل مالك ثروة سوي، لذلك جاءت التوصية النبوية في الحديث الشريف ((من ولي ليتيم مالا فليتجر به ولا يدعه تآكله الصدقة))[1]، إذ إن البالغ تدفعه فطرته لاستثمار أمواله.

إن الزكاة لا تعالج عدم استثمار الاموال فقط، بل تستعجل الموارد المنتظرة للفرص الاستثمارية لاغتنام اقرب فرصة، لانه كلما زاد الانتظار قلت قدرتها

(1) محمد منذر قحف، الاقتصاد الإسلامي، (ط1، الكويت، دار القلم 1399 هـ -1979م) ص120.

على تعويض ما تاكل منها بسبب الزكاة، اضافة الى ذلك فإن الانخفاض النسبي لحجم النصاب يزج اغلب الثروات النقدية الى الدورة الاقتصادية.

إن للزكاة دورا كبيرا في اتخاذ القرار الاستثماري، فإضافة إلى انه معفومن قيد الفائدة - أي إن كلفة استثمار راس المال النقدي تساوي صفرا - نجد أن القرار الاستثماري يكون ناجحا حتى مع تحقق خسران اقل من 2.5 % لأن تعطيل راس المال النقدي يحمله زكاة - تكاليف ثابتة - بهذا السعر اما اذا ما استثمر في مشاريع زراعية اوصناعية اوعقارية ... فانه لا يتحمل زكاة الا على العائد الصافي. ان هذه الالية تجعل مستوى توازن النشأة في الاقتصاد الاسلامي يتحقق بمستوى انتاج اقل من نظائرها في الاقتصاد الوضعي، وإنها تغلق أبوابها بعد نظائرها بسبب انخفاض التكاليف بقدر سعر الفائدة في الاقتصاد الربوي. ويمكن توضيح ذلك من خلال الشكل البياني رقم (2) فلوكان سعر التوازن هوس1 فإن المنشأة تنتج م ك1. ومع وجود الزكاة بمقدار س س1 فإن كمية التوازن ستكون م ك وبذلك يتحقق التوازن بمستوى إنتاج أقل مما هوعليه في المنشأة غير الملتزمة بالزكاة.

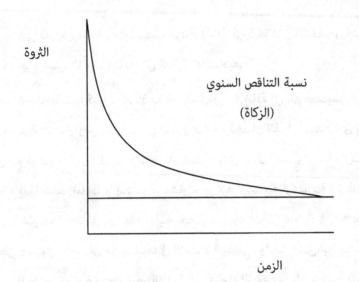

الثروة

نسبة التناقص السنوي
(الزكاة)

الزمن

الشكل رقم (1)

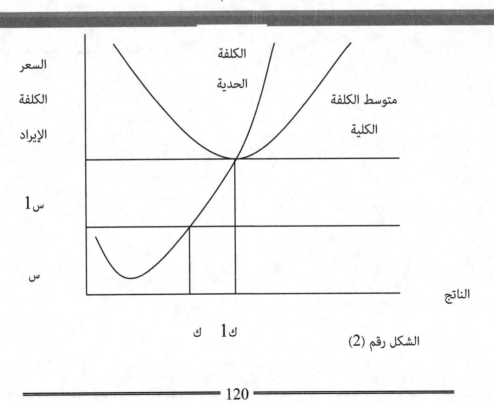

السعر
الكلفة
الإيراد

الكلفة
الحدية

متوسط الكلفة
الكلية

س1

س

الناتج

ك1   ك

الشكل رقم (2)

إن فلسفة الزكاة تقدم اطارا حركيا للنموالاقتصادي، هذا النمويتوقف على مـدى تغليـب الجانب الايجابي للزكاة باعتبارها محفـزة للاستثمار علـى الجانـب السـلبي – ان صـح التعبيـر – باعتبارها تسربا من الامـوال المعـدة للاستثمار فغلبـة الجانـب الاول تعنـي استثمار الامـوال في مشاريع انتاجية للمحافظة على اصلها   وتنميتها ودفع الزكاة من العائد المتحقق[1]. وفي حقيقة الأمر ليس هناك جوانب سلبية للزكاة – انما استعمل التعبير مجازا – اذ ان انفاق حصيلة الزكاة من شانه ان يزيد الطلب الفعال بشقيه الاستهلاكي والاستثماري الـذي يـؤدي إلى زيـادة الـدخل القومي، وسوف تصيب هذه الزيادة كل من دافعي الزكاة ومتسـلميها.   وهـذا تفسـير علمـي لقول الرسول ﷺ((ما نقصت صدقة من مال))[2] وكذلك قـال فقهـاء المسـلمين (ان الزكاة نمـاء للمال وبركة)[3].

2-2-3: ضوابط استثمار رأس المال العيني:

رأس المال العيني – العروض – هو شطر المال، بل هو الصورة الحقيقية للمال وهو المـادة المهمة لاغلب وجوه الاستثمار، لقد شرع الاسلام صيغتين لاستثماره من حيث العلاقة بمالكه هي:

1. استثمار صاحب المال ماله بنفسه

2. استثماره بواسطة الغير ويتضمن صيغتين هما:

- تأجير رأس المال العيني للغير.

(1) محمد احمد صقر، الاقتصاد الإسلامي مفاهيم ومرتكزات، مصدر سابق، ص27.

(2) صحيح مسلم، ج4، مصدر سابق، ص2001 رقم الحديث 2588.

(3) يوسف القرضاوي، " فقه الزكاة "، ج 2، بيروت، دار الرشاد، 1969، ص87.

- المشاركة أوالمضاربة.

وفيما يلي أهم ضوابط استثمار راس المال العيني التي ما بعدها يكون تبع لها:

3-2-2-1: استثمار الأرض الزراعية:

لقد حث الإسلام على مزاولة النشاط الزراعي لاهميته، وقد رغب فيه الرسول ﷺ فقال ((ما من مسلم يغرس غرسا اويزرع زرعا فياكل منه طير اوانسان اوبهيمة الا كان له به صدقة))[1]، وفي نفس الوقت فقد حذر الرسول ﷺ من التخصص فقط في الانتاج الزراعي وإهمال القطاعات الأخرى، حيث رأى الرسول ﷺ سكة وشيئا من آلة الحرث فقال ((لا يدخل هذا بيت قوم الا ادخله الله الذل))[2]. ولا تعارض بين الحديثين، إذ إن الثاني يؤكد على ضرورة تنويع الحقيبة الاستثمارية لينشأ عنه تشابك قطاعي كبير ينتج عنه قوة ومتانة للاقتصاد ولعموم المجتمع المسلم، وكأنه ﷺ ينظر من وراء الغيب، ليفسر التخلف والتبعية اللتين تعاني منهما المجتمعات المتخصصة بالإنتاج الأولي، لأن هذا الانتاج لا يغني عن غيره بسبب خصائصه الطبيعية والاقتصادية، ولاستثمار الموارد الطبيعية المبثوثة في الأرض فقد شرع الاسلام النظم الآتية:

أ. احياء الأرض الموات:

حث الإسلام على إحياء الأرض الموات، وجعل مكافأة إحيائها؛ تملكها إذ

---

(1) العسقلاني، ج 5، مصدر سابق، ص3.
(2) العسقلاني، ج 5، مصدر سابق، ص3.

يقول الرسول ﷺ ((من أحيا أرضا ميتة فهي له))[1] ولا يصح حجر الأرض بالاحتجار اواحياءها ثم تركها لتعود مواتا مرة اخرى، وإذا ما حصل ذلك فإن الأرض تنتزع من تاركها ويكون من يحييها اولى بها، فقد طبق ذلك عمر بن الخطاب رضي الله عنه عندما قال: ((ليس لمحتجر حق بعد ثلاث سنين))[2]، وقال (من كانت له ارض ثم تركها ثلاث سنين فلم يعمرها فعمرها قوم اخرون فهم أحق بها)[3]، ذلك لأن رجالا كانوا يحتجرون من الأرض ما لا يعملون[4].

ب. الإقطاع:

الإقطاع هوما يخص به الإمام بعض الرعية من الأرض الموات فيختص به ويصير أولى بإحيائه ممن لم يسبق الى إحيائه[5]. وقد اقطع الرسول ﷺ والخلفاء من بعده ما ان راوا في اقطاعه صلاحا، وإن إقطاع الأرض مرهون بإعمارها، فقد اقطع الرسول ﷺ بلال بن الحارث المزني ارض العقيق اجمع فلما كان زمن عمر قال لبلال: ان رسول الله ﷺ لم يقطعك لتحجر على الناس إنما اقطعك لتعمل فخذ ما قدرت على عمارته ورد الباقي[6]. ويرى أبو يوسف أن على الإمام ألا يترك أرضا لا ملك لأحد فيها ولا عمارة إلا اقطعها لمن يحييها[7]، ما عدا ارض المرافق العامة أو التي فيها معادن، فقد حدث أن ابيض بن حمال استقطع رسول

(1) المصدر نفسه، ص18.
(2) ابو يوسف، مصدر سابق، ص61.
(3) أبو يوسف، مصدر سابق، ص61.
(4) أبو عبيدة القاسم بن سلام، " الاموال "، (ط1، دار الحراثة، 1988) ص291.
(5) العسقلاني، ج 5، مصدر سابق، ص47.
(6) ابو عبيدة القاسم بن سلام، مصدر سابق، ص291.
(7) ابو يوسف، مصدر سابق، ص61.

الـلـه ﷺ الملح الذي بمارب، فاقطعه له، فقال الاقرع بن حابس: يا رسـول الـلـه اني قـد وردت الملح في الجاهلية وهو بأرض ليس بها ماء من ورده أخذه وهو مثل الماء العد[1]. فاستقال رسول الـلـه ﷺ ابيض بـن حـمال في قطيعتـه في الملـح .... وقـال هومثـل المـاء العـد مـن ورده أخذه[2].

3-2-2-2: ملكية المعادن واستثمارها:

المعادن الموجودة في الأرض المملوكة للدولـة تملكهـا الدولـة، وتتـولى أمـر اسـتثمارها. أمـا المعادن الموجودة في الأرض المملوكة للافراد فهناك ثلاثة اراء الراي الاول يرى ان مـن ملـك أرضـا فقد ملك طبقاتها السبع، والرأي الثـاني يجعلهـا مباحـة للنـاس سـواء كانـت المعـادن ظـاهرة أم باطنة، او مباحة للظاهرة منها دون الباطنة، والرأي الثالث يقر بملكية الدولة للمعـادن الظـاهرة والباطنـة والـرأي الأخـير هـوالأكثر قبـولا وتوافقـا مـع روح العصرـ والتطـورات الاقتصـادية والتكنولوجية الحديثة، وهويحقق مصلحة الامة التوزيعية والإنتاجية في المعادن، وهويحول دون احتكار الافراد للمعادن، كما يمنع من ان يستاثر بخيرها الوفير قلة من الناس، اذ غالبـا مـا يكـون عائد الاستثمار في المعادن اكثر بكثير من كلفته وقد اخذ بهذا الاتجاه اغلب الدول المعاصرة، وهو يمكن الدولة من تحقيق مصلحة الامة من خلال اختيار الأسلوب المباشر في الاسـتثمار أوالمشـاركة أومنح الامتيازات[3].

(1) الماء العد: هو الماء الذي لا ينقطع.
(2) ابن ماجه، ج2، مصدر سابق، ص69 رقم 2500.
(3) احمد عواد الكبيسي، مالية المعادن واستثمارها في الاقتصاد الاسلامي، رسالة دكتوراه كلية العلوم الاسلامية، جامعة بغداد، 1987) ص160- 198.

المبحث الرابع
دور الدولة في عملية الإنتاج

إن للدولة دورا كبيرا في عملية الانتاج، لأنها مسؤولة مسؤولية مباشرة عن الاموال موضع الاستخلاف العام، ولها سلطة إشراف وتوجيه على الأموال موضع الاستخلاف الخاص[1]. وهي الراعي الذي يجب ان يرتاد لاهله المرتع الخصب، ومن هنا يأتي الدور المهم للدولة في عمارة الأرض اوخرابها وكما يقول الإمام الغزالي (عمارة الأرض وخرابها من الملوك)[2] بل ويلقي بمسؤولية التخلف على الدولة (إن خراب الأرض في شيئين احدهما عجز الملك والثاني جوره)[3] والملك يمثل الدولة.

إن دور الدولة في عملية الانتاج يكمن في قدرتها على التاثير في عنصري الانتاج والتأثير في الاستثمار من حيث تحفيزه وتوجيهه ومراقبته.

1-4: دور الدولة في التاثير في عنصري الانتاج:

2-1-1: التاثير في عنصر العمل:

يتمثل ذلك في قيام الدولة برفع كفاءة العمل وتوفير الفرص اللازمة لاستثماره وكما يأتي:

---

(1) عبد اللطيف هميم محمد، " الوظيفة الاقتصادية للدولة في التشريع الاسلامي "، رسالة دكتوراه، كلية الشريعة، جامعة بغداد، 1410 هـ - 1989) ص365.

(2) ابو حامد الغزالي، التبر المسبوك في نصيحة الملوك (ط1، القاهرة، مكتبة الكليات الازهرية 1968) ص44.

(3) المصدر نفسه، ص54.

4-1-1-1: توفير التعليم:

من واجب الدولة ان تنشر العلم وترعى العلماء وطلاب العلم، وقد فادى الرسول ﷺ كل أسير من أسرى بدر بأن يعلم عشرة من صبيان المسلمين   وكان فداء الأسير (4000) اربعة الاف درهم، أي كانه انفق على كل صبي أربعمائة درهم في وقت اشد ما تكون دولة الاسلام الفتية حاجة الى المال[1].   ويأمر الخليفة عمر بن الخطاب ﷺ بالإنفاق على التعليم بقوله (اجروا على طلبة العلم وفرغوهم للطلب)[2]، لأن المصلحة المتحققة من طلب العلم تتجاوز الطالب الى المجتمع.

وهكذا يرى الإمام الغزالي (إن كل من يتولى امرا يقوم به يتعدى مصلحته الى المسلمين لواشتغل بالكسب لتعطل عليه ماهوفيه، فله في بيت المال حق الكفاية ويدخل فيه العلماء كلهم وطلبة العلم)[3].

4-1-1-2: تأمين الصحة:

من واجب الدولة تامين مستلزمات الصحة الوقائية والعلاجية لجميع أفراد المجتمع لأن حفظ الصحة يدخل ضمن حفظ النفس الذي هو من الضرورات الخمس التي يتضمنها حد الكفاية الواجب توفيره لكل مواطن، وعلى الدولة أن توفر التامين الصحي لموظفيها، فقد حدث ان مرض خازن بيت المال زمن عمر بن الخطاب ﷺ فجلب له الأطباء لعلاجه من غير أن يحمله

(1) يوسف ابراهيم يوسف، النفقات العامة في الإسلام، (القاهرة، دار الكتاب الجامعي، 1980) ص344.
(2) شوقي احمد دينا، مصدر سابق، ص161.
(3) ابو حامد الغزالي، " احياء علوم الدين "، ج 2 (بيروت، دار احياء الكتب العربية) ص123.

نفقات العلاج[1]. إن بناء الجسم السليم للعامل المسلم يساهم في رفع انتاجيته بشكل كبير كما ونوعا وكما يقال العقل السليم في الجسم السليم.

3-1-1-4: توفير فرص العمل:

العمل حق لكل مواطن في المجتمع المسلم، وإذا ما حدثت بطالة فعلى الدولة الاجتهاد في معالجتها وتهيئة فرص العمل للعمال العاطلين، وفي السنة النبوية ((أن رجلا من الانصار اتى النبي ﷺ يسأله فقال: أما في بيتك شيء قال: بلى حلس نلبس بعضه ونبسط بعضه، وقدح نشرب فيه الماء، قال: ائتني بهما فاتاه بهما، فأخذهما رسول الله ﷺ بيده، ثم قال: من يشتري هذين؟ فقال رجل: أنا آخذهما بدرهم، قال: من يزيد على درهم، مرتين او ثلاثا، قال رجل: انا اخذهما بدرهمين، فاعطاهما إياه، واخذ الدرهمين فاعطاهما الانصاري، وقال: اشتر بأحدهما طعاما فانبذه الى اهلك، واشتر بالآخر قدوما فائتني به، ففعل فاخذ رسول الله ﷺ فشد فيه عودا بيده، وقال: اذهب واحتطب ولا أراك خمسة عشر يوما، فجعل يحتطب ويبيع، فجاء وقد أصاب عشرة دراهم فقال: اشتر ببعضها طعاما وببعضها ثوبا، ثم قال: هذا خير لك من ان تجيء والمسألة في وجهك يوم القيامة. ان المسالة لا تحل الا لذي فقر مدقع اولذي غرم مفضع اولذي دم موجع))[2]، نرى من هذا الحديث ان رسول الله ﷺ يعالج هذه المشكلة الاجتماعية ويفضل حلها من خلال توفير فرصة عمل بدلا من حلها من خلال المساعدة المالية المؤقتة.

أما عمر بن الخطاب رضي الله عنه فقد الزم عماله بتهيئة فرص العمل لرعاياهم

(1)) شوقي احمد دنيا، مصدر سابق، ص161.

(2) ابن ماجه، ج2، ص15، رقم الحديث 2216.

ليغنوهم بالحلال عن الحرام. فقد حدث ان قال لاحد عماله: ماذا تفعل ان جاءك

سارق؟ قال: اقطع يده، فقال عمر: فإن جائني منهم جائع او عاطل فسوف يقطع عمر يدك،

وأضاف: ان الله قد استخلفنا على عباده لنسد جوعتهم ونستر عورتهم ونوفر لهم حرفتهم،

فاذا اعطيناهم هذه النعم تقاضيناهم شكرها   يا هذا إن الله خلق الايدي لتعمل

فاذا لم تجد في الطاعة عملا التمست في المعصية اعمالا، فاشغلها بالطاعة قبل ان تشتغل

بالمعصية[1].

4-1-1-4: الاستخدام الامثل للموارد البشرية:

يدعوالإسلام إلى مراعاة الكفاءة والتخصص في تولي الاعمال المختلفة فقد قال الرسول ﷺ

((من ولي من أمر المسلمين شيئا فولى رجلا وهويجد من هواصلح منه فقد خان الله

ورسوله))[2]. وقد حذر كذلك من هذا السلوك بقوله ((إذا ضيعت الأمانة فانتظروا الساعة، قال:

يا رسول الله كيف اضاعتها؟ قال: اذا وسد الامر الى غير اهله فانتظر الساعة))[3]. هذه الأدلة

تلقي مسؤولية على الدولة بتخصيص أمثل للموارد البشرية للحصول على اعلى مستوى من

الإنتاجية.

4-1-2: التاثير في عنصر المال:

تتدخل الدولة من خلال سياستها الشرعية في تشجيع استثمار الاموال ومنع تعطيلها لكي

تتحقق المصلحة العامة والخاصة معا، اما عن طبيعة التدخل فتتحدد حسب مصلحة المجتمع

وظروفه، ومن الأدلة على ذلك ما ياتي:

---

(1) محمد شوقي الفنجري، "الاسلام والمشكلة الاقتصادية"، مصدر سابق، ص42.
(2) ابن تيمية: "السياسة الشرعية في اصلاح الراعي والرعية، مصدر سابق، ص9.
(3) العسقلاني، ج1، مصدر سابق، ص142.

4-1-2-1: أمر رسول الله ﷺ ولي اليتيم باستثمار امواله حيث قال ((من ولي ليتيم مالا فليتجر به ولا يدعه تأكله الصدقة))[1]. والإنسان البالغ مأمور بذلك ولم تشمله التوصية النبوية لاندفاعه لذلك بفطرته.

4-1-2-2: استرجع الخليفة عمر بن الخطاب رضي الله عنه جزء من ارض العقيق التي كان الرسول ﷺ قد أقطعها لبلال بن الحارث المزني وقال له أن رسول الله ﷺ لم يقطعك لتحجر على الناس، وإنما أقطعك لتعمل فخذ ما قدرت على عمارته ورد الباقي[2]. هذا وقد أوجب الفقهاء على صاحب الأرض الخراجية استغلالها وأجازوا للإمام إذا عجز صاحب الأرض عن ذلك ان ينتزعها ويدفعها لغيره لاستغلالها. أوأن يستثمرها لحساب بيت المال لأن في تعطيلها تفويتا للمصلحة العامة بسبب ضياع طاقة إنتاجية ممكن ان تستغل لنفع المجتمع[3].

4-1-2-3: تقوم الدولة بجباية الزكاة من المكلفين قسرا قال تعالى: ﴿خُذْ مِنْ أَمْوَٰلِهِمْ صَدَقَةً﴾ (التوبة: **103**) وبذلك تدفع أصحاب الأموال إلى استثمار أموالهم لتنميتها ودفع الزكاة من عائد الاستثمار وليس من أصل راس المال.

4-1-2-4 التحذير من استهلاك راس المال الانتاجي فقد قال الرسول ﷺ لمن

---

(1) البيهقي، ج6، مصدر سابق، ص2.

(2) ابو عبيدة القاسم بن سلام، مصدر سابق، ص291.

(3) احمد عواد الكبيسي، مالية المعادن واستثمارها في الاقتصاد الاسلامي، مصدر سابق ص209.

أراد أن يكرمه في ذبح شاة ((اياك والحلوب))[1]، لأنها تعد رأسمال إنتاجي وكذلك دعا عمر بن الخطاب ﷺ إلى ادخار جزء من الدخل وتخصيصه لأغراض استثمارية وعدم استهلاكه بالكامل وخصوصا عندما يكون فيه فضله عن مستوى الكفاية الاستهلاكي. فقد قال لاحدهم: ما مالك؟ قال: عطائي ألفان. قال عمر: اتخذ منه الحرث والسائبات[2].

2-4: دور الدولة في تحقيق التوازن بين قطاعات الانتاج:

على الدولة أن تتدخل لتحقيق التوازن عند اختلاله، إذ إن الاستثمار في القطاعات الانتاجية المختلفة التي تحتاجها الامة من فروض الكفاية، لذلك على المسلمين ان يسدوا جميع ثغرات الانتاج، وحراسة هذه الثغرات من واجبات الدولة، وفي ذلك يقول ابن تيمية (إذا كان الناس محتاجين الى فلاحة قوم أونساجتهم أوبنائهم صار هذا العمل واجبا يجبرهم ولي الامر عليه، إذا امتنعوا منه بعوض المثل)[3]، وعليهم التنفيذ لأن طاعة ولي الامر واجبة على المسلم ما لم يامر بمعصية، وكيفما تكون مصلحة المسلمين المشروعة فعلى ولي الامر ان يتخذ من السياسات والإجراءات ما يحققها وفي هذا الصدد يخاطب ابويوسف الخليفة هارون الرشيد قائلا (اعمل ما ترى انه اصلح للمسلمين واعم نفعا لخاصتهم وعامتهم)[4].

---

(1) مسلم، ج3، ص160، رقم2 - 39.

(2) أبو الحسن الماوردي، "ادب الدنيا والدين"، تحقيق مصطفى السقا، (بغداد، دار الشرق الجديد، 1983) ص211.

(3) ابن تيمية، "الحسبة في الاسلام"، (بيروت، دار الفكر،) ص19.

(4) ابو يوسف، مصدر سابق، ص60 .

3-4: دور الدولة في ترشيد الاستثمار:

من واجبات الدولة توجيه الاستثمارات نحوافضل الفرص الاستثمارية لأن في ذلك حفظا للموارد ومنعها من الهدر والضياع، فقد امر الله تعالى الجماعة بتولي امر اموال السفهاء لانهم لا يحسنون صنعا باموالهم ﴿ وَلَا تُؤْتُوا۟ ٱلسُّفَهَآءَ أَمْوَٰلَكُمُ ٱلَّتِى جَعَلَ ٱللَّهُ لَكُمْ قِيَٰمًا وَٱرْزُقُوهُمْ فِيهَا وَٱكْسُوهُمْ وَقُولُوا۟ لَهُمْ قَوْلًا مَّعْرُوفًا ﴾(النساء: 5)، كذلك أمر الرسول ﷺ بالأخذ على يد من لا يحسن صنعا بما تحت يده من مال لانه يضر نفسه والمجتمع. وقد ضرب لذلك مثلا فقال ((مثل القائم على حدود الله والواقع فيها والمداهن فيها مثل قوم ركبوا سفينة فاصاب بعضهم اسفلها واوعرها وشرها، وأصاب بعضهم أعلاها، فكان الذين في اسفلها اذا استسقوا الماء مروا على من فوقهم فاذوهم، فقالوا لوخرقنا في نصيبنا خرقا فاستقينا منه ولم نؤذ من فوقنا، فإن تركوهم وأمرهم هلكوا جميعا، وإن اخذوا على ايديهم نجوا جميعا))[1].

إن استثمار الأموال في مشاريع غير ذات جدوى اوترك المشاريع الاكثر جدوى يعد اضاعه للمال وقد نهى الرسول ﷺ عن ذلك بقوله ((ان الله يكره لكم ... قيل وقال وإضاعة المال وكثرة السؤال))[2]، وهذا يوجب اتباع ارشد السبل في استثمار الاموال، فاذا ما عمد المستثمر الى اسلوب عقيم في الاستثمار كان على ولي الامر ان يمنعه ويرده إلى الأسلوب الأرشد، مثال ذلك عدم سماح الدولة بإقامة المشاريع الانتاجية الا بعد القيام بدراسات الجدوى الاقتصادية والاجتماعية التي تؤيد سلامة مستقبل الاستثمار الجديد.

(1) احمد بن حنبل، ج2 ،مصدر سابق، ص296.
(2) مسلم، م3 ص1340 رقم الحديث 1715.

4-4: اساليب تدخل الدولة في النشاط الانتاجي:

يكون تدخل الدولة في النشاط الانتاجي على نوعين من الاساليب هي:

4-4-1: الاساليب المباشرة:

وتتمثل هذه الأساليب بنوعين هما:

4-4-1-1: الادارة الحكومية المباشرة لمواردها:

تسيطر الدولة سيطرة مباشرة على جزء كبير من الثروة والناتج القوميين مثال ذلك سيطرتها على عائد الأرض، والثروة المعدنية، وما تقوم به من استثمارات خاصة بها كالصناعات العسكرية او الصناعات الثقيلة وما تقدمه من خدمات أو أي نشاط انتاجي اخر، وكذلك تسيطر الدولة على ايرادات الزكاة والخراج والعشور وأية موارد أخرى، إن هذه السيطرة تمكن الدولة من التاثير في قطاع الانتاج لتحقيق مصالح المجتمع المشروعة.

4-4-1-2: المراقبة المباشرة للنشاط الانتاجي:

تتم هذه المراقبة من خلال وظيفة الحسبة التي تعني (امر بالمعروف اذا ظهر تركه ونهى عن المنكر اذا ظهر فعله)[1] ومشروعيتها مستمدة من قوله تعالى ﴿ وَلْتَكُن مِّنكُمْ أُمَّةٌ يَدْعُونَ إِلَى الْخَيْرِ وَيَأْمُرُونَ بِالْمَعْرُوفِ وَيَنْهَوْنَ عَنِ الْمُنكَرِ وَأُولَٰئِكَ هُمُ الْمُفْلِحُونَ ﴾ (آل عمران:104)، وقول الرسول ﷺ ((من رأى منكم منكرا فليغيره بيده، فإن لم يتسطع فبلسانه، فإن لم يستطع فبقلبه، وذلك اضعف

---

(1) أبو الحسن الماوردي، "الاحكام السلطانية والولايات الدينية "، (بغداد، المكتبة العالمية 1409 هـ - 1989م)، ص362.

الإيمان))[1] والتغير باليد على صعيد المجتمع لا يقدر عليه الا الدولة.

لجهاز الحسبة دور كبير في مراقبة الانتاج، اذ يراقب مواصفات السلع والخدمات المنتجة وأساليب إنتاجها، ويمنع إنتاج السلع والخدمات الضارة والمحرمة، ويمنع من الغش والتطفيف في الكيل والميزان[2] وبذلك تراقب الدولة جهاز الانتاج وتصونه من الانحراف وتجعله في خدمة اهداف المجتمع المشروعة.

2-4-4: الاساليب غير المباشرة:

تتمثل هذه الأساليب بدور الموازنة العامة في الاقتصاد أي من خلال الإيرادات والنفقات العامة:

4-2-4-1: الإيرادات العامة:

تتكون الإيرادات العامة لبيت المال من الإيرادات الآتية:

أ. الزكاة:

وقد سبق ذكر تاثيرها الايجابي على الانتاج عند فرضها وعند توزيعها.

ب. ضريبة الخراج:

وهي ضريبة تفرض على الأرض التي يفتحها المسلمون عنوة او صلحا[3]. والخراج إما أن يكون خراج وظيفة أي حسب مساحة الأرض بغض النظر عن

---

(1) مسلم، م1، مصدر سابق، ص69، رقم الحديث 49.

(2) حمدان عبد المجيد الكبيسي، "الهيكل التنظيمي لجهاز الحسبة العربية"، دراسات في الحسبة والمحتسب عند العرب، (جامعة بغداد، 1988)، ص124.

(3) عبد الكريم الخطيب، "السياسة المالية في الاسلام"، (ط2، القاهرة، دار الفكر العربي 1976) ص62.

الناتج المتحقق، وإما أن يكون خراج مقاسمة أي نسبة من الناتج وللدولة صلاحية التحكم في مقدار الخراج المفروض اوتحويله من نوع الى اخر تبعا لمصلحة المجتمع، وكذلك يمكن للدولة تحويل الأرض الخراجية الى ارض عشرية تشجيعا لزيادة الانتاج وتطويره[1].

ج. العشور والضرائب الكمركية:

وهي ضرائب تفرض على السلع الواردة للدولة الاسلامية والخارجة منها وتستطيع الدولة من خلال التحكم في اسعارها وحسب أنواع السلع أن تؤثر في قطاع الانتاج، مثل تخفيض هذه الضرائب على السلع الراسمالية المستوردة أورفعها على السلع المنافسة للانتاج الوطني. سميت هذه الضريبة بالعشور لأنها كانت تؤخذ بنسبة 10 % من التجار الاجانب حسب مبدأ المعاملة بالمثل، انذاك. فقد كتب ابوموسى الاشعري الى عمر بن الخطاب ﷺ (أن تجارا من قبلنا من المسلمين ياتون ارض الحرب فياخذون منهم العشر. فكتب اليه عمر: خذ انت منهم كما ياخذون من تجار المسلمين)[2]. ولا يعتد بالتسمية فكانت تؤخذ من تجار المسلمين بنسبة الزكاة 5,2 % ومن أهل الذمة بنسبة 5 %[3]. ولولي الأمر التحكم في نسبتها ما عدا ما يؤخذ بنسبة الزكاة كزكاة، فقد خفضها عمر بن

(1) محمد عبد المنعم عفر، " الاقتصاد الاسلامي "، ج1، (ط1، جده، دار البيان العربي) ص324.
(2) قطب ابراهيم محمد، " السياسة المالية لعمر بن الخطاب "، (مصر، الهيئة المصرية العامة للكتاب) ص89.
(3) عوف محمود الكفراوي، " الرقابة المالية في الاسلام "، (الاسكندرية، مؤسسة شباب الجامعة 1983)، ص7.

الخطاب ﷺ إلى 5 % على تجارة الحبوب والزيوت الداخلة إلى الحجاز وقام بإلغائها في أحيان أخرى[1].

د. الضرائب الأخرى:

دإن من حق ولي الامر ان يفرض من الضرائب ما فيه تحقيق مصلحة المجتمع وعلى المكلفين السمع والطاعة حيث قال الله تعالى ﴿ وَأَطِيعُواْ ٱلرَّسُولَ وَأُوْلِى ٱلْأَمْرِ مِنكُمْ ﴾ **(النساء: 59)** ويقول الرسول ﷺ ((على المرء السمع والطاعة فيما احب او كره الا ان يؤمر بمعصية))[2]. ولا خلاف بين الفقهاء على جواز فرض الضرائب عند الحاجة الضرورية الى المال ما دامت المصلحة العامة تتطلب ذلك ما دام ولي الامر قائما بالقسط[3].

إيرادات الدولة من املاكها:

يمكن ان توظف هذه الإيرادات لاستثمارات رائدة لا يقدم عليها القطاع الخاص أوتوظف لإنتاج سلع ذات أهمية استراتيجية كالأسلحة والمنتجات الغذائية أوتخصص للبحث والتطوير ونقل التكنولوجيا من الدول المتقدمة.

2-2-4-4: النفقات العامة:

تقوم الدولة بإنفاق ما تحصل عليه من ايرادات. ويتخذ هذا الإنفاق

(1) بدوي عبد اللطيف عوض، النظام المالي الإسلامي في المقارن، مصر- المجلس الأعلى للشؤون الإسلامية، 1972م، ص67.

(2) مسلم، رقم الحديث 1819.

(3) عوف محمود الكفراوي، الرقابة المالية في الإسلام، الإسكندرية، مؤسسة شباب الجامعة، 1983، ص79.

شكلين هما انفاق استهلاكي وإنفاق استثماري ولكل منهما تأثير على قطاع الانتاج.

إن الإنفاق الاستهلاكي يتمثل بما تقدمه الدولة من خدمات عامة للموظفين مثل الامن والصحة والتعليم وإعانات اجتماعية ... تساهم هذه الخدمات في توفير البيئة الملائمة للاستثمار. ومن جانب آخر يساهم الإنفاق الاستهلاكي برفع الطلب الفعال وتوسيع السوق مما يشجع قطاع الإنتاج على تلبية هذا الطلب والاستفادة من وفورات الحجم الكبير.

أما إنفاق حصيلة الزكاة فإنها تساهم في تطوير الانتاج من خلال اسهمها المختلفة منهم الفقراء والمساكين يساهم في رفع مستوى معيشة الفقراء ويمكن أن يغنيهم من خلال ما يشترون من رؤوس اموال تدر عليهم عائد منتظم كالات الحرفة وما شابهها. اما سهم الغارمين فيمثل تامين على القروض الانتاجية وهذا يساعد على شيوع ظاهرة الائتمان والاطمئنان إليه. وبذلك نحصل على تمويل للمشاريع من اصحاب المدخرات الذين لا يرغبون في تحمل مخاطر الاستثمار. اما باب الانفاق في سبيل الله فهو يمكن أن يشمل وجوه كثيرة مثل بناء الطرق والجسور والسدود والهياكل الارتكازية للاقتصاد التي تسهل بدورها من عملية الاستثمار وتقلل تكاليفه بسبب ما توفر للمشروع من وفورات خارجية وبشكل عام يهدف الانفاق الاستثماري الى احداث التنمية الاقتصادية. ومن نماذج الإنفاق الاستثماري في زمن عمر بن الخطاب ﷺ إن قامت الدولة بتخصيص ثلث الايراد العام المتحصل من مصر لعمل الجسور والجداول لإرواء

الأراضي الزراعية[1]. ويوجه علي بن ابي طالب ﷺ عامله على مصر بقوله (ليكن نظرك في عمارة الأرض ابلغ من نظرك في استجلاب الخراج لأن ذلك لا يدرك الا بالعمارة) ومن طلب الخراج بغيرعمارة اضر بالبلاد واهلك العباد ولم يستقم امره الا قليلا)[2]. ويوجه عمر بن عبد العزيز أحد عماله لتقديم السلف (القروض) للأغراض الإنتاجية بقوله (من ضعف عن ارضه فسلفة حتى يقوى)[3]. إن هذه الإجراءات الاقتصادية قد سبقت ما توصلت إليه النظرية الاقتصادية الحديثة (الكنزية) التي تؤكد على مواجهة الكساد والبطالة عن طريق زيادة الانفاق العام وتقديم الإعانات وخفض الضرائب[4]

(1) عبد الجليل هويدي، " مباديء المالية العامة في الاسلام "، مصدر سابق، ص35.

(2) الشريف الرضي، "نهج البلاغة"، شرح محمد عبده، مكتبة النهضة العربية، ص82.

(3) عبد الجليل هويدي، مصدر سابق، ص35.

(4) عبد المنعم السيد علي، "مدخل في علم الاقتصاد"، الاقتصاد الكلي، مصدر سابق ص354.

الفصل الثالث

التوزيع في الاقتصاد الإسلامي

الفصل الثالث
التوزيع في الاقتصاد الإسلامي

مفهوم التوزيع:

يتخذ التوزيع ثلاثة معاني على الصعيد الاقتصادي هي:

التوزيع الاقتصادي: ويقصد به توزيع الثروات بين أفراد المجتمع أي قبل عملية الإنتاج.

التوزيع الوظيفي: بعد أن تشترك عناصر الإنتاج في تكوينه فإنها تتقاسم هذا الإنتاج وفق أسس معينة.

التوزيع الشخصي: ويقصد به ما يصيب الفرد في المجتمع من دخل بغض النظر عن مساهمته في عملية الإنتاج.

يعد موضوع التوزيع من المواضيع المهمة في النظم الاقتصادية وهومن الميادين الرئيسة للتمايز بين الأنظمة الاقتصادية.

إن التوزيع الوظيفي في النظام الرأسمالي يتم على أساس عناصر الإنتاج الأربعة المشتركة في عملية الإنتاج وهي العمل ورأس المال والأرض والتنظيم والناتج أوالدخل المتحقق يتم توزيعه على شكل أجور للعمل وفائدة لرأس المال وريع للأرض وربح للمنظم. والتحديد الدقيق لعائد كل عنصر يتم على وفق آلية السوق أي حسب العرض والطلب على كل عنصر ـ أما التوزيع الوظيفي في

النظام الاشتراكي فيتم على أساس أن العمل هومصدر القيمة وبـذلك فهويسـتحق كـل الدخل المتحقق. وأن رأس المال ما هوإلا عمل سابق أومخزون.

أما التوزيع في الاقتصاد الإسلامي فسوف نتناوله بالتفصيل على وفق معانيه الثلاثة وهـي التوزيع القاعدي والتوزيع الوظيفي والتوزيع الشخصي (إعادة التوزيع). وذلك في المباحث الثلاثة اللاحقة.

المبحث الأول
التوزيع القاعدي (ما قبل الإنتاج)

يقصد بهذا التوزيع، توزيع الثروات في المجتمع، أي كيف تتم ملكية هذه الثروات. لقد أقر الإسلام توزيع الثروة في المجتمع بين الملكية الفردية والملكية العامة (الدولة).

1-1: الملكية الفردية:

1-1-1: مشروعية الملكية الفردية:

أقر الإسلام الملكية الفردية والأدلة على ذلك موجودة في كل مصادر التشريع الإسلامي، ففي القرآن الكريم قوله تعالى: ﴿ خُذْ مِنْ أَمْوَٰلِهِمْ صَدَقَةً تُطَهِّرُهُمْ وَتُزَكِّيهِم بِهَا وَصَلِّ عَلَيْهِمْ إِنَّ صَلَوٰتَكَ سَكَنٌ لَّهُمْ وَٱللَّهُ سَمِيعٌ عَلِيمٌ ﴾**(التوبة:103)**. وهذه الصدقة هي خامس أركان الإسلام. وفي السنة النبوية تأكيد على حرمة الملكية الفردية إذ يقول الرسول ﷺ ((من قتل دون ماله فهوشهيد))[1].

1-1-2: الحكمة من تشريع الملكية الفردية:

للشارع حكمة بالغة في تشريع الملكية الفردية نفقه منها ما يأتي:

1. إن الإسلام دين الفطرة وفطرة الإنسان تتوق إلى التملك. والملكية الفردية تشبع غريزة الإنسان في حبه للمال ﴿ وَتُحِبُّونَ ٱلْمَالَ حُبًّا جَمًّا ﴾**(الفجر:2)**. وكبت غرائز الإنسان يؤدي إلى نتائج سلبية على صعيد الفرد والمجتمع. ولكن المطلوب تنظيم وتهذيب هذه الغرائز وهذا

(1) مسلم، م 4، مصدر سابق، ص2047، رقم 2658.

ما فعله الإسلام. وإقرار الملكية الفردية وتنظيمها يدفع الإنسان نحوالعمل وتنمية الأموال وفي هذا عمارة للأرض.

2. الملكية الفردية تحقق العدالة حيث يكون كل إنسان مسؤول عن تصرفاته الاقتصادية ﴿كُلُّ نَفْسٍ بِمَا كَسَبَتْ رَهِينَةٌ﴾ (المدثر:38).

1-1-3: تنظيم الملكية الفردية:

تقوم الملكية الفردية على أساس مبدأ الاستخلاف. وهذا يعني أنها ليست مطلقة بل مقيدة بقيود وضعها المستخلف سبحانه من أهمها[1]:

1-1-3-1: قيود ملازمة لأسباب التملك:

حدد الإسلام طرقا مشروعة للتملك مثل العمل والميراث والشراء والهبة وحرم طرقا أخرى مثل السرقة والغصب والربا والرشوة.

1-1-3-2: قيود ملازمة للتملك:

تحدد هذه القيود كيفية التعامل مع الملكية أي الواجبات الملقاة على المالك. مثل وجوب أدائه الالتزامات المالية المترتبة عليه مثل الزكاة والنفقات الواجبة وعدم الإضرار بالنفس والغير وعدم الاكتناز وتنمية ما يملك بطرق مشروعة والامتناع عن الطرق الغير مشروعة.

1-1-3-3: قيود ملازمة لانتقال الملك:

انتقال المال من يد لأخرى يجب أن يتم على وفق قنوات محددة شرعا وتحدد هذه القنوات انتقال الملكية أثناء حياة المالك وبعد وفاته.

---

(1) جعفر عباس حاجي، مصدر سابق، ص327.

4-3-1-1: قيود حول موضوع التملك:

هناك قيود تحدد موضوع التملك كميا ونوعيا. فلا يصح للفرد تملك الثروات العامة كالأنهار والمراعي والثروات المعدنية ومصادر الطاقة وكذلك المال غير المتقوم أوالسلع والخدمات الخبيثة التي لا تكون موضوعا للتملك.

2-1: الملكية العامة:

1-2-1: مشروعية الملكية العامة:

الملكية العامة هي الأموال التي يكون المالك لها كل المجتمع دون اختصاصها بفرد أوأفراد معينين. وتكون منفعتها للجميع[1]، وقد أقر الإسلام الملكية العامة حيث قال تعالى: ﴿ مَّآ أَفَآءَ ٱللَّهُ عَلَىٰ رَسُولِهِۦ مِنْ أَهْلِ ٱلْقُرَىٰ فَلِلَّهِ وَلِلرَّسُولِ ﴾ (الحشر: من الآية7). فسهم الله ورسوله ملكية عامة تتصرف فيها الدولة لتحقيق مصالح المجتمع. ونجد في السنة أن الرسول ﷺ قد حمى البقيع وقال لا حمى إلا لله ولرسوله[2]. وأن عمر بن الخطاب رضي الله عنه قد حمى الربذة[3].

2-2-1: الحكمة من تشريع الملكية العامة

من الحكم الجلية لإقرار وتشريع الملكية العامة ما يأتي:

1-2-2-1: إن للجماعة حاجات تختلف بطبيعتها عن حاجات الفرد ويجب أن يكون هناك ملكية للجماعة لتستخدم في إشباع الحاجات الجماعية مثل

(1) برهان الدين أبي الحسن المرغيناني، الهداية شرح بداية المبتدئ، ج4، ط1 (بيروت دار الكتب العلمية، 1410هـ - 1990م)، ص436.

(2) العسقلاني، ج5، مصدر سابق، ص44.

(3) أبو عبيدة القاسم بن سلام، مصدر سابق، ص297.

الأمن والدفاع والعدالة، والطرق والجسور وما شابهها.

1-2-2-2: وجود الملكية العامة يعد ضابطا للملكية الخاصة في بعض الحالات. فعندما تقصر الملكية الخاصة في جانب من الجوانب فإن البديل سوف يكون الملكية العامة، مثال ذلك حالات نزع الملكية الخاصة لصالح الملكية العامة.

1-2-2-3: إن الدولة هي المسؤولة عن إحداث التنمية الاقتصادية والاجتماعية ولا تتمكن من ذلك ما لم تكن تحت يدها موارد اقتصادية تسخرها لهذا الغرض.

1-2-2-4: إن وجود كل الموارد الاقتصادية بيد القطاع الخاص لا يكون معه ضمانة لعدم وجود التعارض بين المصلحة الخاصة لكل الأفراد مع مصلحة المجموع. ولذلك فإن وجود الملكية العامة لجزء كبير من الموارد يضمن تسخير هذه الموارد حدا أدنى لرعاية المصالح العامة للأمة.

1-2-3: ميدان الملكية العامة:

تكون الأموال الآتية ميدانا للملكية العامة[1]:

1-2-3-1: الأموال التي تخصص للمنافع العامة كالطرق والأنهار والمراعي ... وغيرها مما لا يمكن أن يؤتي نفعه إلا أن يكون مملوكا ملكية عامة.

1-2-3-2: الموارد الإنتاجية التي تكون حية بطبيعتها مثل الثروة المائية والنفط والمعادن والغابات... حيث إن هذه الموارد يكون عائد الاستثمار فيها كبيرا لا يتناسب مع الكلفة المبذولة.

---

(1) عوف محمود الكفراوي، سياسة الإنفاق العام في الإسلام، مصدر سابق، ص231.

1-2-3-3: الأموال التي تؤول ملكيتها من الأفراد إلى الدولة كالأراضي المفتوحة حيث تقطع للأفراد إقطاع منفعة لا إقطاع رقبة كما حدث لأرض السواد في العراق زمن عمر بن الخطاب ﷺ، والصوافي، ومال من لا وراث له.

1-2-4: تقسيم الأموال من حيث الملكية:

قسم الفقهاء الأموال من حيث قابليتها للتملك على ثلاثة أقسام[1]:

1-2-4-1: أموال لا يجوز تملكها ولا تمليكها للأفراد والجماعات وهي ما خصص للمنافع العامة كالأنهار والطرق والمرافق العامة.

1-2-4-2: أموال لا تقبل التمليك للأفراد إلا عند وجود مسوغ شرعي كالأعيان الموقوفة والعقار المملوك لبيت المال.

1-2-4-3: أموال تقبل التمليك والتملك حسب قواعد الشرع الإسلامي. وهذا القسم هوالأصل لأن المال بطبيعته قابل للتمليك والتملك. إذ إن التملك والتمليك نتيجتان طبيعيتان لإحراز المال.

وبشكل عام هناك أموال يجب أن تكون حصرا ضمن الملكية العامة. وأموال أخرى يجوز أن تتملك ملكية خاصة أو عامة. وأن كل مال يصلح أن يكون مملوكا ملكية عامة ولكن ليس كل مال يصلح أن يكون مملوكا ملكية خاصة.

(1) عبد الله مختار يونس، الملكية في الشريعة الإسلامية، الإسكندرية، مؤسسة شباب الجامعة، 1407هـ - 1987م، ص191.

المبحث الثاني
التوزيع الوظيفي في الاقتصاد الإسلامي

يقصد بهذا التوزيع توزيع الدخل المتحقق على عنصري الإنتاج المشتركة في تكوينه وهما العمل ورأس المال. وفيما يأتي القواعد التي تحكم كل من عائد العمل وعائد رأس المال:

1-2: عائد العمل:

إن عائد العمل في الاقتصاد الإسلامي يتحدد حسب طبيعته وعلاقته برأس المال. فهوإما أن يكون أجرا أو ربحا أو مزيجا من الاثنين. وفيما يأتي القواعد التي تحكم تحديده إذا كان أجرا أو ربحا.

2-1-1: القواعد التي تحكم تحديد الأجر:

2-1-1-1: يجب تحديد الأجر مسبقا دفعا للنزاع والغبن وفي قصة إجارة سيدنا موسى عليه السلام دليل على ذلك ﴿قَالَ إِنِّيٓ أُرِيدُ أَنۡ أُنكِحَكَ إِحۡدَى ٱبۡنَتَيَّ هَٰتَيۡنِ عَلَىٰٓ أَن تَأۡجُرَنِي ثَمَٰنِيَ حِجَجٖۖ فَإِنۡ أَتۡمَمۡتَ عَشۡرٗا فَمِنۡ عِندِكَۖ وَمَآ أُرِيدُ أَنۡ أَشُقَّ عَلَيۡكَۚ سَتَجِدُنِيٓ إِن شَآءَ ٱللَّهُ مِنَ ٱلصَّٰلِحِينَ﴾(القصص:27)، ويقول الرسول ﷺ ((إذ استأجر أحدكم أجيرا فليعلمه))[1].

2-1-1-2: يجب تحديد الأجر بأجر المثل الذي يحدده سوق الخدمة المقدمة أي عدم بخس العامل حقه عند تحديد الأجر. قال تعالى ﴿وَلَا تَبۡخَسُواْ ٱلنَّاسَ أَشۡيَآءَهُمۡ﴾ **(الأعراف: 85)**.

(1) البيهقي، ج6، مصدر سابق، ص120.

2-1-1-3: يجب أن تكون أجور عمال الدولة بمستوى الكفاية. فقد حدث أن استخدم عمر بن الخطاب ﷺ أصحاب رسول الله ﷺ في جباية الخراج. فقال له أبوعبيدة بن الجراح: دنست أصحاب رسول الله ﷺ، فقال عمر ﷺ: يا أبا عبيدة إذا لم أستعن بأهل الدين على سلامة ديني فبمن أستعين؟ قال: أما أن فعلت فأغنهم بالعمالة عن الخيانة[1]. والأجر معتبر بكفاية العامل من الضروريات والحاجيات كحد أدنى، والكفاية معتبرة من ثلاثة أوجه كما يذكر الماوردي: الأول عدد من يعول والثاني ما يرتبط من الخيل والظهر أوما يقاس عليه والثالث الموضع الذي يحله من الغلاء والرخص[2].

2-1-1-4: إن تحديد اجر العامل في القطاع الخاص يجب أن يحوم حول مستوى الكفاية. وأن قل عن ذلك بسبب ما. فعلى الدولة أن تبلغ إجمالي دخله ما يوصله مستوى الكفاية. وذلك عن طريق أنظمة التكافل الرسمية وغير الرسمية. ويستأنس في ذلك بحديث رسول ﷺ ((إخوانكم خولكم فمن كان أخوه تحت يده فليطعمه مما يطعم وليلبسه مما يلبس))[3]. وهذا يعني أن مستويات المعيشة يجب أن تكون متقاربة.

2-1-1-5: يستحق العامل أجره حال إنجازه عمله لقوله ﷺ ((أعطوا الأجير أجره قبل أن يجف عرقه))[4]، أوحسب شروط العقد، وقد حذر الرسول ﷺ من استيفاء الخدمة من العامل وعدم الوفاء له بالأجر وفي

(1) أبو يوسف، مصدر سابق، ص113.
(2) الماوردي، الأحكام السلطانية، مصدر سابق، ص315.
(3) مسلم، مصدر سابق، ج2، رقم الحديث 1661.
(4) ابن ماجه، مصدر سابق، ج2، ص63.

الحديث الفدسي ((قال الله تعالى: ثلاثة أنا خصمهم يوم القيامة ... ورجل استأجر أجيرا فاستوفى منه ولم يعطه أجره))[1].

2-1-2: القواعد التي تحكم تحديد الربح:

يكون عائد العمل جزءا من الربح في حالة المضاربة برأس مال الغير ومن شروط عقد المضاربة أن يكون الربح إذا حصل[2]:

2-1-2-1: مشتركا بين العامل وصاحب رأس المال، وليس لأحدهما دون الآخر.

2-1-2-2: مختصا بها لا يعدوهما لغيرهما ولا يثبت لغيرهما حق فيه.

2-1-2-3: يكون نصيب كل من الطرفين منه معلوما كالنصف أو الثلث.

2-1-2-4: يكون شائعا أي لا يجوز تحديد مبلغ ثابت لأحدهما و/أوحصة شائعة من الربح.

أما في حالة الخسران المادي المباشر فيتحمله صاحب المال. أما العامل فيكفيه خسارته لجهده الذي يعادل اجر المثل أو اجر الفرصة البديلة ويجمل ذلك الإمام علي بن أبي طالب ﵁ (المواضعة على المال والربح على ما اشترطا عليه)[3].

(1) المصدر نفسه.

(2) زكريا محمد، فاتح القضاة، مصدر سابق، ص251 - 270.

(3) شمس الدين السرخسي، ج22، ط2، بيروت، دار المعرفة للطباعة و النشر، ص20.

2-2 عائد رأس المال:

يتخذ رأس المال المشترك في العملية الإنتاجية صورتين هما:

رأس المال النقدي، ورأس المال العيني، لكل منهما عائد يختلف في طبيعته عن الآخر.

2-2-1: عائد رأس المال النقدي:

يكون الربح هوالصيغة الوحيدة لعائد رأس المال النقدي. يحصل عليه نتيجة مشاركته لعنصر العمل في العملية الإنتاجية في عقد المضاربة مثلا. ويستحق رأس المال الربح على وفق قاعدة الغنم بالغرم. إذ يستحق نسبة من الربح في حالة تحقيقه، ويتحمل كل الخسران في حالة وقوعه، ولا يجوز لرأس المال النقدي أن يحصل على عائد محدد سلفا لأن ذلك يعتبر ربا محرما.

2-2-2: عائد رأس المال العيني:

إن عائد رأس المال العيني ممكن أن يكون على أحد شكلين هما:

2-2-2-1: أن يحصل على أجره نتيجة مساهمته في العملية الإنتاجية وهذا الشكل من العائد يكون محددا سلفا. مثال ذلك أجرة الآلات والمكائن والعقارات.

2-2-2-2: أن يحصل على نسبة من الناتج لقاء مساهمته في العملية الإنتاجية. ومثال ذلك، المساقاة في الشجر والمغارسة في الأرض، ودفع الإله لمن يعمل عليها لقاء تقاسم الناتج بحسب الاتفاق[1].

(1) ابن قدامه، المغني، ج5، عمان، دار الفكر، ص117.

لقد ثار الجدل حول مشروعية هذا الشكل من العائد أي العائد المتأتي من استخدام رأس المال العيني كرأس مال للمضاربة. وتدعى هذه العملية المضاربة بالعروض. وقد حرم جمهور الفقهاء المضاربة العروض[1]. وحجتهم في ذلك أن المضاربة تقتضي إرجاع رأس المال أومثله عند فض الشركة والعرض لا مثل له[2]. حيث إن المضاربة حسب مفهومهم هي الاستثمار في النشاط التجاري فقط وحجتهم في ذلك أنها تؤدي إلى الغرر وإلى ربح ما لم يضمن[3]. وقد نهى الرسول ﷺ عن جميع ذلك. إلا أن بعض العلماء أجاز بيع العروض والمضاربة بثمنها أوتقويمها وقت العقد ومن ثم جعل قيمتها رأسمال للمضاربة[4]. وهذا التخريج هوأقرب للمضاربة بالنقد منه للمضاربة بالعروض وكل ما في الأمر هواستغلال لإحدى وظائف النقود، وهي أنها مقياس للقيم. والاقتصاد الإسلامي هواقتصاد نقدي بالضرورة وليس اقتصاد مقايضة.

أما عن المضاربة بالعروض نفسها فيقول ابن تيمية فيها (هذه المشاركات أحل من الإجارة لأن المستأجر يدفع ماله وقد يحصل مقصوده وقد لا يحصل فيفوز المؤجر بالمال والمستأجر بالخسران). بخلاف المشاركة فإن الشريكين في الفوز وعدمه سواء. إن رزق الله الفائدة كانت بينهما. وإن منعاها استويا في الحرمان وهذا غاية العدل. فلا تأتي الشريعة بحل الإجارة وتحريم هذه

---

(1) الهادي أحمد الهادي، المضاربة بالعروض في الفقه الإسلامي (مجلة الاقتصاد الإسلامي بنك فيصل الإسلامي، العدد 6، 1406هـ - 1988م)، ص17-18.

(2) عبد الملك عبد الرحمن السعدي، تقاضي الشريك الأجرة و المضاربة على العروض (ط1، الرمادي، معرض الأنبار للكتاب، 1406هـ - 1986م) ص20.

(3) الهادي أحمد الهادي، مصدر سابق، ص17-18.

(4) عبد الملك عبد الرحمن السعدي، مصدر سابق، ص20.

المشاركات[1]. وفي الحقيقة أن الشركة تسمح أكثر من الإجارة لكل من طرفي العقد لمواجهة الخسران الأمر الذي يفيد الطرف الضعيف، وهو العامل عادة. وانسجاما مع رأي ابن تيمية السابق يمكننا القول أنه طالما أننا نعترف بجواز تأجير وسائل الإنتاج العينية لقاء أجر ثابت، فمن باب أولى أن نجيز مشاركتها في الإنتاج وحصولها على حصة منه[2].

إن حصر المضاربة بالنشاط التجاري فيه تضييق شديد على سبل الاستثمار في النشاطات الاقتصادية الأخرى والأصح أن المضاربة تعني قيام العامل بما تتطلبه المضاربة من عمل برأس المال في سبيل الحصول على الربح، وهذا حاصل بأوجه النشاط الاقتصادي الأخرى[3]. ومع هذا الفهم للمضاربة تنتفي الكثير من المشاكل التي أثيرت أمام بعض قدماء الفقهاء مثل وجوب رد رأس المال نفسه لصاحبه عند فض الشركة. أوأن المضاربة بالآلات لا تجوز لأنها ليست موضعا للبيع ... الخ. ولنفس الأسباب لم يجز جمهور العلماء المضاربة على حرفة العامل. كان يدفع للخباز الطحين ليصنع منه الخبز ويبيعه وله حصة منه. إلا أن الحنابلة قد أجازوا هذا النوع من التعامل[4]. ذلك لأنه لا يتفق مع القصد الذي شرعت المضاربة من أجله. ثم إن الحاجة تقتضي جواز ذلك لأن هناك

(1) ابن القيم الجوزية، أعلام الموقعين، ج4، ص20.

(2) رفيق المصري، مصرف التنمية الإسلامي (ط2، بيروت، مؤسسة الرسالة 1401هـ - 1981م) ص286.

(3) إبراهيم فاضل الدبو، عقد المضاربة، رسالة ماجستير، كلية الشريعة، جامعة بغداد 1393هـ - 1973م، ص72.

(4) السرخسي، المبسوط، مصدر سابق، ج22، ص35.

الكثير من أصحاب الحرف لا قدرة لهم على استغلال حرفهم بسبب عجزهم عن توفير ما تحتاجه من عدد وآلات ومواد أولية، فإذا وجد من يمدهم بذلك كان لهم خير عون في مواجهة فقرهم وبطالتهم. وهذا يساعد على زيادة الاستخدام ورفع مستوى الإنتاج ويسرع من عملية التنمية الاقتصادية[1].

3-2: أهمية التوزيع الوظيفي الإسلامي:

إن حصول أصحاب عناصر الإنتاج على عوائد عادلة ترتبط بحجم ونوع مساهمتهم في تكوين الدخل، يعد حافزا لإدامة زخم المساهمة في الإنتاج. وأن التساوي في الدخول يقتل روح المنافسة والمسارعة، بل ويؤدي إلى تجميد العملية الاقتصادية وإصابة الاقتصاد بالسكون[2].

يرى المذهب الماركسي أن نظام التوزيع يتبع شكل الإنتاج ويتفق مع مصلحته لينموباستمرار. أما في الاقتصاد الإسلامي فقواعد التوزيع ثابتة لا تتغير وأن وسائل الإنتاج تنمووتتطور رغم ثبات علاقات التوزيع.

إن التزام عملية التوزيع الوظيفي بالقواعد السابقة يساعد على توظيف أكبر لعناصر الإنتاج. لأن هذه القواعد فيها من المرونة والسعة ما يسمح بالاستثمار على وفق صيغ متعددة. كل يختار الصيغة التي تناسب ظروفه واستعداداته، وهذا يؤدي إلى زيادة الفرص الاستثمارية ومن ثم زيادة الإنتاج.

(1) إبراهيم فاضل الدبو، مصدر سابق، ص79.

(2) محمد عبد المنعم عوف، يوسف كمال محمد، أصول الاقتصاد الإسلامي، ج1، ط1 جدة، دار البيان العربي للطباعة و النشر، 1405هـ - 1985م، ص101.

المبحث الثالث
التوزيع الشخصي

يقصد به توزيع الدخل والثروة على المواطنين بغض النظر عن مساهمتهم في عملية الإنتاج. بل فقط بصفتهم أعضاء في المجتمع المسلم. وتعتمد طبيعة هذا التوزيع على المذهب الاقتصادي الذي يعتنقه المجتمع ونظام القيم والأخلاق والنظرة السائدة للإنسان والحياة والموارد الاقتصادية.

يهدف هذا النوع من التوزيع في الاقتصاد الإسلامي إلى تحقيق التوازن الاقتصادي بين أفراد المجتمع وضمان الكفاية لكل فرد فيه. ومسؤولية تحقيق ذلك تضامنية بين الأفراد والدولة عبر آلية تعمل بنوعين من الوسائل. الأولى وسائل ضمنية نابعة من صميم النظام الاقتصادي الإسلامي. والثانية ذات طابع إلزامي تخضع لسياسة الدولة الاقتصادية والاجتماعية.

1-3: الوسائل الضمنية:

وهي الوسائل التي تكون جزءا من النظام الاقتصادي الإسلامي بشكل عام. وتكوّن آلية العمل على مستويين إلزامي وتطوعي.

1-1-3: المستوى الإلزامي:

يتضمن هذا المستوى مجموعة الالتزامات المالية الشرعية التي يلزم بها الذين يملكون. ويتوقع من خلال هذا المستوى أن تتم مواجهة متطلبات التضامن الاجتماعي في الظروف الاعتيادية. ومن أهم أدوات هذا المستوى ما يأتي.

1-1-1-3: زكاة الأموال:

الزكاة فريضة مالية تعبدية تفرض على الأموال القابلة للنماء سواء نمت بالفعل أم لم تنم. وهي فريضة دورية، تصيب المال حيثما كان سواء كان مالكه مكلفا أوغير مكلف. وبالشكل الذي هوعليه منعا للتهرب. حيث قال الرسول ﷺ ((لا يجمع بين متفرق - المال - ولا يفرق بين مجتمع خشية الصدقة))[1].

إن للزكاة دورا توزيعيا كبيرا ومباشرا حيث تقوم بإعادة توزيع الثروة والدخل سنويا بين أفراد المجتمع، فهي تؤخذ من الغني وإن كان غناه متناقصا طالما أنه يملك ما يزيد عن النصاب. والزكاة تؤدي إلى زيادة المنفعة الكلية للمجتمع لأنها تؤخذ من الوحدات الحدية لدخل الغني التي تكون ذات منفعة حدية قليلة. وتعطى لذوي الحاجة حيث تكون منفعتها الحدية عالية. وللزكاة أهداف تنموية بالإضافة إلى أهدافها التوزيعية وذلك واضح من خلال كيفية توزيعها. فهي لم تشمل ذوي الحاجة فقط بل تصيب آخرين مثل العاملين عليها والمؤلفة قلوبهم وسهم في سبيل الله الذي يشمل كل عمل يراد به نصرة الإسلام وإعلاء كلمته، حيث يقول الرسول ﷺ ((من قاتل لتكون كلمة الله هي العليا فهو في سبيل الله))[2]. ويقول أيضا ((جاهدوا المشركين بأموالكم وأيديكم وألسنتكم))[3]. ويروى عن أنس بن مالك والحسن قولهما (ما أعطيت في الجسور والطرق فهي صدقة ماضية)[4].

(1) العسقلاني، مصدر سابق، م3، ص314.
(2) ابن ماجه، مصدر سابق، ج2، ص133، رقم 2810.
(3) النسائي، مصدر سابق، م2، ج6، ص7.
(4) أبو عبيد القاسم بن سلام، مصدر سابق، ص532.

إن حصيلة الزكاة توزع على ثمانية أصناف وكما حددتها الآية الكريمة ﴿ ۞ إِنَّمَا ٱلصَّدَقَٰتُ لِلۡفُقَرَآءِ وَٱلۡمَسَٰكِينِ وَٱلۡعَٰمِلِينَ عَلَيۡهَا وَٱلۡمُؤَلَّفَةِ قُلُوبُهُمۡ وَفِي ٱلرِّقَابِ وَٱلۡغَٰرِمِينَ وَفِي سَبِيلِ ٱللَّهِ وَٱبۡنِ ٱلسَّبِيلِۖ فَرِيضَةٗ مِّنَ ٱللَّهِۗ وَٱللَّهُ عَلِيمٌ حَكِيمٞ ﴾ (التوبة:**60**)، إن هذا التوزيع يهدف إلى توسيع قاعدة التوزيع ليشمل أكبر عدد من أفراد المجتمع. وتتم هذه العملية سنويا، وبذلك تساهم بشكل دوري في تقليل الفجوة بن الأغنياء والفقراء وإذا ما علمنا بأن فريضة الزكاة ماضية حتى لوانعدم الفقراء والمساكين والرقيق. إذ يكون لها أهداف أخرى منها أهداف تنموية وجهادية لإعلاء كلمة الإسلام وإعزاز دولته وتحصيل المزيد من القوة وبكل أشكالها.

2-1-1-3: زكاة الفطر:

تجب زكاة الفطر عند جمهور الفقهاء لحديث ابن عمر ((فرض رسول ﷺ زكاة رمضان على الحر والعبد والذكر والأنثى ...))[1]. وتجب على من يمتلك مقدارها فاضلا عن قوته ومن تلزمه نفقته ليلة العيد ويومه[2]. وبذلك تجب زكاة الفطر على بعض من يعدون فقراء شرعا، إذ يدفعونها إلى من هم أفقر منهم. وبذلك تكون زكاة الفطر موجهة إلى أفقر الفقراء. ووقتها قبيل عيد الفطر إذ ترفع من مستواهم المعيشي وتدخل السرور عليهم وتجبر انكسارهم النفسي. ويقول الرسول ﷺ ((أغنوهم في هذا اليوم))[3].

(1) النسائي، مصدر سابق، ج5، ص47.
(2) يوسف القرضاوي، فقه الزكاة، ج2، ص930.
(3) مسلم، م3، ص125، رقم 1628.

3-1-1-3: نظام الإرث:

توزع الثروة بعد وفاة مالكها على وفق نظام محدد لا يجوز الحياد عنه. وبذلك يساهم النظام في تفتيت الثروة والمنع من تركز الأموال ﴿كَيْ لَا يَكُونَ دُولَةً بَيْنَ الْأَغْنِيَاءِ مِنكُمْ﴾ (**الحشر: 7**). ومن الجدير بالذكر القول بأن نظام الإرث الإسلامي يراعي عدة أمور منها:

أ. أنه يراعي فطرة الإنسان في حبه لذويه، وإياب ميراثه إليهم يطمئنه على مصير ثروته ويكون ذلك حافزا للمزيد من العمل وتنمية هذه الثروة.

ب. حرص الإسلام على تقوية أواصر القربى وصلة الرحم، ولذلك توزع ثروة المتوفى حسب درجة القرابة، لأن هؤلاء غالبا ما يساهموا في تكوينها، لذلك قيد الإسلام حرية المورث في التصرف بميراثه بحدود الثلث ولغير الورثة، كفرصة أخيرة تمنح للمورث ليزيد رصيده من الأعمال الصالحة.

ج. دعا الإسلام المورث أن يراعي ظروف الورثة عندما يوصي ﴿وَلْيَخْشَ الَّذِينَ لَوْ تَرَكُوا مِنْ خَلْفِهِمْ ذُرِّيَّةً ضِعَافًا خَافُوا عَلَيْهِمْ فَلْيَتَّقُوا اللَّهَ وَلْيَقُولُوا قَوْلًا سَدِيدًا﴾ (**النساء:9**)، وقال الرسول ﷺ لسعد بن أبي وقاص ((إنك إن تذر ورثتك أغنياء خير من أن تذرهم عالة يتكففون الناس))[1].

هناك من يقدح بنظام الإرث الإسلامي بحجة أنه يؤثر سلبا على تجميع الثروة (التراكم الرأسمالي) ويحول دون الاستفادة من وفورات الحجم الكبير[2]. أي أن هدف الكفاءة الإنتاجية يتعارض مع هدف عدالة التوزيع. ويمكن الرد

---

(1) مسلم، م3، ص125، رقم 1628.
(2) فاضل عباس الجسب، في الفكر الاقتصادي الإسلامي، (ط3، بيروت، عالم المعرفة 1401هـ - 1981م)، ص117.

على ذلك بالقول: أن نظام الإرث يفتت الثروة من ناحية حقوق الملكية، إلا أن هذا لا يستلزم بالضرورة تفتيت الوحدات الإنتاجية الكبيرة، وذلك لإمكانية بيع حصص الملكية بين الورثة أوالآخرين، وكذلك صيغة المشاركة من صيغ الاستثمار المرنة التي تتيح إمكانية تجميع الملكيات الصغيرة في استثمارات كبيرة.

3-1-1-4: الإنفاق في سبيل الله:

يرى الكثير من العلماء أن في المال حقا سوى الزكاة مستدلين بقوله تعالى ﴿ ۞ لَّيْسَ ٱلْبِرَّ أَن تُوَلُّوا۟ وُجُوهَكُمْ قِبَلَ ٱلْمَشْرِقِ وَٱلْمَغْرِبِ وَلَٰكِنَّ ٱلْبِرَّ مَنْ ءَامَنَ بِٱللَّهِ وَٱلْيَوْمِ ٱلْءَاخِرِ وَٱلْمَلَٰٓئِكَةِ وَٱلْكِتَٰبِ وَٱلنَّبِيِّۦنَ وَءَاتَى ٱلْمَالَ عَلَىٰ حُبِّهِۦ ذَوِى ٱلْقُرْبَىٰ وَٱلْيَتَٰمَىٰ وَٱلْمَسَٰكِينَ وَٱبْنَ ٱلسَّبِيلِ وَٱلسَّآئِلِينَ وَفِى ٱلرِّقَابِ وَأَقَامَ ٱلصَّلَوٰةَ وَءَاتَى ٱلزَّكَوٰةَ وَٱلْمُوفُونَ بِعَهْدِهِمْ إِذَا عَٰهَدُوا۟ ۖ وَٱلصَّٰبِرِينَ فِى ٱلْبَأْسَآءِ وَٱلضَّرَّآءِ وَحِينَ ٱلْبَأْسِ ۗ أُو۟لَٰٓئِكَ ٱلَّذِينَ صَدَقُوا۟ ۖ وَأُو۟لَٰٓئِكَ هُمُ ٱلْمُتَّقُونَ ﴾(البقرة:177). فقد جعلت هذه الآية إيتاء المال على حبه ثم عطفت عليه إقامة الصلاة وإيتاء الزكاة. والعطف يقتضي المغايرة فدل ذلك على أن الإيتاء الأول غير إيتاء الزكاة. وقد روي عن الرسول ﷺ قوله ((إن في المال حقا سوى الزكاة، ثم قرأ الآية))[1].

ومن وجوه الإنفاق الواجبة في سبيل الله ما يأتي:

أ. النفقات الواجبة بين الأقارب:

يقول الرسول ﷺ ((ابدأ بنفسك فتصدق عليها، فإن فضل شيء فلأهلك فإن فضل شيء فلذي قرابتك فإن فضل شيء فهكذا وهكذا))[2]. وقد اتفق

(1) الترمذي، ج3، ص39.
(2)مسلم، ج3، ص39.

الفقهاء على أن نفقة القريب المعسر تجب على قريبه الموسر. ويرى بعضهم أن هذا الواجب يناط بحق الإرث، فتجب نفقة القريب المعسر على قريبه الموسر الذي يرثه لو أن الأول مات عن مال. وإذا تعدد الأقارب الموسرون، وزعت النفقة عليهم حسب حصصهم الإرثية عملا بقاعدة الغنم بالغرم[1].

ب. إقراء الضيف:

وهو نوع من التكامل الاجتماعي حيث يقول الرسول ﷺ ((من كان يؤمن بالله واليوم الآخر فليكرم ضيفه))[2].

ج. بذل منافع رأس المال:

دعا الإسلام إلى بذل فضل منافع الموارد الطبيعية المتجددة، وفضل منافع رأس المال الإنتاجي مثال ذلك بذل الماعون وأصل الماعون من كل شيء منفعته[3]. وقد أنذر الله تعالى مانعي الماعون ﴿فَوَيْلٌ لِّلْمُصَلِّينَ ﴿٤﴾ الَّذِينَ هُمْ عَن صَلَاتِهِمْ سَاهُونَ ﴿٥﴾ الَّذِينَ هُمْ يُرَاءُونَ ﴿٦﴾ وَيَمْنَعُونَ الْمَاعُونَ﴾(الماعون: 4-7). وحث الرسولﷺ على بذل فضل الزاد والظهر بقوله ((من كان معه فضل ظهر فليعد به على من لا ظهر له، ومن كان معه فضل زاد فليعد به على من لا زاد

(1)روحي أورخان، نظام نفقات الأقارب في الفقه الإسلامي، دراسات في الاقتصاد الإسلامي، (ط1، جدة، المركز العالمي لأبحاث الاقتصاد الإسلامي 1405هـ - 1985م) ص67.

(2) البخاري، ج8، ص363، رقم الحديث 1013.

(3) أبو جعفر محمد بن جرير الطبري، جامع البيان في تفسير القرآن، م 12 (ط2، بيروت، دار المعرفة، 1392 هـ - 1972م) ص203.

له))[1]، ويعد الشيء فاضلا ما كانت منفعته الحدية للمالك وتكلفته الحدية صفرا أوقريبة من الصفر، ويؤدي الالتزام بهذا المبدأ الأخلاقي إلى تحقيق الكفاءة القصوى في تخصيص تلك المواد التي قضت الشريعة بأن يترتب عليها حقوق فردية[2].

د. أوجب الإسلام على المسلم أن يدفع إلى الفقراء والمساكين قدرا معينا من المال عند كل مخالفة لبعض الأوامر الدينية وتدعى بالكفارات مثل كفارة حنث اليمين والظهار والإفطار في رمضان لمن لا يتمكن من الصوم وغير ذلك.

وفي ذلك ربط بين التصرفات الفردية للمسلم والحاجات الاجتماعية.

2-1-3 المستوى التطوعي:

تعد الوسائل الإلزامية خط دفاع أولي لا بد منه ضد الفقر واتساع تفاوت الثروات والدخول. يعمل في كل الظروف والأوقات. وإذا ما عجزت هذه الوسائل عن تحقيق كامل الأهداف المرجوة، فإن الإسلام شرع وسائل تطوعية لإكمال ما يحصل من نقص، وبما أنها ذات صفة تكميلية فإنه يصعب تقديرها كميا لذا جاءت هذه الوسائل اختيارية، تقع ضمن القسم غير المحدد شرعا وتدعى بالصدفات التطوعية التي يمكن أن تأخذ أشكالا عديدة، وتعتمد على قوة الدافع الإيماني لدى الأفراد عموما وأصحاب الدخول العالية خصوصا.

لقد حث الإسلام على الإنفاق في سبيل الله ووعد المنفقين بالثواب العظيم قال تعالى ﴿مَّثَلُ ٱلَّذِينَ يُنفِقُونَ أَمْوَٰلَهُمْ فِى سَبِيلِ ٱللَّهِ كَمَثَلِ حَبَّةٍ أَنۢبَتَتْ سَبْعَ

(1) مسلم، م3، ص1654 - 1728.
(2) أنس مصطفى الزرقا، نظم التوزيع الإسلامية، مصدر سابق، ص17.

سَنَابِلَ فِي كُلِّ سُنْبُلَةٍ مِّائَةُ حَبَّةٍ ۗ وَاللَّهُ يُضَاعِفُ لِمَن يَشَاءُ ۗ وَاللَّهُ وَاسِعٌ عَلِيمٌ ﴾ (البقرة:261) ووعد الله تعالى الذين ينفقون على المحرومين بالثواب العظيم ﴿ وَالَّذِينَ فِي أَمْوَالِهِمْ حَقٌّ مَّعْلُومٌ ﴿٢٤﴾ لِّلسَّائِلِ وَالْمَحْرُومِ ﴿٢٥﴾ وَالَّذِينَ يُصَدِّقُونَ بِيَوْمِ الدِّينِ ﴿٢٦﴾ وَالَّذِينَ هُم مِّنْ عَذَابِ رَبِّهِم مُّشْفِقُونَ ﴿٢٧﴾ إِنَّ عَذَابَ رَبِّهِمْ غَيْرُ مَأْمُونٍ ﴿٢٨﴾ وَالَّذِينَ هُمْ لِفُرُوجِهِمْ حَافِظُونَ ﴿٢٩﴾ إِلَّا عَلَىٰ أَزْوَاجِهِمْ أَوْ مَا مَلَكَتْ أَيْمَانُهُمْ فَإِنَّهُمْ غَيْرُ مَلُومِينَ ﴿٣٠﴾ فَمَنِ ابْتَغَىٰ وَرَاءَ ذَٰلِكَ فَأُولَٰئِكَ هُمُ الْعَادُونَ ﴿٣١﴾ وَالَّذِينَ هُمْ لِأَمَانَاتِهِمْ وَعَهْدِهِمْ رَاعُونَ ﴿٣٢﴾ وَالَّذِينَ هُم بِشَهَادَاتِهِمْ قَائِمُونَ ﴿٣٣﴾ وَالَّذِينَ هُمْ عَلَىٰ صَلَاتِهِمْ يُحَافِظُونَ ﴿٣٤﴾ أُولَٰئِكَ فِي جَنَّاتٍ مُّكْرَمُونَ ﴾ (المعارج: 24 - 35)، وعدَّ الذين لا ينفقون مجرمين ووعدهم بالعذاب الأليم ﴿ فِي جَنَّاتٍ يَتَسَاءَلُونَ ﴿٤٠﴾ عَنِ الْمُجْرِمِينَ ﴿٤١﴾ مَا سَلَكَكُمْ فِي سَقَرَ ﴿٤٢﴾ قَالُوا لَمْ نَكُ مِنَ الْمُصَلِّينَ ﴿٤٣﴾ وَلَمْ نَكُ نُطْعِمُ الْمِسْكِينَ ﴾ (المدثر 40 - 44) ومن صور الإنفاق التطوعي ما يأتي:

3-1-2-1 صدقة التطوع:

وهي صدقة تصيب المحتاجين مباشرة بمناسبة وبغير مناسبة ابتغاء رضوان الله. يقول الرسول ﷺ ((اتقوا النار ولوبشق تمرة))[1].

3-1-2-2 حق الجوار:

يجعل الإسلام من أهل كل حي سكني وحده اجتماعية واقتصادية متماسكة يتعاونون على البر في السراء والضراء بحيث لا يجوع بينهم أحد، يقول الرسول ﷺ ((أيما أهل عرصه أصبح منهم أمرؤ جائع فقد برئت منهم ذمة الله ورسوله))[2] وينفي الرسول ﷺ صفة الإيمان عمَّن بات شبعان وجاره جائع إذا

(1) النسائي، م3، ج5، ص75.

(2) أحمد بن حنبل، ج7، ص60.

يقول ((ما آمن بي من بات شبعان وجاره جائع إلى جنبه وهويعلم))[1].

3-1-2-3 الوقف:

هووسيلة يتم بها نقل الدخل الحقيقي المتولد من اصل إنتاجي - بناء، شجر، ارض ... من مالكها الحالي إلى آخرين في الجيل الحاضر والأجيال المقبلة[2]. وقد استخدم الوقف الإسلامي لسد الثغرات الموجودة في المجتمع. وساهم بشكل فعال في التكافل الاجتماعي، وامتد خيره ليشمل الحيوان الأعجم إضافة إلى الإنسان المكرم.

3-1-2-4 الوصية:

أتاح الشرع للمسلم حرية التصرف في ثلث ماله بعد وفاته، يوصي به لما يشاء من وجوه البر والإحسان.

3-1-2-5 الهدايا:

حث الرسول ﷺ على التهادي بين المسلمين لما لذلك من آثار اقتصادية واجتماعية إيجابية، إذ قال ((تهادوا تحابوا))[3].

3-1-2-6 الأضحية:

وهي ذبح يقدم للفقراء في عيد الأضحى. وقد سنها الرسول ﷺ بقوله ((من كان عنده سعة فلم يضح فلا يقربن مصلانا))[4].

---

(1) المنذري، ج3، ص358.
(2) محمد أنس الزرقا، مصدر سابق، ص24.
(3) البيهقي، ج6، ص169.
(4) ابن ماجة، ج2، ص203، رقم 3160.

إن لهذه الصدقات التطوعية آثارا كبيرة في إعادة توزيع الثروة والدخل لصالح الفئات الأقل دخلا.. وهي تقوم بمهام قد لا تستطيع الوسائل الإلزامية بلوغها. فهي تسد الحاجات التي يتعرف عليها المسلمون من خلال علاقاتهم الاجتماعية اليومية. وهي تمتاز بالدقة والسرعة متخطية بذلك ما يمكن أن يكتنف الإجراءات الحكومية من تباطؤ. وكذلك تمتاز بأن ليس لها حد أعلى بل مرنة تحدد حسب الحاجة والمقدرة وظروف المجتمع.

2-3 الوسائل السياسية الإلزامية:

عندما تعجز الوسائل الضمنية السابقة الإلزامية والتطوعية عن إحداث التوازن الاقتصادي المطلوب بين أفراد المجتمع. يأتي دور الدولة في اتخاذ القرارات الاقتصادية المناسبة لإعادة التوازن بين أفراد المجتمع. وذلك من خلال ما تملكه من موارد اقتصادية، ومن خلال سلطتها الواسعة في فرض الضرائب وتعبئة الموارد الاقتصادية المتاحة لتحقيق أهدافها.

المبحث الرابع
دور الدولة في مرحلة التوزيع

يتوزع دور الدولة على مستويات التوزيع الثلاثة السابقة وكما يأتي:

4-1 دور الدولة في التوزيع القاعدي:

تكون الدولة مسؤولة عن توزيع الموارد الطبيعية في الاقتصاد على وفق الضوابط الإسلامية بين القطاع الخاص والعام. وهي مسؤولة عن مراقبة القطاع الخاص في استغلال ما يقع تحت يده من موارد، إضافة إلى مسؤوليتها المباشرة عن إدارة ما يقع تحت يدها من ثروات عامة، ويكون دور الدولة واضحا من خلال ما يأتي:

4-1-1 استغلال الأرض الزراعية:

على الدول أن تيسر سبل استغلال الأرض الصالحة للزراعة وغير المستصلحة وذلك من خلال

4-1-1-1 إحياء الأرض الموات:

وتنظيمه من خلال وضع التعليمات التي تضمن حقوق محيي الأرض. أوأن تقوم الدولة بهذا العمل من خلال شق الأنهر والمبازل وعادة ما تكون هذه الأعمال خارج طاقة القطاع الخاص.

4-1-1-2 الإقطاع:

على الدولة أن تمنح الأرض لمن يقدر على استغلالها وتنظيم هذا الأمر من

خلال العقود الزراعية أوأي صيغة أخرى ومتابعة حسن الاستغلال. كما في حادثة عمر بن الخطاب مع بلال بن الحارث المزني عندما استرجع بعضا من أرض العقيق التي اقطعها إياه الرسول ﷺعندما عجز عن استغلالها كلها.

3-1-1-4 فرض الخراج:

تفرض الدولة ضريبة الخراج على بعض أنواع الأراضي، ويكون أما خراج وظيفة أوخراج مقاسمه. وتستطيع الدولة التحكم في نوع ومقدار الخراج، وبذلك توظفه لتحقيق المصالح العامة في استغلال الأرض الزراعية، وزيادة الإنتاج وتحقيق إيرادات لبيت المال.

4-1-1-4 الحمى:

وهوتخصيص بعض الأراضي لمصلحة عامة ولا يمكن أن يكون حمى إلا للدولة لحديث الرسول ﷺ ((لا حمى إلا لله ورسوله))[1].

1-2-1-4 استثمار المعادن:

إن ملكية المعادن على اختلاف أنواعها تكون للدولة حسب رأي الإمام مالك[2]. وهوالرأي الراجح في هذا العصر. وهذا الحكم يفسح للدولة مجالا واسعا للاستثمار في القطاع الاستخراجي، وكذلك يوفر للدولة موارد مالية تمكنها من تمويل إنفاقها الاستهلاكي والاستثماري في المجالات المادية والبشرية.

(1) العسقلاني، ج5، ص24.

(2) عبد اللطيف هميم محمد، الوظيفة الاقتصادية للدولة في التشريع الإسلامي، ص47.

3-1-4 استغلال الملكية العامة:

إن استغلال الملكية العامة لا ينحصر في شكل معين بل يمكن أن يكون على شكل استثمارات زراعية أو صناعية أو تجارية أو تقديم خدمات وبما يحقق المصلحة العامة، بل يكون فرضا على الدولة الاستثمار في المجالات الضرورية للمجتمع التي لا يقدم عليها القطاع الخاص أو لا يستطيعها.

4-1-4 التأميم:

وهو تحويل مشروع خاص على قدر من الأهمية إلى مشروع عام يدار بطريقة المؤسسة العامة، أو شركة تملك الدولة كل أسهمها[1]. وقد أجاز بعض العلماء للدولة تأميم بعض المرافق استنادا إلى بعض القواعد الفقهية نحو تحمل الضرر الخاص لدفع الضرر العام. ووجوب تقديم المصلحة العامة على المصلحة الخاصة[2]. ومن الشواهد التاريخية أن عمر بن الخطاب حمى الربذة وجعلها مرعى لنعم المسلمين. فقال له رجل: حميت بلادنا قاتلنا عليها في الجاهلية وأسلمنا عليها في الإسلام، علام تحميها؟ فقال عمر رضي الله عنه: المال مال الله والعباد عباد الله، و الله لولا ما احمل عليه في سبيل الله ما حميت من الأرض شبرا في شبر[3]. وإن حصل التأميم لضرورة فإنها تقدر بقدرها، وإن يتم تعويض مالك المرفق بالعدل.

(1) سعيد أبو الفتوح محمد بسيوني، مصدر سابق، ص165.
(2) المصدر نفسه.
(3) أبو عبيد القاسم بن سلام، ص298.

5-1-4 الرقابة على الثروات الفردية:

للدولة الحق، بل من واجبها مراقبة الثروات والموارد الإنتاجية المملوكة ملكية خاصة. ومن حيث وجوب استثمارها وتنميتها بالطرق المشروعة وعدم تعطيلها. وعليها اتخاذ السياسات اللازمة لدفع هذه الثروات نحوالاستثمار وبما يخدم تحقيق مصالح المجتمع، ومنع أصاحبها من تعطيلها أواستثمارها بشكل يتعارض مع مصالح المجتمع أومع القيم الإسلامية.

2-4 دور الدولة في التوزيع الوظيفي:

يتمثل هذا الدور في تأثير الدولة في عائد عناصر الإنتاج وكما يأتي:

1-2-4 التأثير في عائد العمل:

يتحدد عائد العمل - الأجر - في الظروف الاعتيادية عن طريق تفاعل قوى العرض والطلب في سوق العمل. أما لوسادت ظروف غير اعتيادية مثل الاحتكار سواء من قبل العمال أورجال الأعمال، فإن على الدولة أن تتدخل لتحديد الأجور بما يضمن حق كل من طرفي التعامل. ويمكن أن يكون تدخل الدول على شكل تحديد لساعات العمل وسن العمل المناسب والحدود الدنيا والعليا لبعض الأجور خاصة الخدمات المهمة. إضافة إلى اشتراط توفر ظروف عمل مناسبة مع توفر شروط السلامة الصحية والمهنية ...

2-2-4 التأثير في عائد رأس المال:

من واجب الدولة مراقبة سلوك أصحاب رؤوس الأموال عند استثمارهم لها وذلك من خلال ما يسمى بجهاز الحسبة. حيث تراقب عمليات التمويل وتمنع التمويل الربوي وتقطع الطريق أمام أساليب التحايل فيه. وكذلك تراقب

أساليب الإنتاج وتمنع الحصول على عوائد غير مشروعة كأن تكون عن طريق الغش أوتغيير مواصفات السلع المعتمدة، وفرض الأسعار الاحتكارية. فضلا عن منع رؤوس الأموال من التوظيف في إنتاج السلع والخدمات المحرمة.

3-2-4 مراقبة طرق الحصول على الدخول وتكوين الثروات:

تراقب الدولة أساليب حصول العمال وأصحاب رؤوس الأموال على عوائدهم، وذلك بحصرها في الأساليب المشروعة ومنعها من الأساليب المحرمة. وعليها أن تنظم كل ذلك بقوانين وتعليمات يلتزم بها الجميع، وكذلك على الدولة أن تراقب منشأ الثروات فإن كانت بطرق مشروعة شجعتها وإلا أخذت على يد أصحابها بأساليب الردع المناسبة. فقد استعمل الرسولﷺ رجلا على الصدقة، فلما قدم قال، هذا لكم وهذا أهدي إلى، فقال رسول الله ﷺ ((فإني أستعمل الرجل منكم على العمل مما ولاني الله، فيأتي فيقول: هذا لكم وهذا هدية أهديت لي، أفلا جلس في بيت أبيه وأمه حتى تأتيه هديته إن كان صادقا. و الله لا يأخذ أحد منكم شيئا بغير حقه إلا لقي الله يحمله يوم القيامة، فلا أعرفن أحدا منكم لقي الله يحمل بعيرا له رغاء، أو بقرة لها خوار أوشاة تبعر ... اللهم هل بلغت))[1]. وقد مارس الخليفة عمر بن الخطاب ﷺ الرقابة على تكوين الثروات من خلال سؤاله لعمالة عندما يثرون، من أين لك هذا؟ الذي صار مبدأ إسلاميا معتمدا في ما بعد، وقد شاطر أموال بعض كبار الصحابة منهم سعد بن أبي وقاص وأبي هريرة[2]، وعمروبن العاص[3]. لشبهة حصلت لديه من أنهم قد استفادوا من مناصبهم الإدارية في تكوين هذه الثروات.

(1) المنذري، ج2، ص564.
(2) أبو عبيد القاسم بن سلام، مصدر سابق، ص272.
(3) قطب إبراهيم محمد، مصدر سابق، ص164.

3-4 دور الدولة في مرحلة التوزيع الشخصي:

1-3-4 أهداف الدولة في مرحلة التوزيع الشخصي:

1-1-3-4 ضمان الكفاية لكل فرد:

كل فرد من أفراد المجتمع المسلم لـه حـق الحصـول عـلى كفايتـه مـن العـيش الكـريم. والأصل أن يبلغه بنفسه فإن عجز فيساعده ذوقرابته، فإن تحقق ذلك فنعما هي وإلا فمسؤولية إبلاغه حد الكفاية تكون على الدولة.

إن توزيع الدخل في الاقتصاد الإسلامي يـتم عـلى وفـق معيـارين أساسـيين هـما العمـل والحاجة. ونصيب الفرد من الدخل على وفق المعيار الأول يحدده التوزيع الوظيفي للـدخل. أمـا نصيب الفرد من الدخل على وفق المعيار الثاني فيحدده التوزيع الشخصي للـدخل أومـا يسـمى بإعادة توزيع الدخل.

إن الحاجة هي المعيار الأهم للتوزيع في المستويات الدنيا من الـدخل. وكلـما اشـتدت الحاجة زاد حق صاحبها في إشباعها. ويبـدأ هـذا الحـق مـن الحصـول عـلى الكفـاف (الحاجـات الأصلية) وينتهي عند حد الكفاية. وفي الإسلام يتم التوزيع على أساس المساواة التامة في مسـتوى الكفاف أو الضروريات[1] وهناك أدلة عـلى هـذا الـنمط مـن التوزيـع الـذي عـادة مـا يكـون في ظروف غير اعتيادية كالمجاعة والغزووالسفر. إذ يقول الرسـول ﷺ ((أن الأشـعريين إذا أرملـوا في الغزوأوقل طعام عيالهم في المدينة جمعوا ما كان عندهم في ثوب واحد ثم

(1) شوقي أحمد دنيا، مصدر سابق، ص380.

اقتسموا بينهم في إناء واحد بالسوية. فهم مني وأنا منهم))[1].

وقد عمل الصحابة بهذا الشكل من التوزيع، فقد قال الخليفة عمر بن الخطاب ﷺ (إني حريص على أن لا أدع حاجة إلا سددتها ما أتسع بعضنا لبعض فإذا عجزنا تأسينا في عيشنا حتى نستوي في الكفاف)[2]، وقال عام الرمادة حيث أصاب القحط المدينة وما حولها (لولم أجد للناس من المال ما يسعهم إلا أن أدخل على كل بيت عدتهم فيقاسمونهم أنصاف بطونهم حتى يأتي الله بحياة فعلت فإنهم لن يهلكوا على أنصاف بطونهم)[3]، وعلى هذا الأساس من التوزيع جاءت صيحة الصحابي أبوذر الغفاري عندما قال: (عجبت لمن لا يجد القوت في بيته كيف لا يخرج على الناس شاهرا سيفه)[4]، حيث يعتقد أبوذر الغفاري أن تأمين القوت حق يجب أن يحصل عليه إن كانت هنالك أدنى إمكانية لتلبيته في المجتمع. وقد أفتى إبن حزم بأنه إذا مات رجل جوعا في بلد اعتبر أهله قتلة وأخذت منهم دية القتيل)[5]، هذه هي طبيعة التوزيع في الظروف غير العادية وهي حالات نادرة الحدوث إلا أنه في الظروف الاعتيادية لا يكتفي بتوفير عيش الكفاف بل يجب توفير عيش الكفاية وما يهمنا من هذا الأخير في هذا الموضع هودور الدولة في ضمان الكفاية لكل مواطن من رعاياها.

(1) مسلم، م4، ص1945، رقم 2500.
(2) ابن الجوزي، سيرة عمر بن الخطاب، ص101.
(3) ابن سعد الطبقات الكبرى ج3 (بيروت، دار صادر،) ص316.
(4) محمد شوقي الفنجري، الإسلام و عدالة التوزيع، ص71.
(5) المصدر نفسه

إن الدولة في الاقتصاد الإسلامي هي المسؤولة عن توفير الضمان الاجتماعي وهـي المعيـل العام لجميع الأفراد[1]. إذ يقول الرسول ﷺ ((من ترك مالا فلورثته ومن تـرك كـلا فإلينـا، وأنـا وارث من لا وارث له)). إن الشخص الذي لا يصيب قواما من العيش يكون له حق على المجتمع والدولة أن يبلغاه هذا المستوى من العيش. وفي حديث الرسول ﷺ مع قبيصة بن مخارق الهلالي (إن المسألة لا تحل إلا لأحد ثلاثة، رجل تحمل حماله فحلت له المسألة حتى يصيبها ثم يمسك. ورجل أصابته جائحة إجتاحت ماله فحلت له المسألة حتـى يصيب قواما مـن عـيش، ورجل أصابته فاقة حتى يقول ثلاثة من ذوي الحجا من قومه: لقد أصابت فلان فاقة فحلت له المسألة حتى يصيب قواما من عيش)[2] والمسألة في الحديث تمثل حقا للفقير على المجتمع والدولـة وعليهما أن يلبياه من أموال الزكاة أومن الأموال الأخرى.

لقد احتيج إلى توضيح مفهوم الكفاية، عند تحديد مقدار مـا يعطى المحتاج مـن مـال الزكاة أولا، وماله من حقوق على بيت المال ثانيا. ويتطلب ذلك تعيين حـد الكفايـة لـكي يعطى من هودونه ويمنع من هوفوقه إن وجد الأول. لقد حـدد الرسول ﷺ الكفايـة بـ القـوام مـن العيش والقوام من العيش أوسطه. وهوبذلك يكون مفهومـا مرنـا يتحـدد قـدره المـادي حسب مستوى التطور الاقتصادي والاجتماعي الذي بلغه المجتمع. وهذا هوأفضل تعيين لحـد الكفايـة. أما ترجمة ذلك عمليا فقد انقسم العلماء فيه على فريقين:

---

(1) صبحي فندي الكبيسي، الفروض المالية الإسلامية الدورية و أثرها التوزيعي، ص52.
(2) النسائي، م3، ج5، ص90.

الفريق الأول: يقضي بإعطاء الفقراء والمساكين ما يكفيهم تمام الكفاية بالمعروف دون تحديد لمقدار المال المعطى، فقد قال الخليفة عمر ﷺ لعمال الصدقة: (إذا أعطيتم فأغنوا)[1]. والإغناء إخراج المحتاج من دائرة الفقر إلى أدنى مراتب الغنى. وكان الخليفة عمرﷺ يعمد إلى ذلك. ولا يكتفي بسد جوعته أوإقالة عثرته[2]. وقال أيضا (كرروا عليهم الصدقة وإن راح على أحدهم مائة من الإبل)[3]، ولا مانع من إعطاء الفقير المال الكثير. فلما نزل قوله تعالى ﴿لَن تَنَالُوا۟ ٱلْبِرَّ حَتَّىٰ تُنفِقُوا۟ مِمَّا تُحِبُّونَ ۚ وَمَا تُنفِقُوا۟ مِن شَىْءٍ فَإِنَّ ٱللَّهَ بِهِۦ عَلِيمٌ﴾ **(آل عمران:92)**، قال أبوطلحة للنبي ﷺ حائطي الذي بموضع كذا وكذا لله و الله يا رسول الله لواستطعت أن أسره ما أعلنته. فقال رسول ﷺ ((اجعله في فقراء قومك))، فجعله أبوطلحة لأُبّي بن كعب وحسان بن ثابت. يقول أبوعبيدة قد أشفق أبوطلحة إن لا يستطيع أن يخفيه من شهرته وقدره ثم لم يجعله إلا بين رجلين لا ثالث لهما[4].

أما **الفريق الثاني** فيقضي بإعطاء مقدار محدد من المال يقل عند بعضهم ويكثر عند بعضهم الآخر.

إن رأي الفريق الأول هوالأقرب لمبادئ الإسلام وفلسفته في معالجة الفقر والعمل على اجتثاثه. وضمن هذا الرأي هناك من يقول بإعطاء الفقير كفاية

(1) أبو عبيد القاسم بن سلام، مصدر سابق، ص522.
(2) يوسف القرضاوي، فقه الزكاة، ج2، مصدر سابق، ص567.
(3) أبو عبيد القاسم بن سلام، ص525.
(4) أبو عبيد القاسم بن سلام، ص522.

العمر، ومنهم من قال بإعطائه كفاية سنة[1]. والحق أن لكل من القولين ميدانه فالفقراء والمساكين نوعان، منهم من يستطيع العمل والكسب ولكن يفتقر إلي بعض المؤهلات والمستلزمات فيعطى ما يؤهله للعمل والكسب وفي ذلك إغناء له طول عمره. ومنهم من لا يقدر على العمل لأسباب مزمنة فيعطى ما يكفيه بشكل دوري لأن موارد الزكاة دورية وكذلك أغلب موارد الدولة الأخرى.

2-1-3-4 تقليل التفاوت في الثروات:

إن التفاوت في الدخل ومن ثم في الثروات أمر طبيعي تقتضيه طبيعة الحياة بما فيها من دوافع وغرائز واستعدادات، حيث إن التفرقة بين المتماثلين بغير سبب ظلم. وكذلك المساواة بين المختلفين ظلم. وقد أقر القرآن الكريم التفاوت في الأرزاق في قوله تعالى ﴿ وَٱللَّهُ فَضَّلَ بَعۡضَكُمۡ عَلَىٰ بَعۡضٖ فِي ٱلرِّزۡقِ ﴾(النحل: 71)، وقال ﴿ أَهُمۡ يَقۡسِمُونَ رَحۡمَتَ رَبِّكَۚ نَحۡنُ قَسَمۡنَا بَيۡنَهُم مَّعِيشَتَهُمۡ فِي ٱلۡحَيَوٰةِ ٱلدُّنۡيَاۚ وَرَفَعۡنَا بَعۡضَهُمۡ فَوۡقَ بَعۡضٖ دَرَجَٰتٖ لِّيَتَّخِذَ بَعۡضُهُم بَعۡضٗا سُخۡرِيّٗاۗ وَرَحۡمَتُ رَبِّكَ خَيۡرٞ مِّمَّا يَجۡمَعُونَ ﴾(الزخرف:32). إن هذا التفاوت يكون على أساس من العمل المبذول والمتحصل من العلم والمهارة وإتقان العمل. وهوأمر ضروري ليخدم الناس بعضهم بعضا.

إن إقرار التفاوت تلبية لأسباب ذاتية وموضوعية لا يعني ترك التفاوت يتسع بلا حدود. بل إن الإسلام جعل تقليل التفاوت من الأهداف الرئيسة لسلوك الأفراد وسياسة الدولة، حيث إن الإسلام يعمل بآليات كثيرة لمنع تركز

---

(1) أمين محمد سعيد الإدريسي، إشباع الحاجات الأساسية في ظل النظام المالي العربي الإسلامي، رسالة دكتوراه، كلية الإدارة و الاقتصاد، الجامعة المستنصرية، 1994ص47-56.

الأموال حيث يقول الـلـه تعـالى معلـلا أحكـام توزيـع الفـيء ﴿كَيۡ لَا يَكُونَ دُولَةَۢ بَيۡنَ ٱلۡأَغۡنِيَآءِ مِنكُمۡ﴾(الحشر: 7). وهذا الهدف يظل قائما يسعى إليه أفراد المجتمع وسياسة الدولـة بغض النظر عما يبلغه المجتمع من رفاهية اقتصادية، فليس أصلا من أصـول المجتمـع الإسـلامي، إن يكون فيه فقراء يحتاجون إلى أموال الزكاة أوغيرها من المدفوعات التحويليـة. فقـد بلـغ المجتمع الإسلامي في بعض الأمصار زمن العمرين مرحلـة مـن الغنـى لم يوجـد معهـا مـن يأخـذ الزكاة. ومع ذلك تبقى فريضة الزكاة قائمة لتحقيق هدف تقليل التفاوت في الثروات أوواحد من أهدافها المهمة. إذن تقليل التفاوت يعتبر هدفا قائما بحد ذاته بغض النظـر عـن حاجـة الفئـات ذات الدخل الأقل إلى مدفوعات تحويلية.

إن هذا الفهم مستمد من نظـرة الإسـلام المناهضـة لتركـز الـثروات لأنهـا تـؤدي في الغالب إلى الترف وما يتبعه من بطر وفساد. فالمجتمع الطبقي السيئ التوزيع يخشى عليه عدم تقبله للإصلاحات من قبل الطبقات المترفـة خاصـة، قـال تعـالى: ﴿وَمَآ أَرۡسَلۡنَا فِي قَرۡيَةٖ مِّن نَّذِيرٍ إِلَّا قَالَ مُتۡرَفُوهَآ إِنَّا بِمَآ أُرۡسِلۡتُم بِهِۦ كَٰفِرُونَ﴾(سبأ:34). وعادة ما يأتي الفساد من ناحيــة المترفـين، قـال تعـالى ﴿وَإِذَآ أَرَدۡنَآ أَن نُّهۡلِكَ قَرۡيَةً أَمَرۡنَا مُتۡرَفِيهَا فَفَسَقُواْ فِيهَا فَحَقَّ عَلَيۡهَا ٱلۡقَوۡلُ فَدَمَّرۡنَٰهَا تَدۡمِيرٗا﴾(الإسراء:16).

إن هدف تقليل التفاوت في الثروات وما يمثله من عدالة في التوزيع كان ولا يزال موضع جدل في الفكر الاقتصادي لاسيَّما في علاقته مع هدف تحقيق النموِوالتنميـة الاقتصـادية، فكانـت هناك مواقف منها:

الموقف الأول: يرى الفكر التقليدي أن - ذوي الميل المنخفض للاستهلاك - المزيد مـن الادخـار ومن ثم الاستثمار وما يتبعه من تراكم رأسمالي ورفع لمعدلات النمـو. وأن مسـألة العدالـة في التوزيع تحل نفسها لاحقا، مستندين

بدلك على قانون باريتوالذي يعني أنه من خلال التاريخ وفي كل مكان، فإن نمط توزيع الدخل كان وسيظل ثابتا. وأن الطريقة الوحيدة لزيادة دخل الفقراء هي زيادة الإنتاج الكلي[1].

إن فكرة التعارض الموهوم هذه كانت إحدى المسلمات التي أقرها الاقتصاديون الكلاسيكيون ومن وافقهم[2]. إذ لا توجد دراسة تطبيقية تثبت صحة هذا التعارض، بل العكس هوالصحيح، إذ أن الإصلاحات الاجتماعية تعد سندا للتقدم الاقتصادي وليس عائقا له[3]. إن هذا الموقف يبين كيف أن النظرية الاقتصادية قد أخضعت ووظفت في مناسبات كثيرة لتسويغ مصالح الرأسماليين[4]. إن النموفي الناتج لا يتساقط بالضرورية رذاذا على قاعدة المجتمع السيئ التوزيع. فمن المسلم به أن آليات السوق ليست أدوات عالية الكفاءة في توزيع الموارد، عندما يكون توزيع الدخل مشوها للغاية.

الموقف الثاني: يرى الفكر الاقتصادي (الكنزي) أن التفاوت الكبير في توزيع الدخول والثروات يعد معوقا للنموالاقتصادي وليس مقوما له، ذلك لأن ارتفاع الدخل القومي - من وجهة نظر كنز - يعتمد على الطلب الفعال الذي يتكون من الطلب الاستهلاكي والاستثماري. وهناك تأثير متبادل بينهما وبين حجم الدخل من خلال آلية المضاعف، وأنه ليس هناك من

(1) سيد الهواري، موسوعة الاستثمار (الاتحاد الدولي للبنوك الإسلامية 1402هـ - 1982م)، ص119.
(2) محمد أحمد صقر، مصدر سابق، ص92.
(3) محمد إبراهيم منصور، مصدر سابق، ص59.
(4) محمد أحمد صقر، مصدر سابق، ص92.

ضمان بأن يأخذ كل ما يدخره الأغنياء طريقة إلى الاستثمار، فغالبا ما تحصل ظاهرة الاكتناز - لأسباب شتى - التي تمثل تسربا من دورة الدخل. وفي هذا الصدد يقول كينز (إن نموالثروة يعوقه تقشف الأغنياء أكثر مما يعتمد على هذا التقشف)[1].

ويرى ميردال أن لا تعارض بين العدالة في توزيع الدخل والنموالاقتصادي، وأن القضية الأولى تخدم الثانية لأسباب منها[2]:

- إن سوء التغذية وغياب الصحة تشكل قيودا على استعداد العمال وقدراتهم وتحد من إنتاجهم.
- إن المدخرات الأعلى للأكثر غنى من خلال سوء العدالة التوزيعية لها قيمة أقل في البلدان التي تتميز بالاستهلاك والاستثمار المظهريين. لأن العجز الكبير في تقدير وتحصيل الضرائب على الدخل والثروة لا يمكن أن تؤدي إلى ادخار عام.
- إن تفاقم سوء توزيع الدخل يشكل عقبة كؤود أمام التفاهم والانسجام بين فئات المجتمع.

أما على الصعيد العملي فإن معظم إستراتيجيات التنمية في العالم قد تركت عدم العدالة في توزيع الدخل كما هي عليه إن لم تكن قد عمقتها[3]. ويرى أحد الكتاب أن الخطيئة التي لا يمكن غفرانها لمخططي التنمية هي أن

(1) محبوب الحق، ستار الفقر، ص29.
(2) سيد الهواري، مصدر سابق ص118-119.
(3) سيد الهواري، مصدر سابق، ص5.

يصبحوا مفتـونين بمعـدلات النمو العاليـة في النـاتج القـومي الإجـمالي وينسـوا الهـدف الحقيقي للتنمية. ففي البلدان النامية نرى النمو الاقتصادي يقترن بتزايد التفاوت في الدخول الشخصية والإقليمية. ونرى أن الجماهير تشكو من أن التنمية لم تمـس حياتها العاديـة، إذ اقترن النمو الاقتصادي بالقليل من العدالة الاجتماعية وتزايـد البطالـة وسـوء في الخـدمات الاجتماعيـة المقدمة وتفاقم الفقر المطلق والنسبي [1].

أما وجهة نظر الفكر الاقتصادي الإسلامي في هـذا الموضـوع فنرى أنها لا تقر التعـارض المزعوم بين قضيتي عدالة التوزيـع والنمو الاقتصادي بـل أن الأولى مـدخل للثانيـة وممهـدة لهـا الطريق، فعدالة أكبر في توزيع الثروات تعد شرطا ضروريا لبدء التنمية الصحيحة، فضلا عـن أنها مقياس لمـدى التقـدم في التنميـة الاقتصـادية بعـدما تبـدأ، فعدالـة التوزيـع قـد تكون المـدخل الطبيعي إلى تصحيح الاختلال في ميزان القوى السياسية ونمط توزيـع السـلطة في المجتمع كما أنها إحدى سبل استنهاض الجماهير واستثارة حماسها للتنمية. وإدامة زخـم هـذا الحـماس عـلى طول مسيرة التنمية [2].

إن قطـف الجميـع لـثمار التنميـة شرط ضروري لحصول التقـدم الاقتصادي المسـتمر، والعكس من ذلك، يولد أمراضا في المجتمع سرعان ما تقضي عليه مثل الظلم الاجتماعـي والـترف والفساد. إن شيوع هذه الأمراض يعد نذيرا أكيدا لحصول اختلال مدمر داخل المجتمع يوشك أن ينطبق عليه القانون الإلهي المتمثل

---

(1) محبوب الحق، مصدر سابق، ص5.
(2) إبراهيم العيسوي، مؤشرات قطرية للتنمية العربية، التنمية العربية بيـن الواقع الراهن و المسـتقبل، ط1، بيروت، مركز دراسات الوحدة العربية، 1985، ص248.

في قولـه تعـالى ﴿ وَإِذَآ أَرَدۡنَآ أَن نُّهۡلِكَ قَرۡيَةً أَمَرۡنَا مُتۡرَفِيهَا فَفَسَقُواْ فِيهَا فَحَقَّ عَلَيۡهَا ٱلۡقَوۡلُ فَدَمَّرۡنَٰهَا تَدۡمِيرٗا ﴾(الإسراء:16).

إن عملية إعادة توزيع الدخل والثروة في المجتمع المسلم تحدث بصفة دورية، وهذا يعني أنها ذات أثر ثابت على المدخرات في الأجل الطويل وعلى فرض حصول نقص في المدخرات قصيرة الأجل. فإن عدالة التوزيع سيكون لها في الأجل الطويل أثر إيجابي أكبر على التنمية من زيادة معدلات الادخار القصير[1]. لأن نقص المدخرات - المفترض - إن حصل فإنه سوف يتحول إلى استثمار في العنصر البشري من خلال الأنفاق الاستهلاكي الضروري[2]. ومهمة أخرى تقوم بها عدالة التوزيع هي أنها تسمح للاستهلاك بالنموالمتوازن مع نموالناتج، وهذا يسمح باستمرار الانتعاش الاقتصادي ومن ثم دفع عجلة التنمية إلى الأمام[3].

2-3-4: وسائل الدولة في تحقيق التوزيع الشخصي:

هناك نوعان من الوسائل تتبعها الدولة للحصول على إيرادات مالية تستخدمها في تحقيق التوزيع الشخصي، هذه الوسائل تنقسم على نوعين حسب ظروف استخدامها إلى وسائل اعتيادية وأخرى طارئة.

(1) عبد الرحمن يسري أحمد، دراسات في علم الاقتصاد الإسلامي، ص119-120.
(2) عبد الحميد محمود البعلي، المدخل إلى فقه البنوك الإسلامية، ص64.
(3) عبد الرحمن يسري أحمد، دراسات في علم الاقتصاد الإسلامي، ص120.

1-2-3-4: الوسائل الاعتيادية:

تتمثل في الإيرادات ذات الصفة الدورية وهي:

أ. إيرادات الدولة من ممتلكاتها:

تشمل إيرادات الدولة من الثروات الطبيعية وما يلحق بها من الصناعات الإستخراجية والإيرادات المتولدة من استثمار الأراضي المحمية للدولة أوإيجاراتها من الأفراد[1]. فعلى الدولة أن لا تترك أملاكها بلا استثمار، فقد كتب عمر بن عبد العزيز إلى أحد عماله (انظر ما كان قبلكم من أرض الصافية، فأعطوها بالمزارعة بالنصف، فإن لم تزرع فأعطوها بالثلث، فإن لم تزرع فأعطوها حتى تبلغ العشر، فإن لم يزرعها أحد فامنحها، فإن لم تزرع فأنفق عليها من بيت مال المسلمين)[2] تستخدم الدولة هذه الإيرادات لتسديد نفقاتها المختلفة ومنها نفقات الضمان الاجتماعي.

ب. الزكاة:

إن تشريع الزكاة يعهد إلى الدولة بدور كبير في جبايتها وإنفاقها، مع ضرورة التأكيد على أن ميزانية الزكاة منفصلة عن ميزانية الدولة، وهذا مبدأ مهم تميز به تشريع الزكاة، إن ضمان إنفاق الزكاة في وجوهها المحددة يقتضي أن لا يترك للأفراد مهمة هذا الإنفاق، بل تتولاه الدولة لأنها أقدر على الإحاطة

(1) أمين محمد سعيد محمد الإدريسي، مصدر سابق، ص110.
(2) يحيى بن أدم القرشي، الخراج، ط2، القاهرة، الدار السلفية، 1974م، ص63.

بظروف المجتمع وتقدير حاجاته كجماعة وأفراد ومن ثم توجيه حصيلة الزكاة الوجهـة السديدة بحيث تحقق أعظم منفعة لمستحقيها وللمجتمع.

إن الزكاة - جباية وإنفاقا - لا تدخل ضمن السياسة المالية للدولة ومجال تـدخل الدولة فيها محدود جدا يتمثل في إمكانية تعجيلها حـولا أوحولين كـما فعـل الرسـول ﷺ بزكاة عمـه العباس(1) أوإمكانية تأخيرها كما فعل عمر بن الخطاب عـام الرمـادة(2) أوالمنـاورة في حصـة كـل سهم من أسهم الزكاة الثمانية.

ج. ضرائب الفيء:

وتتضمن الضرائب الآتية:

1. **الخراج**: وهي ضريبة تفرض عـلى بعـض أنواع الأراضي في الدولة الإسلامية والأثر التوزيعي للخراج يأتي من كونه:

- يساهم في تخفيض الحد الأعلى للدخول المتأتية من النشاط الزراعي.

- يعد الخراج ضريبة غير مباشرة لذلك فهـي تـؤثر في السعر وهـذا التـأثير يعتمـد عـلى مرونة كل من الطلب والعرض، والتأثير في السعر يكون لـه أثر تـوزيعي عـلى المنتج والمستهلك.

- تنفق حصيلة الخراج في تقديم الخدمات العامة التي يستفاد منها بشكل أكثر أصحاب الدخول المنخفضة، وكذلك تقديم إعانات مباشرة.

---

(1) أبو عبيد القاسم بن سلام، مصدر سابق، ص544.
(2) المصدر نفسه، ص366.

2. **الضرائب الكمركية:** وهي ضرائب غير مباشرة تفرض على الصادرات والواردات من وإلى الدولة الإسلامية، وتكون آثارها التوزيعية من خلال ما يأتي:

- تساهم في تخفيض الحدود العليا للدخول والثروات المتأتية من النشاط التجاري.
- توفر إيرادا للدولة تستخدمه في تمويل نفقاتها العامة والتمويلية.
- تعد أداة مهمة من أدوات السياسة الاقتصادية، فمن خلال حرية الدولة في تحديد مقدارها أوإلغائها على بعض السلع تستطيع أن تحقق عدة أهداف توزيعية وتنموية في آن واحد.

3. **الجزية:** هي ضريبة مباشرة تفرض على المواطنين من غير المسلمين، وهناك عدة تعليلات لفرضها منها ترغيبهم في الإسلام، أو لقاء تمتعهم بما تقدمه الدولة من خدمات عامة وإعفاؤهم من واجبات الدفاع عنها، وتحدد الدولة مقدار هذه الضريبة أو تلغيها تبعا لمتطلبات المصلحة العامة.

3-2-2: الوسائل الطارئة:

وهي وسائل تلجأ إليها الدولة في الظروف غير الاعتيادية منها:

أ. التوظيف (فرض الضرائب)

في الظروف غير الاعتيادية وعندما يختل التوازن بين أفراد المجتمع بشكل خطير، وعندما تعجز الوسائل الاعتيادية عن إعادة التوازن المطلوب على الدولة

أن تتدخل فتفرض ما تشاء من الضرائب لتحقيق هذا الهدف ومعالجة الظروف الطارئة التي يتعرض لها المجتمع المسلم.

إن فرض الدولة للضرائب يستند على قول الرسول ﷺ ((أن في المال حقا سوى الزكاة))[1] وقد روي عن عمر بن الخطاب قوله: ((لواستقبلت من أمري ما استدبرت لأخذت فضول أموال الأغنياء فقسمتها على فقراء المهاجرين))[2]، يتم ذلك من خلال فرض الضرائب على الأغنياء لاستقطاع فضول أموالهم وإعادة توزيعها على الفقراء[3]. ويرى ابن حزم أنه (فرض على الأغنياء من أهل كل بلد أن يقوموا بفقرائهم ويجبرهم السلطان على ذلك إن لم تقم الزكوات ولا فئ سائر المسلمين بهم ...)[4] وقد حصل الإجماع على (أنه إذا انتهت الضرورة، وإن لم تكن الزكاة واجبة عليهم، ولوامتنعوا عن الأداء جاز الأخذ منهم)[5].

تبين هذه النصوص حق الدولة في فرض الضرائب عند عجز الوسائل الاعتيادية عن تحقيق الأهداف الاجتماعية الضرورية المطلوب تحقيقها أوعجزها عن معالجة الظروف غير الاعتيادية الطارئة، أما كم تستغرق هذه الضرائب في

(1) الترمذي، ج3، ص39.
(2) ابن حزم، المحلى، م3، ج6، تحقيق أحمد شاكر، (مصر، دار الطباعة المنبرية 1349 هـ) ص158.
(3) قطب إبراهيم محمد، مصدر سابق، ص233.
(4) ابن حزم، ج6، مصدر سابق، ص156.
(5) الآلوسي، ج2، مصدر سابق، ص47.

حدها الأعلى فإنها ممكن أن تصل إلى كل ما زاد عـن حـد الكفـاف   وكـما قـال الإمـام مالك (يجب على الناس فداء أسراهم وإن استغرق ذلك كل أموالهم، وهذا إجماع أيضا)[1].

ب. القروض العامة:

في الحالات الطارئة ومع بلوغ العبء الضريبي حجمه الأمثل بحيث لا يكون مقبولا لجوء الدولة إلى فرض المزيد من الضرائب الاستثنائية لأنها تضر كثيرا بالنشـاط الاقتصـادي، أو بمستوى المعيشة يكون من الأفضل للدولة أن تقترض مـن مصـادر داخليـة أو خارجيـة وفي ذلك يقول الماوردي أنه يجوز لولي الأمر أن يقترض على بيت المال[2]

---

(1) عبد السميع المصري، نظرية الإسلام الاقتصادية، (مكتبة الانجلو المصرية)1970 ص47.
(2) الماوردي، الأحكام السلطانية و الولايات الدينية، ص227.

الفصل الرابع
التبادل في الاقتصاد الإسلامي

الفصل الرابع
التبادل في الاقتصاد الإسلامي

يقصد بعملية التبادل تلك العملية التي يتم من خلالها تبادل السلع والخدمات بين الأفراد كمستهلكين ومنتجين، ويتم ذلك من خلال ما يسمى بالنشاط التجاري. لقد أدرك الإسلام أهمية التبادل التجاري في تسيير النشاط الاقتصادي وتيسير سبل الحياة كافة. لذلك أباح التجارة بقوله تعالى ﴿ وَأَحَلَّ ٱللَّهُ ٱلْبَيْعَ ﴾ (البقرة: من الآية275)، وندب إليها ﴿ وَءَاخَرُونَ يَضْرِبُونَ فِى ٱلْأَرْضِ يَبْتَغُونَ مِن فَضْلِ ٱللَّهِ ۙ وَءَاخَرُونَ يُقَٰتِلُونَ فِى سَبِيلِ ٱللَّهِ ۖ فَٱقْرَءُوا۟ مَا تَيَسَّرَ مِنْهُ ۚ ﴾ (المزمل: من الآية20) والمراد بالضرب التجارة أوهي جزء منه. وقد قرن الضاربين في الأرض بالمجاهدين في سبيل الله في حكم تيسير قراءة القرآن إشارة إلى انهم في الأجر سواء[1]. ويروى عن عمر بن الخطاب ﷺ قوله (ما من حال يأتيني عليه الموت بعد الجهاد في سبيل الله احب إلى من أن يأتيني وأنا بين شعبتي رحلي التمس من فضل الله تعالى وتلا هذه الآية)[2].

(1) الآلوسي، مصدر سابق، مجلد 10، ص142.
(2) المصدر نفسه.

المبحث الأول
القواعد العامة للتبادل في الاقتصاد الإسلامي

عندما أباح الإسلام التجارة ودعا إليها، أقامها على قواعد راسخة وأحاطها بسياج من الضوابط التي تحكم سيرها، وشرع لها من الأحكام ما يجعلها لا تتعارض مع مبادئ الإسلام ومقاصده بل يمكنها من أن تساهم في تحقيق هذه المقاصد، وفيما يأتي طائفة من أهم هذه القواعد والأحكام:

1-1: عدم مخالفة العمل بالتجارة مقاصد الشريعة التعبدية:

يجب على التاجر المسلم أن لا تلهيه تجارته عن إقامة شعائره الدينية. بل عليها أن تعينه على تعظيمها بأدائها والمحافظة عليها، ومن باب أولى أن لا تتعارض معها وإلا ذم النشاط التجاري إن قدم على ما يجب أن يتقدم عليه. قال تعالى ﴿ وَإِذَا رَأَوْا تِجَارَةً أَوْ لَهْوًا انفَضُّوا إِلَيْهَا وَتَرَكُوكَ قَائِمًا ۚ قُلْ مَا عِندَ اللَّهِ خَيْرٌ مِّنَ اللَّهْوِ وَمِنَ التِّجَارَةِ ۚ وَاللَّهُ خَيْرُ الرَّازِقِينَ ﴾ (الجمعة:11). والمسلم مأمور بشكل عام بأن لا يدع أعماله التجارية وسائر مكاسبه تستغرق الأوقات المخصصة للعبادة. قال الله تعالى ﴿ يَا أَيُّهَا الَّذِينَ آمَنُوا لَا تُلْهِكُمْ أَمْوَالُكُمْ وَلَا أَوْلَادُكُمْ عَن ذِكْرِ اللَّهِ ۚ وَمَن يَفْعَلْ ذَٰلِكَ فَأُولَٰئِكَ هُمُ الْخَاسِرُونَ ﴾ (المنافقون:9). لذلك أمر الله تعالى بترك الكسب والتجارة في أوقات محددة ﴿ يَا أَيُّهَا الَّذِينَ آمَنُوا إِذَا نُودِيَ لِلصَّلَاةِ مِن يَوْمِ الْجُمُعَةِ فَاسْعَوْا إِلَىٰ ذِكْرِ اللَّهِ وَذَرُوا الْبَيْعَ ۚ ذَٰلِكُمْ خَيْرٌ لَّكُمْ إِن كُنتُمْ تَعْلَمُونَ ﴾ (الجمعة:9) وقد مدح الله المؤمنين بأنهم ﴿ رِجَالٌ لَّا تُلْهِيهِمْ تِجَارَةٌ وَلَا بَيْعٌ عَن ذِكْرِ اللَّهِ وَإِقَامِ الصَّلَاةِ وَإِيتَاءِ الزَّكَاةِ ۙ يَخَافُونَ يَوْمًا تَتَقَلَّبُ فِيهِ الْقُلُوبُ وَالْأَبْصَارُ ﴾ (النور:37). هذه التوجيهات تزكي الإنسان المسلم وتجعله دائم الصلة بربه، شاعرا بمراقبته لله

محافظا على توازنه، لا تلهيه تجارة عن ذكر ربه، فهوعامل عابد لا يترك أحد الأمرين لأجل الآخر، ولا شك أن ذلك يؤثر في أخلاقه وسلوكه فيجعله متقيا لله في تجارته فيسعد ويسعد به مجتمعه.

1-2: النهي عن المتاجرة بالسلع المحرمة:

حرم الإسلام استهلاك واقتناء بعض السلع لما يترتب عليها من مفاسد وقد استلزم ذلك تحريم تداولها. فقد قال الرسول ﷺ ((... إن الله تعالى إذا حرم على قوم أكل شيء حرم عليهم أكل ثمنه))[1]. ليس هذا فقط بل حرم الإسلام الاتجار بالسلع المباحة عندما تستخدم - عن علم - في إنتاج سلع محرمة، قال الرسول ﷺ ((من حبس العنب أيام القطاف حتى يبيعه ممن يتخذه خمرا، فقد تقحم النار على بصيرة))[2]، ويستدل بهذا الحديث على تحريم كل بيع أعان عن قصد على معصية وقياسا على ذلك يحرم الاتجار في المخدرات وسائر المحرمات شرعا وكذلك بيع السلاح لمن يستخدمه في تهديد أمن المسلمين.

1-3: تحريم الغش في التعامل:

حرم الإسلام الغش بجميع صوره، قال الرسول ﷺ ((من حمل علينا

(1) أبو داود، عون المعبود شرح سنن أبي داود، تحقيق عبد الرحمن محمد عثمان، ج9، ص379.
(2) محمد بن إسماعيل الصنعاني " سبل السلام شرح بلوغ المرام " (بيروت، دار الجيل، 1980) ج3، ص831.

السلاح فليس منا، ومن غشنا فليس منا))[1] وهناك صور من الغش منصوص عليها مثل:

1-3-1: الغش في مواصفات السلعة:

يجب على البائع أن يعرض بضاعته بمواصفاتها الحقيقية، ولا يحل له إخفاء ما علم من عيوبها عن المشتري ((فقد مر الرسولﷺ على صبرة من طعام فادخل يده فيها فنالت أصابعه بللا فقال: ما هذا يا صاحب الطعام؟ قال: إصابته السماء يا رسول الله. قال: أفلا جعلته فوق الطعام كي يراه الناس. من غشنا فليس منا))[2]، وبشكل عام يقرر الرسولﷺ انه ((لا يحل لمسلم باع من أخيه بيعا فيه عيب إلا بينه له))[3]. ومن صور هذا النوع من الغش نسب السلعة إلى غير منشأها الأصلي.

2-3-1: الغش في المقاييس:

أوجب الإسلام توخي الدقة في وحدات القياس، ونهى اشد النهي عن الغش فيها وهوما يسمى بالتطفيف ﴿وَيْلٌ لِّلْمُطَفِّفِينَ﴾ (المطففين:1) والتطفيف يكون في الوزن أوالطول أوالتركيز.

3-3-1: الغش في النقود:

إن غش النقود يكون حسب نوع النقود، فغش النقود السلعية يكون بإنقاص وزنها أوخلط معدنها بغيره، أما غش النقود الورقية فيكون بطبعها

(1) مسلم، م 1، ص99، رقم الحديث 101.
(2) المصدر نفسه.
(3) ابن ماجه، ج2، ص24.

دون إذن من السلطات النقدية المختصة في كل بلد، أوإصدار الشـيكات أواسـتعمالها في الشراء أوسندات الديون وهي بدون رصيد، ويـرى أحـد البـاحثين في الاقتصـاد الإسلامي إن من صور الغش في النقود الحديثة (الورقية) إجراءات تخفيض العملـة لـبخس حقـوق النـاس والتخفيف من الديون[1]. ويقول الإمام الغزالي بشأن النقد المغشوش بأنه (ظلم، إذ يسـتغربه المعامل إن لم يعرفه وإن عرف فسيروجه على غيره، فكذلك الثالث والرابع، وما يـزال يـتردد في الأيدي ويعم فيه الضرر ويتسع الفساد ... إن إنفاق درهم زيف اشد من سرقة مائـة درهـم لأن السرقة معصية واحدة، وقد تمـت وانقطعـت، وإنفـاق الزيـف بدعـه أظهرهـا في الـدين، واظهر سنة سيئة يعمل بها بعده، وإفساد لأموال المسلمين، فيكون عليه وزرها بعد موتـه إلى أن يفنى ذلك الدرهم ويكون عليه إثم ما فسد ونقص من أموال المسلمين بسنته، وطوبى لمـن إذا مات ماتت ذنوبه معه، والويل الطويل لمن يموت وتبقى ذنوبه)[2].

4-1: الصدق في التعامل:

دعا الإسلام المتعاملين إلى الصدق في تعاملهم، إذ يقول الرسول ﷺ ((التاجر الصدوق مـع النبيين والصديقين والشهداء))[3]، والصدق في التعامل التجاري يولد الثقـة بـين المتعـاملين وهـي أمر مهم لاستقرار وازدهار التجارة ومن

---

(1) عبد الجبار السبهاني، الأسعار وتخصيص الموارد في الإسلام، مصدر سابق، ص209.
(2) أبو حامد الغزالي، " إحياء علوم الدين "، م2 (بيروت، دار المعرفة للطباعة و النشر) ص73- 74.
(3) الترمذي، ج3، ص506.

صور الصدق في التعامل ما يأتي:

1-4-1: الصدق في سعر السلعة:

حذر الإسلام من خداع المشتري في سعر السلعة وضرورة إعلامه بسعر البيع الحقيقي، وقد قال الرسول ﷺ: ((من استرسل[1] إلى مؤمن فغبنه كان غبنه ربا))[2].

2-4-1: الإعلان الصادق عن السلعة:

يجب على التاجر والمنتج تحري الصدق في الإعلان عن بضاعته وعليه أن يذكر مواصفاتها من غير مبالغة بمواصفاتها الجيدة وبما ليس هي عليه فقد قال الرسول ﷺ ((إن أطيب الكسب كسب التجار الذين إذا حدثوا لم يكذبوا ... وإذا اشتروا لم يذموا وإذا باعوا لم يمدحوا))[3]، ولا محذور من ذكر مواصفات السلعة الحقيقية من غير كذب ولا مبالغة ولا تدليس.

كذلك حذر الإسلام من الحلف الكاذب لترويج المبيعات أولتغرير المشتري ويذكر أن رجلا أقام سلعة في السوق فحلف بالله انه أعطى بها ما لم يعط ليوقع فيها رجلا من المسلمين فنزل فيه[4]، قوله تعالى ﴿ إِنَّ ٱلَّذِينَ يَشۡتَرُونَ بِعَهۡدِ ٱللَّهِ وَأَيۡمَٰنِهِمۡ ثَمَنٗا قَلِيلًا أُوْلَٰٓئِكَ لَا خَلَٰقَ لَهُمۡ فِي ٱلۡأٓخِرَةِ وَلَا يُكَلِّمُهُمُ ٱللَّهُ وَلَا

(1) المسترسل: هو الذي لا يحسن المساومة.
(2) البيهقي، ج5، ص349.
(3) المنذري، ج2، ص586.
(4) جلال الدين السيوطي " لباب المنقول في أسباب النزول "، ذيل تفسير الجلالين، ط5 (بغداد مكتبة النهضة، 1988) ص134.

يَنظُرُ إِلَيْهِمْ يَوْمَ ٱلْقِيَـٰمَةِ وَلَا يُزَكِّيهِمْ وَلَهُمْ عَذَابٌ أَلِيمٌ ﴾ (آل عمـران:77)، ويصف الرسول ﷺ مثل هذا التاجر بأنه (بـاع آخرتـه بـدنياه)[1]، كـذلك قـال ((اليمـين الفـاجرة منفقة للسلعة ممحقة للبركة))[2].

1-5: منع التعامل المؤدي إلى الغرر:

نهى الإسلام عن البيوع التي تؤدي إلى الغرر بكل أنواعه مثل بيع التصرية وتلقي الركبان والنجش وبيع الملامسة والمنابذة وبيع حبل الحبله، وبيع السمك في الماء والطير في الهواء، واللـبن في الضرع ...

1-6: منع التحايل على الحرام:

يوجب الإسلام التحري عن الكسب الحلال، والابتعاد عن الحرام ويحـذر الرسـول ﷺ من ذلك بقوله ((يا سعد أطب مطعمك تكن مستجاب الـدعوة والـذي نفـس محمـد بيـده إن العبد ليقذف اللقمة الحرام في جوفه ما يتقبل منه عمل أربعين يوما، وأيما عبد نبت لحمـه مـن سحت فالنار أولى به))[3]، كما نهى عن التحايل في استحلال الحرام إذ قال ((لعـن الـلـه اليهـود حرمت عليهم الشحوم فباعوها وأكلوا أثمانها ...))[4]، ومـن طـرق التحايـل لكسـب الربـا بيـع العينة[5]، فقال ﷺ ((إذا تبايعتم بالعينة ... سلط الـلـه عليكم ذلا لا ينزعه حتى

(1) المنذري، ج2، ص586.
(2) المصدر نفسه ص590.
(3) المصدر نفسه ص547.
(4) أبو داود، ج9، ص379.
(5) العينة: التاجر يبيع سلعته لآخر بثمن اجل ثم يشتريها منه بثمن اقل نقدا و الفرق بينهما يكون ربا.

ترجعوا إلى دينكم))[1]، ويعد حديث الرسولﷺ ((إنما الأعمال بالنيات...))[2]، أصلا في قطع الطريق أمام كل أشكال التحايل على الحرام.

1-7: حرية التعامل التجاري:

من أهم أركان عملية التبادل الإسلامية توفر حرية التعامل، وهوشرط لمشروعية التجارة، وإلا دخل الأمر ضمن باب أكل أموال الناس بالباطل وكما قال الله تعالى [يَا أَيُّهَا الَّذِينَ آمَنُوا لا تَأْكُلُوا أَمْوَالَكُمْ بَيْنَكُمْ بِالْبَاطِلِ إِلَّا أَنْ تَكُونَ تِجَارَة عَنْ تَرَاضٍ مِنْكُمْ] (النساء: 29). وللتأكيد على الحرية الحقيقية في التبادل والرضا التام وكذلك لعظيم حرمة مال المسلم يقول الرسولﷺ ((لا يحل مال امرئ مسلم إلا بطيب نفس منه))[3].

1-8: عدم استغلال الوظائف العامة لتحقيق مكاسب تجارية:

لا يجوز لولاة الأمور استغلال مناصبهم الإدارية لتحقيق مكاسب تجارية. وقد صادر عمر بن الخطاب ﷺ أموال بعض ولاته عندما عملوا في التجارة، وقال لأحدهم ((إنا و الله ما بعثناك للتجارة))[4].

1-9: السماحة في التعامل:

حث الإسلام على السماحة في التعامل التجاري، حيث قال الرسولﷺ

---

(1) أبو داود، ج9، ص336.
(2) البخاري، ج1، ص
(3) البيهقي، ج6، ص100.
(4) قطب إبراهيم محمد.

((رحم الـلـه رجلا سمحا إذا باع وإذا اشترى وإذا اقتضى))[1].

ومن صور التسامح عدم فرض هوامش ربح كبيرة، حيث إن في خفضها تنشيط للتجارة وزيادة المكاسب للجميع وفي ذلك يقول الإمام علي بن أبي طالب ﷺ: (معاشر التجار .... لا تردوا قليل الربح فتحرموا كثيره)[2].

وهذا يعني أن المهم للتاجر هو الإيراد الكلي وليس الإيراد الحدي والأول يتحقق بزيادة حجم المبيعات، ويقول الإمام الغزالي بخصوص الاعتدال في الربح ((إن بذل المشتري زيادة على الربح المعتاد أما لشدة رغبته أو لشدة حاجته ... فينبغي أن يمتنع عن قبوله فذلك من الإحسان)[3].

10-1: الالتزام بالعقود وحسن تنفيذها:

أمر الإسلام اتباعه الالتزام بما يبرمون من ﴿ يَٰٓأَيُّهَا ٱلَّذِينَ ءَامَنُوٓاْ أَوۡفُواْ بِٱلۡعُقُودِ ﴾ **(المائدة: من الآية1)**، وحث على توثيق الالتزامات المالية خاصة الديون الصغيرة منها والكبيرة، قال تعالى ﴿ يَٰٓأَيُّهَا ٱلَّذِينَ ءَامَنُوٓاْ إِذَا تَدَايَنتُم بِدَيۡنٍ إِلَىٰٓ أَجَلٖ مُّسَمّٗى فَٱكۡتُبُوهُ ﴾ **(البقرة: من الآية282)**. وقد يحصل في الحياة العملية أن يعسر المدين عن سداد دينه بالوقت المحدد، لذلك ندب الـلـه تعالى إلى إمهاله أوالتجاوز عنه فقال ﴿ وَإِن كَانَ ذُو عُسۡرَةٖ فَنَظِرَةٌ إِلَىٰ مَيۡسَرَةٖۚ وَأَن تَصَدَّقُواْ خَيۡرٞ لَّكُمۡۖ إِن كُنتُمۡ تَعۡلَمُونَ ﴾ **(البقرة:280)** ويقول الرسول ﷺ ((من انظر معسرا أو وضع له أظله الـلـه يوم القيامة تحت ظل عرشه يوم لا ظل إلا ظله))[4].

(1) المنذري، ج2، ص 562.

(2) أبو حامد الغزالي، إحياء علوم الدين، ج 2 ص81-82.

(3) المصدر نفسه.

(4) المنذري، ج 2، ص45.

11-1: التجارة تعاون إنساني وتكافل اجتماعي:

تعد التجارة في الإسلام نوعا من التعاون، وتبادل المنافع بين سكان البلد الواحد وبينهم وبين البلدان الأخرى، وهي تقدم خدمات جليلة لكل المستهلكين والمنتجين، ويقول الرسولﷺ تشجيعا للتجارة ((الجالب مرزوق والمحتكر ملعون))[1] والجالب هو مورد السلع أو المستورد، وهي طريق للتالف والتعاون وليس مدعاة للتناحر والتحاسد، وكما يقول الرسول ﷺ ((لا يبيع بعضكم على بيع أخيه))[2]، حيث إن في ذلك قطع لسبب من أسباب العداوة والبغضاء بين المتعاملين في النشاط التجاري، ويقاس على ذلك كل ما يخدش الثقة أويعرض رابطة الأخوَّة للشقاق.

(1) المنذري، ج 2، ص7.
(2) العسقلاني، ج4، ص352.

المبحث الثاني
دور الدولة في عملية التبادل

للدولة في الاقتصاد الإسلامي يد تطول أوتقصر في عملية التبادل، وذلك حسب الظروف وما تدعوا إليه المصلحة[1]. إن دور الدولة في مرحلة التبادل يتمثل بالرقابة على السوق وإخضاعه لقواعد التبادل الإسلامية وكذلك التدخل في تصحيح آلية السوق إذا ما انحرفت لسبب ما، أوتوجيهها لتحقيق أهداف المجتمع العليا ومصالحه المشروعة. ويتولى هذه المهام سابقا جهاز حكومي يدعى ولاية الحسبة، وقد تقاسمت وظائفه في الدول الحديثة عدد من الوزارات والأجهزة الحكومية.

2-1: الرقابة على السوق:

لم تقتصر دعوة الإسلام في ترشيده لسلوك المتعاملين وتنظيمه للأسواق والعناية بها على مجرد الأوامر والنواهي الملزمة ديانة، وإنما أوجد نظاما دقيقا من الرقابة على الأسواق، حتى لا تخرج عن الإطار الذي رسمه لها، أوتنحرف عن القواعد والأسس التي جاءت بها الشريعة الإسلامية في هذا المجال. إذ إن الرقابة في الإسلام رقابة مزدوجة تتمثل في الرقابة الذاتية أولا، والرقابة الموضوعية ثانيا، وبذلك يضمن الإسلام أكبر قدر من الرقابة على السوق، لكي تكون أكثر استقامة وانضباطا ولتؤدي دورها على أكمل وجه، وبالصيغة التي يرتضيها الإسلام.

---

(1) الماوردي ،" الأحكام السلطانية و الولايات الدينية "، ص363.

يهمنا ألان الرقابة الموضوعية التي تقوم بها الدولة على السوق ممثلة بجهاز الحسبة، وفيما يأتي بعض التفصيل عن رقابة الدولة للسوق.

1-1-2: الحسبة:

تعني الحسبة بشكل عام أمر بالمعروف إذا ظهر تركه ونهى عن المنكر إذا ظهر فعله، وقد أمر الله تعالى بالأمر بالمعروف والنهي عن المنكر وجعلها من خصائص هذه الأمة حيث قال ﴿ كُنتُمْ خَيْرَ أُمَّةٍ أُخْرِجَتْ لِلنَّاسِ تَأْمُرُونَ بِالْمَعْرُوفِ وَتَنْهَوْنَ عَنِ الْمُنكَرِ وَتُؤْمِنُونَ بِاللَّهِ ۗ وَلَوْ آمَنَ أَهْلُ الْكِتَابِ لَكَانَ خَيْرًا لَّهُم ۚ مِّنْهُمُ الْمُؤْمِنُونَ وَأَكْثَرُهُمُ الْفَاسِقُونَ ﴾ **(آل عمران:110)**. وإن كان هذا أمر عام إلا انه يجب أن يكون هناك مختصون به ويكونون على علم ودراية ولهم سلطة قانونية، قال تعالى ﴿ وَلْتَكُن مِّنكُمْ أُمَّةٌ يَدْعُونَ إِلَى الْخَيْرِ وَيَأْمُرُونَ بِالْمَعْرُوفِ وَيَنْهَوْنَ عَنِ الْمُنكَرِ ۚ وَأُولَٰئِكَ هُمُ الْمُفْلِحُونَ ﴾ **(آل عمران:104)**، وكل مسلم يأمر بالمعروف وينهى عن المنكر بحسب قدرته حيث قال الرسولﷺ ((من رأى منكم منكرا فليغيره بيده فإن لم يستطع فبلسانه فإن لم يستطع فبقلبه وذلك اضعف الإيمان))[1]، والتغيير بالقوة على صعيد المجتمع يكون من اختصاص الدولة. وقد ذم القرآن الكريم بني إسرائيل بأنهم ﴿ كَانُوا لَا يَتَنَاهَوْنَ عَن مُّنكَرٍ فَعَلُوهُ ۚ لَبِئْسَ مَا كَانُوا يَفْعَلُونَ ﴾ **(المائدة:79)** وكذلك حذر الرسولﷺ من عاقبة ترك هذا الأمر بقوله ((والذي نفسي بيده لتأمرن بالمعروف ولتنهون عن المنكر أوليوشكن الله أن يبعث عليكم عقابا منه، ثم تدعونه فلا يستجاب لكم))[2]. وقد مارس الرسولﷺ الاحتساب بنفسه وأناب

(1) مسلم

(2) الترمذي، رقم 2170.

عمر بن الخطاب ﷺ على سوق المدينة وسعيد بن سعيد بن العاص على سوق مكة، وقد سار على هديه الخلفاء الراشدون ومن تبعهم بإحسان من ولاة أمور المسلمين.

إن الحسبة من فروض الكفاية كما ذهب إلى ذلك جمهور الفقهاء[1]. وقد تكون فرض عين في حالات معينة كولاة الأمور، ومن لا يعلم المعروف ويقدر على إزالته ألا هو[2]، ويتولى القيام بوظيفة الحسبة جهاز إداري عالي الكفاءة وقد حدد الفقهاء شروطا دقيقة يجب توفرها فيمن يعمل في هذا الميدان[3].

2-1-2: واجبات جهاز الحسبة في السوق:

من واجبات المحتسب في السوق الإسلامية ما يأتي:

1-2-1-2: مراقبة العاملين في السوق وتتضمن ما يأتي:

يجب أن يكون العاملون في السوق عالمين بأحكام المعاملات التي يتعاطونها. لأنه عند الجهل قد يقعون بما حرم الله تعالى من المعاملات. وقد روي أن عمر بن الخطاب ﷺ كان يضرب بالدرة من يقعد في السوق وهولا يعرف أحكام المعاملات[4]. معللا ذلك بقوله (لا يقعد في سوقنا من لا يعرف الربا)[5].

---

(1) ابن العربي، أحكام القرآن، تحقيق محمد علي البيجاوي، ج1 (بيروت، دار المعرفة) ص292.

(2) عمر بن عبد العزيز، " الرقابة في الاقتصاد الإسلامي "، رسالة ماجستير - كلية العلوم الإسلامية - جامعة بغداد، 1994، ص79.

(3) للمزيد من التفاصيل، انظر المصدر السابق، ص83-90.

(4) عبد الحميد محمود البعلي، ص74.

وقال علي بن أبي طالب ﷺ لمن يريد العمل في التجارة ((الفقه ثم المتجر))[1]. ويروى أن الأمام مالك كان يأمر الأمراء فيجمعون التجار والسوقة ويعرضونهم عليه فإذا وجد أحدا منهم لا يفقه أحكام المعاملات أقامه من السوق وقال له: تعلم أحكام البيع والشراء ثم اجلس في السوق[2]. وقد قيل انه لابد للتاجر من فقيه صديق يرجع إليه إذا أشكل عليه أمر في المعاملة. إن توفر حد أدنى من العلم بأحكام المعاملات يؤدي إلى انتظام التعامل على وفق الصيغ الصحيحة ومما ييسر أمر التجارة ويقلل من المنازعات ويزيد منافع الخدمات التي يقدمها النشاط التجاري.

من واجب المحتسب أن يراقب الحالة الصحية للعاملين في السوق، فيمنع المصابين بالأمراض السارية من العمل خوفا من انتقال الأمراض إلى من يتعاملون معهم. وقد ذكر المجيلدي انه (مما يتعين على الوالي إخراج ذوي العاهات من الأسواق ومنعهم من بيع المائعات)[3]، ومن قبيل ذلك اشتراط السلامة من الأمراض المعدية، والفحص الدوري للعاملين في المطاعم والفنادق والأعمال التي يمكن أن تكون وسيلة لنقل الأمراض المعدية.

(1) محمـد الفيصـل آل سـعود،" التعريـف الاصطلاحي لعلـم الاقتصاد الإسلامي "، الاتحاد الـدولي للبنـوك الإسلامية، ص32.

(1) المصدر نفسه.

(2) محمـد الفيصـل آل سـعود،" التعريـف الاصطلاحي لعلـم الاقتصاد الإسلامي "، الاتحـاد الـدولي للبنـوك الإسلامية، ص32.

(3) احمد سعيد المجيلدي،" التيسير في أحكام التسعير "، تقديم و تحقيق موسى القبال الشركة الوطنية للنشر ـ و التوزيع، الجزائر، ص65.

2-1-2-2: الرقابة على حالات الغش المختلفة:

من واجبات المحتسب مراقبة السلع المعروضة للبيع، إذ يجب أن تكون خالية من (الغش المتمثل بكتمان العيوب، وتدليس السلع مثل أن يكون ظاهر المبيع خيرا من باطنه)[1]، إذ يجب أن تكون مواصفات السلع الحقيقية مطابقة لمواصفاتها المعلنة ويدخل ضمن هذا الباب مراقبة الإعلانات التجارية، إذ يجب أن تكون إخبارية أولا وأن لا تطري السلعة بما ليس فيها من المحاسن ثانيا.

2-1-2-3: الرقابة على صيغ التعامل:

يراقب المحتسب صيغ التعامل في السوق إذ يمنع المحرم منها مثل العقود الربوية سواء كانت ربا فضل أوربا نسيئة والمعاملات الربوية سواء كانت ثنائية أوثلاثية التي يقصد منها التحايل على الحرام. مثل عقود الميسر وبيوع الغرر وتلقي الركبان ويدخل ضمن ذلك الشركات الوهمية وأعمال الاحتيال.

2-1-2-4: مراقبة وحدات القياس:

من واجبات المحتسب مراقبة وحدات القياس، مثل وحدات قياس الوزن والطول والسعة ... إذ يجب أن تكون على درجة عالية من الدقة وكذلك الأدوات المستخدمة للقياس كالموازين ....

2-1-2-5: منع الاتجار بالسلع المحرمة:

يراقب المحتسب السلع موضع التعامل، إذ يجب أن تكون من الطيبات ومنع الاتجار بالسلع والخدمات الخبيثة المحرمة شرعا كالخمور والمخدرات

---

(1) ابن تيمية، الحسبة في الإسلام، ص10.

والممنوعة سياسيا مثل الاتجار بالمتفجرات من غير إذن من الدولة ووسائل الصيد الجائرة والسلع الملوثة للبيئة، ويدخل ضمن ذلك السلع المهربة أوذات المنشأ غير المرخص بالاستيراد منه، وبذلك يتجه النشاط الاقتصادي في تخصيصه للموارد في إنتاج السلع والخدمات النافعة مما يزيد من رفاهية المجتمع

6-2-1-2: مراقبة النقود:

إن الاقتصاد الإسلامي اقتصاد نقدي وليس اقتصاد مقايضة، وقد اهتم علماء وولاة المسلمين بالنقود، لأهميتها في الاقتصاد من حيث هي مقياس للقيم ومخزن لها، والأهم من ذلك ما يتعلق بها من أحكام شرعية كنصاب الزكاة وحد السرقة ... لذلك ((نهى رسول الله ﷺ أن تكسر سكة (عملة) المسلمين الجائزة بينهم إلا من باس))[1].

لقد كان للدولة الإسلامية منذ عهد عبد الملك بن مروان إشراف مباشر على سك العملة وكانت هناك دار حكومية متخصصة بسك العملة تدعى دار السكة ولا يسمح بإصدار العملة إلا عن طريقها حرصا على سلامة النقد من عبث العابثين، وقد أفتى الفقهاء بأن التلاعب في العملة من الكبائر دينا، واغلظوا العقوبة جزاء لمن يرتكب هذه الجريمة[2].

لقد سارت كل الدول الحديثة على هذا المنوال، فالبنك المركزي في كل دولة يحتكر مهمة إصدار العملة، وشرعت الدول العقوبات الرادعة لمن يقوم بإصدار العملة أوتزويرها أوإصدار الصكوك المزورة أوالتي لا رصيد لها.

---

(1) أبو داود، ج9، ص318، رقم 3432.
(2) عمر بن عبد العزيز، مصدر سابق، ص144.

إن وجود الغش والتزوير في النقود يؤدي إلى إرباك مجمل النشاط الاقتصادي ويترتب عليه ضياع لحقوق الملكية وللقروض المالية، لذلك فإن مراقبة النقد تعد من أهم واجبات المحتسب على السوق.

2-2: التسعير:

عندما لا تكفي إجراءات الرقابة الذاتية والإدارية السابقة لضمان التبادل العادل في السوق، يكون تدخل الدولة أمرا لا بد منه، ويهمنا من هذا التدخل تدخل الدولة في التأثير في الأسعار، أوما يعرف بالتسعير وهو(أن يأمر السلطان أهل السوق أن لا يبيعوا أمتعتهم إلا بسعر معين، فيمتنعون من الزيادة أوالنقصان لمصلحة))[1].

إن الأصل في السعر أن يتحدد بتفاعل قوى العرض والطلب وفي ظل ظروف من الحرية الاقتصادية والالتزام بقواعد التبادل التجاري التي مرت معنا في المبحث الأول من هذا الفصل، إلا أن الدولة قد تلجأ إلى التأثير في تحديد هذا السعر في ظروف خاصة وسنتناول التسعير وموقف العلماء منه أولا ثم السياسة السعرية في الاقتصاد الإسلامي ثانيا.

موقف العلماء من التسعير:

2-2-1: التسعير:

انقسم علماء المسلمين في موقفهم من التسعير على فريقين هما:

(1) محمد بن علي الشوكاني، " نيل الاوطار"، ج5، (بيروت، دار الجيل، 1973)، ص335.

1-1-2-2: الفريق الأول: المانع للتسعير

يرى هذا الفريق عدم جواز التسعير، وقد ذهب إلى ذلك جمهور الفقهاء منهم فقهاء الحنفية والشافعية والمالكية والحنابلة والظاهرية والزيدية والامامية[1]. يستندون في ذلك إلى جملة من الأدلة منها:

أ. حديث انس إذ قال: (غلا السعر في عهد رسول الله ﷺ فقالوا: يا رسول الله قد غلا السعر فسعر لنا، فقال: إن الله هوالمسعر القابض الباسط الرازق وإني لأرجوأن ألقى ربي وليس أحد يطلبني بمظلمة في دم ولا مال)[2] وفي هذا الحديث دلالة ظاهرة على عدم تدخل الدولة في الأسعار، حيث قد يكون فيه نوع من الظلم في المال.

ب. يروى عن عمر بن الخطاب رضي الله عنه انه رجع عن التعرض للأسعار، فقد أمر حاطب بن أبي بلتعه بسوق المصلى وبين يديه غرارتان فيهما زبيب فسأله عن سعرهما، فسعر له مدين لكل درهم، فقال عمر: قد حدثت بعير مقبله تحمل زبيبا وهم يعتبرون بسعرك، فأما أن ترفع في السعر، وأما أن تدخل زبيبك البيت فبعه كيف شئت فلما رجع عمر حاسب نفسه ثم أتى حاطبا في داره فقال له، إن الذي قلت ليس بعزيمة مني ولا قضاء، وإنما هوشيء أردت به الخير لأهل البلد فحيث شئت فبع وكيف شئت فبع)[3]. في هذه الحادثة دليل على امتناع الحاكم عن التدخل في الأسعار.

---

(1) عبد الستار إبراهيم رحيم الهيتي، " السياسة السعرية في المذهب الاقتصادي الإسلامي "رسالة ماجستير، كلية العلوم الإسلامية، جامعة بغداد، 1990، ص174.

(2) ابن ماجه، ج2، ص16.

(3) البيهقي، ج6، ص29.

ج. احل الله مطلق البيع ﴿ وَأَحَلَّ ٱللَّهُ ٱلْبَيْعَ ﴾ (البقرة: 275)، واشترط سبحانه التراضي لتحليل التجارة، ﴿ يَـٰٓأَيُّهَا ٱلَّذِينَ ءَامَنُوا۟ لَا تَأْكُلُوٓا۟ أَمْوَٰلَكُم بَيْنَكُم بِٱلْبَـٰطِلِ إِلَّآ أَن تَكُونَ تِجَـٰرَةً عَن تَرَاضٍ مِّنكُمْ ۚ وَلَا تَقْتُلُوٓا۟ أَنفُسَكُمْ ۚ إِنَّ ٱللَّهَ كَانَ بِكُمْ رَحِيمًا ﴾ (النساء:29) وقال الرسول ﷺ(لا يحل مال امرئ مسلم إلا بطيب نفس منه)[1]. وقد اجمع الفقهاء على ركنية الرضا في عقد البيع ولا يستثنى منه إلا البيع الجبري وبضوابط مقررة شرعا، كبيع مال من اضطر إليه الناس أومن وجبت عليه النفقة أوالمدين المماطل[2].

د. القاعدة الأصولية القائلة بأن (العبادات أذن والمعاملات طلق) تعني أن إجراء المعاملات مبني على اصل الإباحة والأذن حتى يقوم دليل الشارع على المنع والحظر[3]، ويقول ابن تيمية أن الأصل في العقود والشروط الجواز والصحة ولا يحرم منها إلا ما دل الشرع على تحريمه وإبطاله نصا أوقياسا[4]، هذا الحكم قائم على أساس أن الأصل في الأشياء الإباحة حتى يدل الدليل على التحريم[5]. وهذا الرأي يستند فيما يستند عليه قول

(1) المصدر نفسه، ص100.
(2) عبد الجبار السبهاني، " الاسعار وتخصيص الموارد في الإسلام "، ص178.
(3) بيت التمويل الكويتي، " الفتاوي الشرعية في المسائل الاقتصادية "، ج1، (ط1 الكويت 1986) ص114.
(4) ابن تيمية، " القواعد النورانية الفقهية "، (بغداد، مكتبة الشرق الجديد، 1989) ص210.
(5) السيوطي، " الأشباه والنظائر "، ص133.

الرسولﷺ ((الحلال ما احله الله في كتابه والحرام ما حرمه الله في كتابه وما سكت عنه فهو مما عفا عنه))[1].

تفيد هذه الأدلة حسب رأي القائلين بها بعدم جواز التسعير وانه يجب أن يترك لقوى السوق الحرية الكاملة في تحديد الأسعار، وأن التسعير يكون فيه ظلم أما للبائع أوللمشتري، والظلم محرم لنفسه ولغيره.

2-2-1-2: الفريق الثاني المجوز للتسعير:

يرى فريق آخر من العلماء جواز التسعير عندما تدعوالحاجة إليه وأصحاب هذا الرأي يبنون رأيهم على أساس مناقشة أدلة المانعين للتسعير وكما يأتي:

أ. فيما يخص حديث الرسولﷺ وامتناعه عن التسعير أوردوا عليه الملحوظات الآتية:

الملحوظة الأولى: أن النبيﷺ لم ينه عن التسعير ولم يقل لا تسعروا أو لا يحل التسعير، وإنما فوض هذا الأمر لله، فلوشاء أفاض النعم على عباده وانخفض السعر أوالعكس)[2].

الملحوظة الثانية: إن سنة الإسلام في تنظيم المجتمع تبدأ بفرض أحكامه بمقتضى العقيدة عن رغبة واختيار، فإذا صدع بها الأفراد خفت مؤنة الدولة وإذا أحجموا ثقلت، وهي تنقبض وتنبسط تبعا لمستوى السلوك الخلقي والظروف التي يعيشها المجتمع. وفي زمان الرسولﷺ كان الناس

---

(1) ابن ماجه، ج2، ص252، رقم 3410.

(2) البشري الشوربجي، " التيسير في أحكام التسعير "، ص25.

اقرب ما يكونون إلى التقوى والورع، وكان تذكيرهم بتقوى الله وعدم الاحتكار أمضى ـ في نفوسهم من وعيد السلطة وتحديدها جبرا للأسعار[1].

الملحوظة الثالثة: يرى بعضهم أن الرسول ﷺ رأى أن ارتفاع الأسعار ناشئ عن شحة العرض و/أو وفرة الطلب، ولم يكن ناشئا عن حالة احتكار للسلع لأنه ﷺ نهى عن الاحتكار، وإن تحديد الأسعار في مثل هذه الحالة يؤدي إلى نتائج سلبية خطيرة منها سوء في توزيع الموارد والدخل، وانخفاض في الإنتاج لحصول الخسائر وامتناع التجار عن الاستيراد، وظهور السوق السوداء وبذلك تتفاقم بشكل اخطر مشكلة الأسعار.

الملحوظة الرابعة: إن مناط امتناع الرسول ﷺ عن التسعير ليس من حيث كونه تسعيرا وإنما لما فيه من الظلم للتجار، وهذا يعني أن ارتفاع السعر في زمانه ﷺ لم يكن للتجار يد فيه، وإنما كان نتيجة طبيعية لآلية السوق. وفي هذه الحالة لا يجوز التسعير لما يتضمنه من ظلم للتجار وهم لم يفعلوا شيئا من جانبهم لرفع السعر، ويرى ابن تيمية أن (من منع التسعير مطلقا محتجا بقول النبي ﷺ، (إن الله هو المسعر القابض الباسط) فقد غلط، فإن هذه قضية معينة ليست لفظا عاما، وليس فيها إن أحدا امتنع من بيع يجب عليه، أو عمل يجب عليه، أو طلب في ذلك اكثر من عوض المثل)[2].

---

(1) المصدر، ص29.

(2) ابن تيمية، " الحسبة في الإسلام "، ص23.

الملحوظة الخامسة: يرى ابن القيم (انه إذا كان الناس يبيعون سلعهم على الوجه المعروف من غير ظلم منهم، وقد ارتفع السعر، إما لقلة الشيء و/أولكثرة الخلق فهذا إلى الله، فإلزام الناس أن يبيعوا بقيمة بعينها إكراه بغير حق، أما أن يمتنع أرباب السلع من بيعها مع ضرورة الناس إليها إلا بزيادة على القيمة المعروفة فهنا يجب عليهم بيعها بقيمة المثل، فالتسعير هنا إلزام بالعدل الذي الزمهم الله به)[1].

ويرى أن مخالفة هذا التسعير بتجاوز ثمن المثل هي اعظم إثما وعدوانا من تلقي السلع وبيع الحاضر للبادي والنجش، وقد قال تعالى: [وَتَعَاوَنُوا عَلَى الْبِرِّ وَالتَّقْوَى وَلا تَعَاوَنُوا عَلَى الْإِثْمِ وَالْعُدْوَانِ] (المائدة: 2).

الملحوظة السادسة: هناك من يرى بأن التسعير فيه تطبيق لحديث الامتناع عن التسعير، فعلة الامتناع عن التسعير هي تحاشي الظلم الذي يصيب التجار وقت الغلاء من غير أن تكون لهم يد فيه، وهذا ما حدث أيام الرسول ﷺ أما إذا تبين أن التجار هم الذين رفعوا الأسعار طمعا في الأرباح غير الاعتيادية مستغلين ما يتمتعون به من مواقع احتكارية، فإن هذا يعد ظلما يجب على ولي الأمر رفعه ولا يتم ذلك إلا عن طريق التسعير[2].

ب. فيما يخص واقعة عمر بن الخطاب ؓ مع حاطب بن أبي بلتعة فقد اختلف فهم الفقهاء لها إلى حد التضاد وكما يأتي[3]:

(1) ابن قيم الجوزية، " الطرق الحكمية في السياسة الشرعية "، ص240.
(2) البشري الشوربجي، ص37.
(3) المصدر نفسه، ص37-47.

أولا: أن عمر بن الخطاب ﷺ أراد أن يتدخل لرفع سعر السلعة مراعاة لمصلحة التجار المستوردين، إلا انه رأى في نهاية الأمر أن ليس لولي الأمر أن يتدخل في مثل هذه الحالة. إذ إن عرض السلعة بثمن اقل ليس من المواضع التي ينبغي على ولي الأمر أن يتدخل فيها، وهذا قد يعني بالمقابل انه ينبغي على الحاكم أن يتدخل إذا عرضت السلعة بأكثر من السعر السائد لما في هذا من أضرار واستغلال لحاجة الناس.

ثانيا: إن عمر بن الخطاب ﷺ شك بأن حاطبا أراد أن يتبع ما يعرف اليوم بسياسة الإغراق لغرض القضاء على المنافسين وإخراجهم من السوق ثم يتمكن من البيع بالسعر الذي يريد، إلا أن ذلك لم يتأكد لعمر مما جعله يعدل عن قراره الأول، وينقل ابن القيم عن الإمام مالك تعليقا على هذه الحادثة (لوأن رجلا أراد فساد السوق فحط من سعر الناس لرأيت أن يقال له أما لحقت بسعر الناس وأما رفعت).

ثالثا: لقد فهم ابن رشد أن عمر نهى حاطب عن البيع بأعلى مما يبيع به أهل السوق، أي انه كان يبيع بالدرهم الواحد أغلى مما كان يباع به، إذ لا يلام أحد على المسامحة في البيع والحطيطة فيه بل يشكر على ذلك إذ فعله لوجه الناس ويؤجر أن فعله لوجه الله تعالى، وينسجم هذا الفهم مع تعليق الإمام الشافعي على نفس الموضوع، إذ قال: ((لأن الناس مسلطون على أموالهم ليس لأحد أن يأخذها أوشيئا منها بغير طيب أنفسهم، إلا في المواضع التي تلزمهم وهذا ليس منها)).

رابعا: أيا كان فهم الواقعة، فإن موضوعها (التسعير) موضع اجتهاد ونظر وانه منذ زمن عمر بن الخطاب ﷺ لم يكن محسوما كحكم قطعي بل في الأرجح، وكما نعتقد انه خاضع لمقتضيات المصلحة التي تتغير معطياتها

من زمان إلى آخر وحسب مستوى التطور الاجتماعي والاقتصادي الـذي يبلغـه المجتمـع. وليس أدل على ذلك من اعـتراف عمـر نفسـه، بغـض النظـر عـن أي فهـم للواقعـة، عنـدما قال لحاطب: (إن ما قلته لك ليس بعزيمة مني ولا قضاء وإنما هوشيء أردت بـه الخـير لأهـل البلـد) ولوكان التدخل في السعر محرم على ولي الأمر لما خفي ذلك على عمر، وهوالصحابي القريب جدا من الرسولﷺ. وقد عهد إليه بمراقبة سوق المدينـة كـما مـر معنـا، ولكـن الأمـر كـما قال عمر ((أردت بها الخير)) والخير قد يكون مع التسعير أوعدمه وحسب الحال.

ج. فيما يخص التراضي في التجارة وعدم أكل أموال الناس بالباطل يقال الآتي:

أولا: إن رفع الأسعار ورفض أحكام التسعير يعد ذريعة لأكل أموال الناس بالباطل وضرب مـن الظلم يجب دفعه شرعا، ويتعين التسليم بتحريمه لكونه يخرج عن التجارة المشروعة.

ثانيا: إن التسعير يكفل صدور التـراضي مـن المتبـايعين عـن إرادة واعيـة ويحول دون الغـبن والتغرير.

ثالثا: التراضي لا يعني إطلاق مـن كـل قيـد، فالتراضي يفترض علـم المتبـايعين بماهيـة الشيء والقيمة عنصر أساس من عناصر الماهية، ومـا التسـعير إلا تحديـد للقيمـة وقيـاس لهـا في السوق.

رابعا: الحق في التراضي ليس مطلقا ولا يجوز التعسف في استعماله فحق التاجر بالتصرف في بضاعته لا ينفي حقوق المشترين في أن لا يلحقهم الضرر من هذا التصرف، أي أن وجـوب التراضي لا ينفي حق المصلحة

العامة في كفالة العدل في البيع والشراء، وهذا يتحقق بالتسعير، ولا يحل لأحد أن يتحصن في رفض التسعير بدعوى التراضي للوصول من خلال التجارة إلى ظلم الناس والإضرار بهم تحقيقا لربح بغير حق.

بعد عرضنا لأدلة الفريقين فإننا نرجح رأي الفريق المجوز للتسعير، لا على إطلاقه بل نقيده بحالات معينة سترد تفاصيلها في موضوع السياسة السعرية الآتي.

2-2-2: السياسة السعرية:

بعد أن رجحنا الرأي القائل بجواز التسعير في الاقتصاد الإسلامي صار لنا أن نتكلم عن السياسة السعرية في هذا الاقتصاد التي هي مجموع الإجراءات التي تتخذها الدولة للتأثير في الأسعار لتحقيق أهداف مشروعة، وسوف نتناول المواضيع الآتية:

1-2-2-2: حالات تدخل الدولة:

من أهم الحالات التي تستوجب تدخل الدولة ما يأتي:

أ. الاحتكار:

يعرف الاحتكار عند الفقهاء بأنه (حبس ما يتضرر الناس بحبسه تربصا للغلاء) وقد حرم الإسلام الاحتكار بهذا المعنى إذ قال الرسول ﷺ ((لا يحتكر إلا خاطئ))[1]، والخاطئ هو العاصي الآثم، وقد صرح الفقهاء لولي الأمر بالتدخل لمعالجة حالة الاحتكار إن وجدت في السوق، فقد ورد عن الإمام علي بن أبي طالب عليه السلام في وصية لأحد عماله (واعلم أن في كثير منهم ... احتكارا

---

(1) قحطان الدوري، "الاحتكار وآثاره في الفقه الإسلامي" (ط1، مطبعة الامة، بغداد، 1975)، ص22.

للمنافع .... وذلك باب مضره للعامة ... فمن قارف حكرة بعد نهيك إياه فنكل به وعاقب من غير إسراف[1].

إن المحتكر يستحق العقوبة لأن فعله محرم، وقد استحق الوعيد في الآخرة إذ يقول الرسول ﷺ ((من دخل في شيء من أسعار المسلمين ليغليه عليهم كان حقا على الله أن يقعده بعظم من النار يوم القيامة))[2]. وقال ((الجالب مرزوق والمحتكر ملعون)). ويقول القرشي (إذا رأى المحتسب أحدا قد احتكر الطعام من سائر الأقوات ... ويتربص ليزداد ثمنه، الزمه بيعه إجبارا لأن الاحتكار حرام والمحتكر ملعون)[3] وقد لا يقف الأمر عند ذلك بل يصار إلى تعزيز المحتكر بالعقوبة المناسبة وقد تكون مصادرة المال المحتكر، فقد روي عن جابر (إن من احتكر طعاما على الناس وأبى أن يبيع إلا على حكمه وهو غال ينزع منه)[4].

إن التسعير الذي نقره في هذه الحالة هو فرض سعر المثل على المحتكر وإجباره على البيع بسعر السوق، وهذا ما ذهب إليه ابن تيمية عندما قال: (إذا امتنع الناس من بيع ما يجب عليهم بيعه، فهنا يؤمرون بالواجب ويعاقبون على تركه، وكذلك من وجب عليه أن يبيع بثمن المثل، فامتنع أن يبيع إلا بأكثر منه فهنا يؤمر بالواجب ويعاقب على تركه بلا ريب)[5] ويقول ابن القيم ((إما أن يمتنع أرباب السلع من بيعها مع ضرورة الناس إليها إلا بزيادة على

(1) الشريف الرضي، ج 5، ص342.
(2) المنذري، ج 3، ص26.
(3) البشري الشوربجي، مصدر سابق، ص68.
(4) المصدر نفسه .
(5) ابن تيمية، " الحسبة في الإسلام "، ص23.

القيمة المعروفة فهنا يجب عليهم بيعها بقيمة المثل ولا معنى للتسعير إلا إلزامهم بقيمة المثل، فالتسعير هاهنا إلزامهم بالعدل الذي الزمهم اللـه به)[1].

إن تسعير السلع موضع الاحتكار يقطع الطريق على المحتكرين ويمنعهم من ممارسة الاحتكار، ويؤدي إلى تخصيص امثل للموارد وتوزيع اكثر عدالة للدخل، ويمنع من التضخم في الاقتصاد الذي تكون له آثار سلبية على الجهاز الإنتاجي للبلد، وعلى حركة التجارة الدولية وعلى رفاهية المستهلكين.

ب. الظروف غير العادية:

جوز العلماء للدولة التسعير في الظروف غير العادية، وفيما يأتي بعض النصوص في ذلك:

أولا: اقر جماعة من فقهاء الأحناف جواز التسعير إذا تحكم إرباب الطعام زمن القحط وتعدوا عن القيمة تعديا فاحشا بأن باعوا بضعف القيمة، أطلق أبويوسف التسعير في كل ما أضر بالعامة حبسه لأنه احتكار ولو كان ذهبا أوفضة أوثوبا. ويرى ابن عابدين جواز التسعير في الظروف الطارئة، فهويرى ضرورة الحجر إذا عم الضرر، والتسعير نوع من الحجر، إذ هومنع من البيع بزيادة فاحشة[2].

ثانيا: يوجب الإمام الشافعي على مالك الطعام بذله بثمن المثل لمن اضطر إليه[3]، وقال بعض أصحابه بجواز التسعير في حالة الغلاء[4].

(1) ابن القيم، " الطرق الحكمية في السياسة الشرعية "، ص240.
(2) ابن عابدين، " رد المحتار "، ج6، دار الفكر، 1966، ص400.
(3) ابن تيمية، " الحسبة في الإسلام "، ص26.
(4) الشوكاني، ج5، ص220.

ثالثا: يرى المالكية جواز التسعير إذا دعت إليه حاجة واقتضته ضرورة يقول ابن العربي المالكي (والحق التسعير وضبط الأمر على قانون لا تكون فيه مظلمة على إحدى الطائفتين ... وما قال ﷺ حق وفعله حكم ولكن على قوم صحت نياتهم واستسلموا إلى ربهم، وأما قوم قصدوا آكل أموال الناس والتضييق عليهم فباب الله أوسع وحكمه أمضى)[1].

رابعا: يرى ابن تيمية من الحنابلة إلى جواز التسعير بل وجوبه صيانة لحقوق المسلمين إذا تعذر صونها إلا به، ويكون التسعير حسب رأيه بمشورة أهل الرأي والبصيرة[2].

خامسا: أجاز العاملي من الأمامية التسعير عند الحاجة (... يسعر عليه حيث يجب عليه البيع إذا أجحف في الثمن لما فيه من الأضرار ... وإلا فلا يجوز في الرخص مع عدم الحاجة إليه قطعا)[3].

ج. حالة اختصاص مجموعة من التجار بالبيع:

قد يختص طائفة من التجار بشراء السلع من مصادرها ومن ثم إعادة بيعها أوقد تمنح الدولة رخصا أو وكالات لتصريف سلعة معينة، ففي مثل هذه الحالات من الاحتكار - بالمعنى الاقتصادي - يجوز التسعير حفظا للحقوق من الهظم ومنعا للظلم الذي قد يلحقه هؤلاء التجار بالمشترين منهم والبائعين لهم، وفي ذلك يقول ابن تيمية (وابلغ من هذا أن يكون الناس قد التزموا أن لا يبيع الطعام أو غيره إلا أناس معروفون، لاتباع تلك السلع إلا لهم ثم يبيعونها هم،

(1) ابن تيمية، " الحسبة في الإسلام "، ص27.
(2) المصدر نفسه، ص27.
(3) محمد جمال الدين مكي العاملي ،" اللمعة الدمشقية "، ج 3، ص299.

فلوباع غيرهم ذلك منع أما ظلما أولوظيفة تؤخذ من البائع أوغير ظلـم لما في ذلـك مـن الفساد، فههنا يجب التسعير عليهم بحيث لا يبيعون إلا بقيمة المثل ولا يشترون أموال النـاس إلا بقيمـة المثـل[1]. وشـبيه بـذلك أصحاب الامتيـازات المـأخوذة مـن الدولـة لإنتـاج بعـض السـلع أوتسويقها أوتقديم بعض الخدمات.

د. مراعاة المصالح العامة:

لقد اجمع الفقهاء على أن ما فيه مصلحة للناس أودفع مضرة عـنهم يكـون عملـه واجبـا شرعا[2]، وقد تدعوالمصلحة العامة التـي تقـدم عـلى المصـلحة الخاصـة في كثـير مـن الأحيـان إلى تسعير مجموعة من السلع والخدمات، ويكاد يجمع اغلب الكتاب المعاصرين في الفقه الإسـلامي على أن التسعير تطبيق من تطبيقات المصلحة في الإسلام. وقد أفتى أحدهم بـ ((إن تسعير المواد التموينية في وقت الضائقة عمل ضروري تقتضيه المصلحة العامة لتيسير العـيش لجميـع الأفـراد ولمنع التهارج والتغالب عليها، ويدخل ذلك في باب السياسة الشرعية التـي تجعـل لـولي الأمـر في مثل ذلك حق التخصيص والتحديد والتسعير، استنادا إلى قاعدة لا ضرر ولا ضرار، وقاعدة الضرـر مدفوع، وتجعل طاعته فيما يتخذه من ذلك حتما ومخالفته إثما والعقوبة عليها حقا، والسياسـة العادلة من الدين الحنيف، وكذلك الحكم في تسعير غيرها مما يحتاج إليـه في المعيشـة ... ومـن البين انه يحرم بيعها بأزيد مما سعرت به)[3].

---

(1) ابن تيمية، " الحسبة في الإسلام "، ص13.

(2) البشري الشوربجي، ص87.

(3) المصدر نفسه ص19 نقلا عن " حسنين مخلوق مفتي الديار المصرية "، فتاوي شرعية وبحـوث إسـلامية، ج 2، ص15.

ومن المصلحة كذلك التزام التسعير على أصحاب الصناعات والتجار عندما تتوفر الأدلة في انهم متجهون إلى الاحتكار، وذلك من باب سد الذرائع فإذا تأكد ولي الأمر أن مزاولة التجار للأعمال المشروعة إنما اتخذت ذريعة إلى ما ليس بمشروع، وانهم تعسفوا في استعمال حقوقهم بقصد الإضرار بمنافسيهم والتحكم في الأسواق وأرزاق الناس بعد ذلك، فله أن يمنعهم سدا للذريعة[1].

يدخل ضمن باب المصلحة كذلك سعي الدولة لتحقيق أهداف المجتمع في التنمية الاقتصادية والاجتماعية وتحقيق الأمن والاستقرار في الداخل والتحصن ضد الأعداء في الخارج. فعادة ما تكون أهداف المجتمع البعيدة والإستراتيجية بمنأى عن المبادرة الفردية المحكومة عادة باعتبارات الربح والمدى القصير نسبيا لذلك يسوغ للدولة اتباع السياسات المشروعة لتحقيق هذه الأهداف.

2-2-2-2: طبيعة السياسة السعرية:

إن تدخل الدولة في تحديد الأسعار لا يكون واجبا في جميع الأحيان والحالات، ولا يكون في الحالات السابقة حصرا، والقاعدة العامة في ذلك هي انه كلما كانت مصالح الناس ومنفعتهم العامة في التسعير، تعين اتخاذه، وهذه مسالة تقديرية نسبية فيها من المرونة ما يتلائم مع ظروف كل بلد ومصالح أهله فالتسعير قد يتسع أويضيق حسب المصلحة وظروف السوق.

إن ميدان تدخل السياسة السعرية لا يكون في كل السلع والخدمات المنتجة للسوق، فقد حصره بعض الفقهاء في الأقوات لضرورتها، والقاعدة في ذلك هي أن التسعير يكون واجبا في كل ما كانت حاجة الناس إليه لا تندفع إلا

(1) البشري الشوربجي، ص78.

بالتسعير[1]. فالطعام والكساء والدواء والمواصلات .... كلها تنـزل مـن الضـرورة بمنزلـة الأقوات وكذلك يجيز جماعة من العلماء التسعير في المنتجات المحلية فقـط لا المستوردة وذلك لتشجيع الاستيراد (الجلب) لحاجة المدن إليه وافتقارها البدائل المحلية للسلع المستوردة، إلا أن الأمر قد اختلف في الوقت الحـاضر إذ تتسـابق الـدول والشـركات عـلى غزوالأسـواق والاستحواذ عليها، وإذا تركت لها الحرية في ذلك فإنها تكون منافسا غير كفوء للمنتجات المحلية في كثير مـن الدول النامية مما يؤدي إلى القضاء على المنتجات الوطنية، لذلك نـرى اغلـب الـدول في الوقـت الحاضر تتدخل في أسعار السلع المستوردة من خلال الضرائب الكمركية. أما عن طبيعـة الأسـعار المفروضة فلا تعدوعند أغلب الكتاب سوى إمضاء لسعر المثل الذي يتحدد بتفاعل قـوى العـرض والطلب وفي ظل ظروف خاليـة مـن العوامـل الاحتكاريـة والمشـوهة للحريـة الاقتصادية، هـذا المستوى من الأسعار هوما يسميه الإمام علي بـن ابي طالـب ﷺ بأنه أسـعار عـدل عنـدما قال (وليكن البيع سمحا بموازين عدل وأسعار عدل لا تجحف بالفريقين)[2] ويقول ابن تيمية (إذا لم تتم مصلحة الناس إلا بالتسعير، سعر عليهم تسعير عدل لا وكس فيه ولا شطط)[3].

إن توفر العدل في الأسعار المفروضة شرط لا بد منه لجـواز التسـعير، فقـد شرع التسـعير لرفع الظلم، فإن جانب العدل يكون هوالآخر ظلما، حيث إن التسعير سيف ذو حدين، فإن كان عدلا فانه يحقق الأهداف المتوخاة منه، وان

---

(1) المصدر نفسه، ص108.
(2) الشريف الرضي، ج 3، ص100.
(3) ابن تيمية، " الحسبة في الإسلام "، ص29.

جانب العدل سيكون له آثار سلبية منها انخفاض وتشويه هيكل الإنتاج، وسوء في تخصيص الموارد والدخل، وظهور السوق السوداء.

أما كيفية الوصول إلى السعر العادل فتكون من مهمة السلطات الحكومية المسؤولة عن وضع السياسة السعرية، فعليها أن تستعين بأصحاب الخبرة العدول من أهل السوق، وتدرس تكاليف الإنتاج والخدمات التالية له من نقل وخزن وتسويق، وكذلك تدرس الأسعار التاريخية للسلعة وأسعار السلع البديلة ومستوى القوة الشرائية وحجم الطلب وكل المتغيرات الاقتصادية وغير الاقتصادية التي يمكن أن تساعد في تحديد السعر العادل للسلعة أوالخدمة التي يراد تسعيرها.

إن للسياسة السعرية أهدافا قد تتجاوز مصلحة المستهلك المباشرة، منها تشجيع الإنتاج المحلي من خلال الحماية الكمركية، وكذلك إنتاج السلع المهمة مثل السلع اللازمة لتحقيق جوانب الأمن القومي كإنتاج المواد الغذائية والسلع العسكرية والأدوية ... وكذلك تستخدم السياسة السعرية لتوجيه الإنتاج وترشيد الاستهلاك ولإعادة توزيع الدخل بشكل أكثر عدالة. وتعد السياسة السعرية جزءا مهما من السياسة الاقتصادية للدولة وتساهم بشكل مباشر في تسهيل الوصول إلى أهداف المجتمع القريبة والبعيدة.

الفصل الخامس
الاستهلاك في الاقتصاد الإسلامي

الفصل الخامس
الاستهلاك في الاقتصاد الإسلامي

قال اللـه تعالى عن الاستهلاك:

﴿يَٰبَنِيٓ ءَادَمَ خُذُواْ زِينَتَكُمۡ عِندَ كُلِّ مَسۡجِدٖ وَكُلُواْ وَٱشۡرَبُواْ وَلَا تُسۡرِفُوٓاْۚ إِنَّهُۥ لَا يُحِبُّ ٱلۡمُسۡرِفِينَ﴾(الأعراف:31).

تعد عملية الاستهلاك المرحلة الأخيرة من مراحل العمليـة الاقتصـادية وسـوف نناقش في هذا الفصل خمسة مباحث هي:

المبحث الأول يتناول الحاجات وأنواعها والمبحث الثاني يتناول ضوابط الاسـتهلاك الكميـة والنوعية في الإسلام أما المبحث الثالث فيتناول سلوك المستهلك المسلم أما المبحث الرابع فيناقش علاقة الاستهلاك بعملية التنمية وأخيرا المبحث الخامس يناقش دور الدولة في عملية الاستهلاك.

المبحث الأول
الحاجات وأنواعها

1-1: عناصر وخصائص الحاجة:

للحاجة أيًا كان موضوعها ثلاثة عناصر هي[1]:

أ. إحساس بالألم كالجوع والعطش.

ب. معرفة الوسيلة لإطفاء هذا الألم.

ج. الرغبة في استخدام هذه الوسيلة لإزالة هذا الإحساس.

ومن خصائص الحاجة الاقتصادية ما يأتي:

أ: قابليتها للتعدد:

تتعدد حاجات الإنسان مع تقدمه الحضاري، حيث يزداد اكتشاف وصناعة السلع والخدمات الجديدة مع التقدم العلمي والتكنولوجي.

ب: قابليتها للإشباع:

كل حاجة تكون قابلة للإشباع في فترة زمنية معينة، كالحاجة إلى الطعام والشراب ... أما الحاجة إلى النقود فلا تشبع وذلك لأن النقود لا تشبع حاجة بشرية بحد ذاتها وإنما هي وسيلة للحصول على السلع والخدمات التي تشبع الحاجات البشرية، وبما أن السلع والخدمات نادرة نسبيا لذا فإن إشباع الحاجات البشرية وكما يريد كل الأفراد أمرا غير ممكن ولذلك لا يمكن إشباع الحاجة إلى النقود.

(1) كريم مهدي الحسناوي، " مبادئ علم الاقتصاد "، بغداد، 1990، ص44.

ج: تعدد وسائل إشباع الحاجة الواحدة:

إن لكل حاجة وسائل متعددة لإشباعها، أي هناك عدة سـلع تشـبع نفس الحاجـة بهـذا القدر أوذاك من الكفاءة وهـذا يعنـي أن هنـاك إمكانيـة لإحـلال السـلع بعضـها محـل البـعض وبدرجات مختلفة من الكفاءة.

والحاجة تقوم سواء امتلك الإنسان وسائل إشباعها أم لم يمتلك، ولكـن يجب أن يكون الإنسان عارفا بالغاية التي يسعى إليها وبالوسائل التي توصله إلى تلك الغاية.

1-2: مفهوم الحاجة:

1-2-1: مفهوم الحاجة في الاقتصاد الوضعي:

الحاجة في الاقتصاد الوضعي هي رغبة الإنسان في الحصول على شيء ما، بغض النظر عن كون حصوله على هذا الشيء يتفق أولا يتفق مع الدين أوالأخلاق أوالصحة أوالقانون.

نلاحظ أن مفهوم الحاجة في الاقتصاد الوضعي مفهـوم ذاتي، ينبـع مـن شـهوات الإنسـان وميوله الخاصة التي تشـكلها تربيتـه الماديـة البحتـة. إن تخصيص المـوارد في الاقتصـاد والسـلع المنتجة يتم على أساس تلبية حاجات الأفراد   وحاجات الأفراد هـذه تلبى فقط عندما تتحول إلى طلب فعال مشفوع بقدرة شرائية وإن المستهلك له السيادة فيما يرغب ويطلب ويسخر الجهـاز الإنتاجي لخدمته وتلعب آلية السوق أوجهاز الأسعار دورا أساسيا في الموازنـة بـين عـرض السـلع والطلب عليها وفي تخصيص الموارد، إن هذا الفهم للحاجات يقود إلى:

أ. التناقض بين رغبات الفرد الظاهرية ومصلحته الحقيقية.

ب. التنافض بين مصلحة الفرد ومصلحة الجماعة.

ج. سوء في تخصيص الموارد الاقتصادية وتشوه في هيكل الإنتاج.

د. توسيع دائرة الحاجات لعدم وجود قيود موضوعية عليها.

ومن الجدير بالذكر أن مفهوم الحاجة لا يختلف كثيرا في المذهب الرأسمالي عن الاشتراكي إلا من حيث إن الدولة في الأخير هي تقوم بتوفير وسائل توفير الحاجات لأنها هي المالكة لوسائل الإنتاج فهي تستطيع أن تؤثر في هيكل الإنتاج وفي تخصيص الموارد وبالتالي في أي الحاجات سوف تشبع.

2-2-1: مفهوم الحاجة في الاقتصاد الإسلامي:

الحاجة هي الرغبة في الحصول على شيء يؤدي نفعا ماديا أومعنويا فرديا أوجماعيا يحتاج إليه الإنسان في تعزيز وجوده وتنمية قدراته وفي مساعدته على إدارة مهام العبودية، إن الحاجة في الاقتصاد الإسلامي تتميز بما يأتي:

أ. إنها لا تتعارض مع مقاصد الشرع الإسلامي.

ب. لا يكون هناك تناقض بين حاجات الفرد وحاجة الجماعة عند إشباعها.

ج. أن تؤدي إلى نفع محقق وأن لا يكون ضررها أكبر من نفعها.

د. أن حاجات المستهلك لا تخضع لهواه ورغباته المجردة بل يجب أن تحقق مصلحته الحقيقية التي قد لا يدركها بنفسه بل يبينها له الشرع.

هـ. إن المجتمع يكفل لكل فرد إشباع قدر معين من الحاجات بغض النظر عن قدرته الشرائية.

1-3: أنواع الحاجات:

هناك عدة تصانيف للحاجات كل تصنيف يقوم على أساس يختلف عن الآخر، وفيما يأتي أنواع الحاجات حسب تصانيفها المختلفة:

1-3-1: أنواع الحاجات من الناحية التاريخية

أ. حاجات بيولوجية: وهي الحاجات التي تولد مع الإنسان وتسمى الحاجات الأولية اللازمة لحفظ وجوده كالغذاء والكساء والسكن.

ب. حاجات حضارية: وهي التي تنشأ مع تطور الإنسان وتطور الوسط الذي يعيش فيه كالحاجة إلى التعليم والحاجة إلى الأدوات المختلفة ووسائل المواصلات والترفيه.

1-3-2: أنواع الحاجات من حيث طبيعتها:

أ. حاجات مادية: مثل الحاجة إلى المسكن والملبس والغذاء.

ب. حاجات غير مادية: مثل الحاجة إلى التعليم والثقافة والترفيه.

1-3-3: أنواع الحاجات من حيث أصحابها:

أ. الحاجات الفردية: وهي الحاجات التي يحس بها الفرد، وعملية إشباعها يعود عليه وحده بالنفع كالطعام والكساء والقراءة.

ب. الحاجات الجماعية: وهي الحاجات التي تحس بها الجماعة وعملية إشباعها تعود على الجماعة ولا يستطيع الفرد إلا أن يتمتع بهذا الإشباع مثل حاجة الجماعة إلى الأمن والعدالة والبيئة الخالية من التلوث والدفاع ضد الاعتداءات الخارجية على الوطن.

4-3-1: أنواع الحاجات من حيث مشروعيتها:

أ. **الحاجات المشروعة**: وهي الحاجات التي وافق الشرع على إشباعها عن طريق استهلاك الطيبات من السلع والخدمات وإشباع هذه الحاجات فيها مصلحة حقيقية للفرد والمجتمع وبعيدة عن الهوى ونزوات اللذة المجردة.

ب. **الحاجات غير المشروعة**: وهي الحاجات التي يحرمها الشرع والقوانين وإشباع هذه الحاجات بعد ذنب وجريمة يستحق مرتكبها العقاب في الدنيا والآخرة، إن اعتبار هذه الحاجات غير مشروعة فيه مصلحة للفرد والمجتمع، وفيه تهذيب وتوجيه لغرائز الفرد من طبيعتها الفجة إلى الصورة التي تليق بالإنسان الذي كرمه الله على سائر مخلوقاته، ومن الحاجات غير المشروعة حاجة المنحرفين إلى الخمر والمخدرات والاستيلاء على أموال الآخرين.

5-3-1: أنواع الحاجات من حيث أهميتها:

أ- أ. الحاجات الضرورية:

عرفها الأمام الشاطبي بأنها (لابد منها في قيام مصالح الدين والدنيا بحيث إذا فقدت لم تجر مصالح الدنيا على استقامة بل على فساد وتهارج وفوت حياة وفي الأخرى فوت النجاة والنعيم والرجوع بالخسران المبين ... ومجموع الضروريات خمسة هي: حفظ الدين والنفس والنسل والعقل والمال)[1].

نلاحظ أن هذه الحاجات تتجاوز المستوى البدني بل تشمل الدين الذي يمثل حاجات فردية. لقد أكد الإسلام على إشباع هذه الحاجات الضرورية في

(1) الشاطبي، ـ 2، ص8-10.

كل حال ولا يحل للمسلم أن يمتنع عن إشباعها، حيث إن من امتنع عن الآكل والشرب والاكتنان حتى مات وجب عليه دخول النار لأنه قتل نفسه قصدا[1]. وبالمقابل يثاب المسلم في آكله ما كان الآكل فرضا عليه[2]. وفي ذلك يقول أبوذر الغفاري (إن افضل الأعمال بعد الأيمان والصلاة وأكل الخبز معللا ذلك بأنه لولا الخبز ما عُبد الله إذ به يقيم المسلم صلبه فيتمكن من أداء فرائضه وعبادة ربه[3].

إن إشباع هذه الحاجات يعد حقا للفرد وعليه أن يؤمنه بنفسه، فإن لم يستطع فعلى المجتمع أن يؤمنه له، ولأهمية إشباع هذه الحاجات فقد أضافها الباري إلى ذاته العلية كما ورد في الحديث القدسي (أن الله عز وجل يقول يوم القيامة ... يا ابن آدم استطعمتك فلم تطعمني، قال يا رب كيف أطعمك وأنت رب العالمين ؛ قال: أما علمت انه استطعمك عبدي فلان فلم تطعمه، أما علمت انك لوأطعمته لوجدت ذلك عندي)[4].

ولأهمية هذه الحاجات كذلك أباح الشارع إشباعها بالوسائل غير المشروعة عندما لا تتاح الوسائل المشروعة حيث القاعدة في ذلك أن (الضرورات تبيح المحظورات)[5]. والمستمدة من قوله تعالى ﴿إِنَّمَا حَرَّمَ

(1) الشيباني، ص45.

(2) الشيباني، ص62.

(3) المصدر نفسه، ص35.

(4) مسلم، م 4، ص1990 رقم 2569.

(5) احمد بن محمد الزقا، "شرح القواعد الفقهية"، (ط1، دمشق، دار القلم 1409-1989) ص185.

عَلَيْكُمُ ٱلْمَيْتَةَ وَٱلدَّمَ وَلَحْمَ ٱلْخِنزِيرِ وَمَآ أُهِلَّ لِغَيْرِ ٱللَّهِ بِهِۦ فَمَنِ ٱضْطُرَّ غَيْرَ بَاغٍ وَلَا عَادٍ فَإِنَّ ٱللَّهَ غَفُورٌ رَّحِيمٌ ﴾ (النحل:115). ويروى أن عمر بن الخطاب رضي الله عنه قال: (لا قطع في عام سنة)[1] أي إذا وقعت أزمة (مجاعة) بالناس وسرق إنسان معدم لا يقام عليه الحد - قطع اليد - لأن له الحق في اخذ حاجته[2]، وكذلك في مثل هذه الظروف يبيح أبوذر الغفاري رضي الله عنه استعمال القوة للحصول على القوت إن تعذرت السبل الأخرى إذ يقول (عجبت لمن لا يجد القوت في بيته كيف لا يخرج على الناس شاهرا سيفه)[3]، إن إشباع الحاجات الضرورية العامل المشترك الأصغر الذي يجب أن يحصل عليه كل فرد في المجتمع، وكما قال عمر بن الخطاب رضي الله عنه (إني حريص على أن لا ادع حاجة إلا سددتها بما اتسع بعضنا لبعض، فإذا عجزنا تأسينا في عيشنا حتى نستوي في الكفاف[4]، ويحصل هذا بغض النظر عما يملك الفرد من قدرة شرائية.

ب- ب. الحاجيات:

هي ما يحتاج إليه غير إن هذه الحاجة لا تصل إلى حد الضرورة بمعنى أنها مفتقر إليها من حيث التوسعة رفع الضيق فإذا لم تراع أصيبت حياة الناس بالحرج والمشقة، وإن لم يبلغ مبلغ الفساد المترتب على فقد الضروريات[5].

(1) ابن قدامة، " المغني والشرح الكبير "، ج10 ص285.
(2) السيد سابق، " فقه السنة "، ج2، ص492.
(3) محمد شوقي الفنجري، " الاسلام وعدالة التوزيع "، ص31.
(4) المصدر نفسه.
(5) احمد عواد محمد الكبيسي، " الحاجات الاقتصادية في المذهب الاقتصادي الإسلامي" (ط1، بغداد، ص3156).

إن الإنسان يحتاج إلى إشباع هذه الحاجات الشبه الضرورية ولا يمكن أن تستقيم الحيـاة الكريمة طويلا بإشباع الحاجات الضرورية. فقط ويوصف الأمام الغزالي هـذه الحالـة بقولـه (إذا اقتصر الناس على سد الرمق، وزجوا أوقاتهم على الضعف فشـا فيهم الموتـان، وبطلـت الأعمال والصنائع وخربت الدنيا بالكلية وفي خراب الدنيا خراب الدين لأنها مزرعة الآخرة)[1].

ويصف الشاطبي طبيعة هذه الحاجات وعدم إشباعها بأنها تلك الحاجات التـي (يفتقـر إليها الإنسان من حيث التوسعة ورفع الحرج والمشقة اللاحقة بفوت المطلوب، فإذا لم تراع دخل على المكلفين الحرج والمشقة ولكنه لا يبلغ مبلغ الفساد المتوقع في المصالح العامة)[2].

من أمثلة هذه الحاجات الحاجة إلى وسائط النقل وتعلم الصنائع وامتلاك وسائل الإنتاج اللازمة للصناعات المختلفة وامتلاك كتب العلم لمن هومن أهله، إن إشباع هـذه الحاجـات يـتم بواسطة المستهلك نفسه فإن لم يستطع فعلى المجتمع والدولة توفير هذا الإشباع.

ج- ج. الكماليات:

هي كل ما لا يرجع إلى ضرورة ولا إلى حاجة ولكن يقع موقع التحسين والتزيين[3]. وعدم إشباع الحاجات الكمالية لا يؤدي إلى تفويت الحياة ولا إلى وقوع الحرج والضيق فيها، بل يـؤدي إلى تفويت ما يكون به التكميل والتحسين

---

(1) أبو حامد الغزالي، " إحياء علوم الدين "، ج2، ص108.

(2) الشاطبي، ج2، ص11.

(3) أبو حامد الغزالي، " المستصفى "، ج1، ص140.

إن إشباع الحاجات الكمالية يقع ضمن دائرة الإباحة وقد حث الإسلام عليه، قال تعالى: ﴿ قُلْ مَنْ حَرَّمَ زِينَةَ اللَّهِ الَّتِي أَخْرَجَ لِعِبَادِهِ وَالطَّيِّبَاتِ مِنَ الرِّزْقِ قُلْ هِيَ لِلَّذِينَ آمَنُوا فِي الْحَيَاةِ الدُّنْيَا خَالِصَةً يَوْمَ الْقِيَامَةِ كَذَلِكَ نُفَصِّلُ الْآيَاتِ لِقَوْمٍ يَعْلَمُونَ ﴾ (الأعراف:32)، ويقول الرسول ﷺ ((إن الله طيب يحب الطيب نظيف يحب النظافة ...))[1]، وقال: ((إن الله جميل يحب الجمال))[2]، إن واقع المسلمين وتاريخهم يؤكد أن المسلمين لم يعيشوا دائما عند حد الكفاية أودونه بل زادوا عليه عند القدرة على ذلك، وقد اجمع العلماء على إباحة التتمات والتكملات من لبس الناعمات وأكل الطيبات وشرب اللذيذات وسكنى القصور العاليات والغرف المرتفعات[3].

إن إشباع المستويات الثلاثة السابقة من الحاجات يكون ترتيبيا على صعيد الفرد والجماعة، فلا يصح أن نبدأ بإشباع النوع الثاني قبل إشباع النوع الأول ولا النوع الثالث قبل النوع الثاني، وفي الاقتصاد الإسلامي مجموعة من النظم تكفل الأخذ بهذا الترتيب منها رشادة وعقلانية المستهلك المسلم والتزامه بتعاليم الإسلام، ونظم التكافل الاجتماعي المتعددة وأخيرا تدخل الدولة بما تملك من صلاحيات ووسائل تمكنها من فرض هذا الترتيب في إشباع الحاجات.

(1) الترمذي، " باب الأدب "، رقم 41.
(2) مسلم ،ج1، ص93 رقم 91.
(3) عز الدين ابن عبد السلام، " قواعد الأحكام في مصالح الأنام "، (ط2، دار الجيل 1980)، ص70.

ومن الجدير بالذكر أن الحدود الفاصلة بين مستويات الاستهلاك (الإشباع) الثلاث ليست جامدة بل مرنة وتعتمد على مستوى التطور الحضاري الذي يبلغه المجتمع، فقد يعد نوعـا مـن الاستهلاك كمالي في وقت ما بينما يكون من تمام الكفاية في وقت آخر، وقد يعد اسـتهلاك سـلعة ما من تمام الكفاية في مجتمع بينما يكون ضروري في مجتمع آخر، وهكذا.

المبحث الثاني
ضوابط الاستهلاك في الاقتصاد الإسلامي

تكون ضوابط الاستهلاك على قسمين، ضوابط نوعية وضوابط كمية وكما يأتي:

2-1: ضوابط الاستهلاك النوعية:

تشتمل على ثلاثة ضوابط رئيسة هي:

2-1-1: استهلاك الطيبات والامتناع عن الخبائث:

إن المسلم مأمور باستهلاك الطيب من السلع والخدمات فقط ﴿ يَٰٓأَيُّهَا ٱلَّذِينَ ءَامَنُواْ كُلُواْ مِن طَيِّبَٰتِ مَا رَزَقۡنَٰكُمۡ وَٱشۡكُرُواْ لِلَّهِ إِن كُنتُمۡ إِيَّاهُ تَعۡبُدُونَ ﴾ **(البقرة:172)** وهي السلع والخدمات التي أباح الشرع استهلاكها والتمتع بها، وإباحة الاستهلاك هذه لا تشترط طيب السلعة بعينها فقط بل تشمل طريقة الحصول عليها ﴿ وَلَا تَأۡكُلُوٓاْ أَمۡوَٰلَكُم بَيۡنَكُم بِٱلۡبَٰطِلِ وَتُدۡلُواْ بِهَآ إِلَى ٱلۡحُكَّامِ لِتَأۡكُلُواْ فَرِيقٗا مِّنۡ أَمۡوَٰلِ ٱلنَّاسِ بِٱلۡإِثۡمِ وَأَنتُمۡ تَعۡلَمُونَ ﴾ **(البقرة:188)**. وكذلك طريقة تناولها مثل النهي عن الأكل بآنية الذهب والفضة وتحريم لبس الحرير والذهب على الرجل المسلم وبالمقابل المسلم منهي عن استهلاك الخبيث من السلع والخدمات ﴿ وَيُحِلُّ لَهُمُ ٱلطَّيِّبَٰتِ وَيُحَرِّمُ عَلَيۡهِمُ ٱلۡخَبَٰٓئِثَ وَيَضَعُ عَنۡهُمۡ إِصۡرَهُمۡ وَٱلۡأَغۡلَٰلَ ٱلَّتِي كَانَتۡ عَلَيۡهِمۡۚ فَٱلَّذِينَ ءَامَنُواْ بِهِۦ وَعَزَّرُوهُ وَنَصَرُوهُ وَٱتَّبَعُواْ ٱلنُّورَ ٱلَّذِيٓ أُنزِلَ مَعَهُۥٓ أُوْلَٰٓئِكَ هُمُ ٱلۡمُفۡلِحُونَ ﴾ **(الأعراف:157)**، والسلعة قد تكون خبيثة لذاتها كالميتة والخمر ولحم الخنزير أولغيرها كطريقة الحصول عليها مثل المال المسروق والمغتصب والقمار.

إن التفريق بين السلعة الطيبة والخبيثة ذوأهمية كبيرة في الاقتصاد الإسلامي فهويضفي على السلع والخدمات قيما أخلاقية وروحيه لها مضامين اقتصادية تتعلق بتعريف المنفعة ونشوء وتكون السعر في السوق، فالمنفعة في الاقتصاد الإسلامي تتكون من استهلاك السلع الطيبة دون غيرها، وبالتالي تكون لهذه السلع قيمة تبادلية ومن ثم يكون لها حق التداول في السوق. أما السلع الخبيثة فإنها لا تمنح مستهلكها أي منفعة إيجابية بل تمنحه منفعة سلبية، لذلك لا تكون لها قيمة تبادلية وليس لها الحق في التداول في السوق لأنها ليست بمال للمسلم، وليس على مُتلفها الضمان، وهذا يعني أن للقيمة في الاقتصاد الإسلامي بعدا أخلاقيا قيميا[1].

2-1-2: تحريم الاستهلاك التبذيري:

لقد حرم الإسلام التبذير في الأنفاق عموما ﴿وَلَا تُبَذِّرْ تَبْذِيرًا﴾ **(الإسراء: من الآية26)**، ووصف القرآن الكريم المبذرين أشنع وصف ﴿إِنَّ ٱلْمُبَذِّرِينَ كَانُوٓا۟ إِخْوَٰنَ ٱلشَّيَٰطِينِ ۖ وَكَانَ ٱلشَّيْطَٰنُ لِرَبِّهِۦ كَفُورًا﴾ **(الإسراء:27)**، والتبذير يعني صرف الشيء فيما لا ينبغي[2]، أوهوالجهل بمواقع الحقوق[3].

إن التبذير يعني إتلاف للموارد الاقتصادية وحرمان المجتمع من الفرصة البديلة المتمثلة في الاستخدام النافع لها، والإنفاق التبذيري يكون ذا عائد اقتصادي واجتماعي سلبي من وجهة النظر الإسلامية، إضافة إلى انه يمثل إنفاقا في معصية الله تعالى، ومن الجدير بالذكر أن تحريم التبذير يشمل كل إنفاق

(1) منذر محمد قحف، ص45.
(2) سعيد أبو الفتوح محمد بسيوني، ص479.
(3) الماوردي، "أدب الدين والدنيا "، ص187.

أواستخدام للموارد هكذا صفته مهما كان حجم هذا الإنفاق أوقيمة تلك الموارد، وفي ذلك يقول مجاهد ((لوانفق إنسان ماله كله في الحق لم يكن مبذرا، ولوانفق مدا في غير حق كان مبذرا[1].

إن تحريم التبذير يعد ضابطا صارما لاستخدام الموارد الاقتصادية بشكل صحيح، فلا يجوز استخدام أي جزء من هذه الموارد مهما كان صغيرا في غير استخدامه المشروع، وهذا يقود إلى الاستخدام الأمثل للموارد سواء في مجال الاستهلاك أوالاستثمار.

3-1-2: تحريم الاستهلاك الترفي:

حرم الإسلام الاستهلاك الترفي، لانه لا يشبع حاجات معتبرة شرعا[2] مقرونا ببطر النعمة والطغيان الناشئ عنه، وعادة ما يقترن الترف بأصحاب الدخول العالية الذين يتوسعون في الاستهلاك إلى الحد الذي لا يستشعرون معه عظيم نعم الخالق فيما يستهلكون ﴿ ثُمَّ لَتُسْأَلُنَّ يَوْمَئِذٍ عَنِ النَّعِيمِ ﴾ **(التكاثر:8)**. وبالتالي يحدث لهم جنوح مادي ومعنوي فيما ينفقون ويستهلكون وقريب من ذلك ما ذهب إليه أحد الباحثين عندما قال ((إن الترف هوالخرق الفاضح لغائية الاستهلاك ووظيفته في إدامة الوجود الإنساني وحفظه ... وهوخرق للعلاقة المجموعية للمجتمع إزاء الموارد إذ تستأثر بها حفنة تظلم الآخرين حقوقهم[3].

---

(1) إسماعيل بن كثير القرشي الدمشقي، "تفسير القرآن الكريم "، ج3، بيروت، دار المعرفة، 1388هـ - 1969 م)، ص36.

(2) عبد اللـه عبد العزيز عابد، مصدر سابق، ص28.

(3) عبد الجبار حمد السبهاني، " الاسعار وتخصيص الموارد في الإسلام "، ص340.

لقد حرم الإسلام الترف وذم المترفين واتهمهم بالإجرام ﴿ وَٱتَّبَعَ ٱلَّذِينَ ظَلَمُوا۟ مَآ أُتْرِفُوا۟ فِيهِ وَكَانُوا۟ مُجْرِمِينَ ﴾ (هود: 116) ووعدهم بسوء ﴿ وَأَصْحَٰبُ ٱلشِّمَالِ مَآ أَصْحَٰبُ ٱلشِّمَالِ ﴿٤١﴾ فِى سَمُومٍ وَحَمِيمٍ ﴿٤٢﴾ وَظِلٍّ مِّن يَحْمُومٍ ﴿٤٣﴾ لَّا بَارِدٍ وَلَا كَرِيمٍ ﴿٤٤﴾ إِنَّهُمْ كَانُوا۟ قَبْلَ ذَٰلِكَ مُتْرَفِينَ ﴾ (الواقعة 41-45). وقد حدد رسول الـلـه ﷺ بعض أنواع الاستهلاك الترفي حيث قال ((لا تشربوا في إناء الذهب والفضة ولا تلبسوا الديباج والحرير))[1]. وكذلك نهى عن التطاول في البنيان من غير ضرورة وكذلك نهى عن اكساء الجدران مع حاجة الناس إلى هذا الكساء فقد حدث ((أن عائشة زينت بيتها بشيء فلما رآه عليه الصلاة والسلام جذبه حتى هتكه وقال: يا عائشة إن الـلـه لم يأمرنا فيما رزقنا إن نكسوالحجارة والطين[2].

هذه صور من الاستهلاك الترفي تضرب على سبيل المثال لا الحصر والواجب أن يعمد المسلم إلى القياس لمعرفة ما هوضروري وما هوترفي[3] ويمكن أن تمتد دائرة الاستهلاك الترفي لتشمل السلع والخدمات التي لا تشبع حاجات حقيقية للإنسان. وتحديد دائرة الترف يمكن أن يترك لضمير الفرد المسلم وللسياسة الاقتصادية التي ترسم حسب الظروف الاقتصادية والاجتماعية لكل مجتمع على حدة وعلى ضوء أحكام الشريعة الإسلامية[4]. وهناك معيار عام يمكن الاحتكام إليه في تحديد الاستهلاك الترفي من عدمه وهومعنى التبذير والإسراف فكل ما ينفق في معصية الـلـه فهو تبذير محرم، وكل ما انفق فوق الحاجة

(1) مسلم، م 4، ص1637، رقم الحديث 2067.
(2) مسلم، م3، ص1666، رقم الحديث 2107.
(3) عبد الـلـه عبد الغني غانم، ص219.
(4) عبد الـلـه عبد العزيز عابد، ص29.

هوإسراف محرم، وكذلك في مبدأ القوام أوالوسطية في الإنفاق والاستهلاك ما يساعد على تحديد دائرة الترف المحرم.

إن الاستهلاك الترفي بالمعنى السابق له آثار سلبية كثيرة منها ما يأتي:

أ. إن الاستهلاك الترفي دليل على سوء توزيع الثروة، وهذا يؤدي بالمترفين إلى الإفساد في جميع نواحي الحياة المادية والروحية، وهذا الإفساد يكون نذيرا بانهيار المجتمع ﴿ وَإِذَآ أَرَدۡنَآ أَن نُّهۡلِكَ قَرۡيَةً أَمَرۡنَا مُتۡرَفِيهَا فَفَسَقُواْ فِيهَا فَحَقَّ عَلَيۡهَا ٱلۡقَوۡلُ فَدَمَّرۡنَٰهَا تَدۡمِيرٗا ﴾ **(الإسراء:16).**

ب. إن المترفين وبسبب ما يتمتعون به من امتيازات استهلاكية غير مشروعة يحاولون الحفاظ على الوضع القائم، لذلك يقاومون أية دعوة للإصلاح ﴿ وَمَآ أَرۡسَلۡنَا فِي قَرۡيَةٖ مِّن نَّذِيرٍ إِلَّا قَالَ مُتۡرَفُوهَآ إِنَّا بِمَآ أُرۡسِلۡتُم بِهِۦ كَٰفِرُونَ ﴾ **(سبأ:34).**

ج. إن الاستهلاك الترفي الذي يمارسه المترفون يكون على حساب التزاماتهم الاجتماعية فيقصرون في الإنفاق على وجوه الخير المختلفة.

د. إن الاستهلاك الترفي يؤدي إلى توسيع الفارق بين مستويات المعيشة لأبناء المجتمع الواحد مما يقلل من تماسكه ويثير الأحقاد بين المترفين والمحرومين.

هـ. إن الترف يؤدي إلى الليونة المفرطة والاسترسال في اللذة والمنافع المادية وهذا يقود المترفين إلى الرذائل والمحرمات ويثبط من همة الأفراد في الجهاد والبذل والتضحية لصالح الجماعة والمبادئ والقيم غير المادية وشواهد التاريخ تؤكد أن الأمم التي تبلغ القمة في المدنية والرقي المادي

سرعان ما يفسدها الترف ويقضي عليها. وصدق رسول الله ﷺ عندما قال ((اخشوشنوا فإن الترف يزيل النعم))[1].

و. إن الاستهلاك الترفي يؤدي إلى تشوه في هيكل الإنتاج، فهو يسخر لتلبية طلب المترفين مما يحجب جزءا من موارد المجتمع وطاقاته عن تلبية حاجات الطبقات الفقيرة، وهذا ما ذكره الأمام علي بن أبي طالب ؓ عندما قال: (ما جاع فقير إلا بما متع به غني)[2].

2-2: ضوابط الاستهلاك الكمية:

ينحصر استهلاك المستهلك المسلم كميا بين حدين لا يحل تجاوزهما بينهما حجم الاستهلاك المباح أوالقوام في الاستهلاك، وفيما يأتي تفصيل لهذه الضوابط الكمية:

1-2-2: الحد الأدنى الواجب من الاستهلاك (منع التقتير):

هناك حد كمي أدنى من الاستهلاك يكون فرضا على المسلم بلوغه، ولا يحل له بأي حال من الأحوال النزول عنه مع الاستطاعة، قال تعالى: ﴿ وَكُلُوا۟ وَٱشْرَبُوا۟ وَلَا تُسْرِفُوٓا۟ ۚ إِنَّهُۥ لَا يُحِبُّ ٱلْمُسْرِفِينَ ﴾ **(الأعراف: من الآية31)**، يقول الجصاص في تفسير هذه الآية ((ظاهره يوجب الآكل والشرب من غير إسراف وقد أريد به الإباحة في بعض الأحوال والإيجاب في بعضها الآخر، فالحال التي يجب فيها الأكل والشرب هي الحال التي يخاف أن يلحقه ضرر حيث بترك الآكل والشرب يتلف نفسه أوبعض أعضائه أويضعفه عن أداء الواجبات فواجب عليه في هذه

(1) دينا أو ضياعا فأنا مولاه، رقم الحديث، 1619.س

(2) الشريف الرضي مصدر سابق، ج4، ص78.

الحال أن يأكل ما يـزول معـه خـوف الضرر[1]. والحـد الأدنى مـن الاسـتهلاك هـو الحـد الواجب تناوله، لأنه وسيلة لقيام المرء بواجباته الدينية والدنيوية، والوسيلة تأخذ حكـم الغايـة، فما لا يتم الواجب إلا به فهوواجب والنزول عن هذا المستوى يكـون أمـا قتـل للـنفس ﴿ وَلَا تَقْتُلُواْ ٱلنَّفْسَ ٱلَّتِي حَرَّمَ ٱللَّهُ إِلَّا بِٱلْحَقِّۚ ذَٰلِكُمْ وَصَّىٰكُم بِهِۦ لَعَلَّكُمْ تَعْقِلُونَ ﴾ (الأنعـــام: **151**)، أوإضعاف لها عن القيام بواجباتها ﴿ وَلَا تُلْقُواْ بِأَيْدِيكُمْ إِلَى ٱلتَّهْلُكَةِۛ ﴾ (البقرة: **195**) وكلا الأمرين ظلم وعدوان على حدود اللـه.

إن الاستهلاك دون الحد الأدنى الواجب يدعى في المصطلح القرآني بالتقتير وهوالمنهي عنه ﴿ وَٱلَّذِينَ إِذَآ أَنفَقُواْ لَمْ يُسْرِفُواْ وَلَمْ يَقْتُرُواْ وَكَانَ بَيْنَ ذَٰلِكَ قَوَامًا ﴾ **(الفرقان:67)**.

ومن الجـدير بالـذكر أن الحـدود الكميـة لحالـة التقتـير لا تحـدد فسـيولوجيا فقـط بـل يحددها العرف وما يبلغه المجتمع من تطور مادي واجتماعي، إضافة إلى حالة الفرد المادية مـن حيث اليسار والإعسـار ﴿ لِيُنفِقْ ذُو سَعَةٍ مِّن سَعَتِهِۦۖ وَمَن قُدِرَ عَلَيْهِ رِزْقُهُۥ فَلْيُنفِقْ مِمَّآ ءَاتَىٰهُ ٱللَّهُۚ لَا يُكَلِّفُ ٱللَّهُ نَفْسًا إِلَّا مَآ ءَاتَىٰهَاۚ سَيَجْعَلُ ٱللَّهُ بَعْدَ عُسْرٍ يُسْرًا ﴾ (الطـلاق:7)، ((وقـد رأى رسول اللـه ﷺ رجلا عليه شملة أوشملتان فقال له: (هل لك مـن مـال)؟ قـال: نعـم قـد آتـاني اللـه من كل ماله من خيله وإبلـه وغنمـه ورقيقـه، فقـال: ﷺ (إذا آتـاك اللـه مـالا فلـير أثـر نعمته) فراح الرجل في حله))[2].

(1) أبو بكر احمد بن علي الرازي الجصاص، أحكام القرآن، ج3 (بيروت، دار الكتاب العربي) ص40-41.
(2) احمد بن حنبل، م 4، ص137.

2-2-2: الحد الأعلى للاستهلاك (منع الإسراف):

الحد الأعلى للاستهلاك في الاقتصاد الإسلامي يكون عند المستوى الـذي مـا قبـل الإسراف، والسرف في اللغة ضد القصد والإغفال والخطأ[1].

وفي الاصطلاح الشرعي يعني صرف الشيء، فيما ينبغي زائدا على ما ينبغي[2]. أوهوالجهل بمقادير الحقوق[3]. وقد نهى الإسلام عن الإسراف في كل شيء إذ قال اللـه تعالى: ﴿وَمِنَ ٱلْإِبِلِ ٱثْنَيْنِ وَمِنَ ٱلْبَقَرِ ٱثْنَيْنِ قُلْ ءَآلذَّكَرَيْنِ حَرَّمَ أَمِ ٱلْأُنثَيَيْنِ أَمَّا ٱشْتَمَلَتْ عَلَيْهِ أَرْحَامُ ٱلْأُنثَيَيْنِ أَمْ كُنتُمْ شُهَدَآءَ إِذْ وَصَّىٰكُمُ ٱللَّهُ بِهَـٰذَا فَمَنْ أَظْلَمُ مِمَّنِ ٱفْتَرَىٰ عَلَى ٱللَّهِ كَذِبًا لِّيُضِلَّ ٱلنَّاسَ بِغَيْرِ عِلْمٍ إِنَّ ٱللَّهَ لَا يَهْدِى ٱلْقَوْمَ ٱلظَّـٰلِمِينَ﴾ (الأنعام: 141).

إن الإسراف بالمعنى الاقتصادي يعني تبديدا للمـوارد الاقتصـادية وتخصيصـها بمجالات غير ذات كفاءة اقتصادية فنية، ويعـد ذلـك إتلافا لطاقة إنتاجيـة وتضـييعا لفرصـة بديلـة مـن المنافع. إن كل إسراف مهما كان بسيطا يكون لـه اثر سلبي على مخزون المـوارد الاقتصـادية وعلى طبيعة سلوك المستهلك نفسه. ((فقد مـر رسول اللـه ﷺ بسعد وهويتوضأ فقـال: مـا هـذا السرف؟ فقال سعد: أفي الوضوء إسراف؟ قال: نعم وان كنت على نهر جار))[4]، وليس بعد هـذا التوجيه مزيد لمـن أراد ترشـيد اسـتخدام المـوارد الاقتصـادية واستخدامها بشـكل امثل يشبع الحاجات الحقيقية للفرد والمجتمع.

---

(1) محمد بن يعقوب الفيروز ابادي، " القاموس المحيط"، ج3 (بيروت، دار الفكر 1978)، ص151.

(2) سعيد ابو الفتوح محمد بسيوني، ص475.

(3) الماوردي، " ادب الدنيا والدين "، ص187.

(4) ابن ماجه، ج1، ص82.

3-2-2: الاستهلاك المباح (القوام):

حجم الاستهلاك المباح هوالذي يبدأ من نهاية حجم الاستهلاك الواجب وينتهي عند بداية حجم الاستهلاك المحرم. وهويمثل مرحلة القوام أوالوسط في الاستهلاك والتي عندها يحافظ على الإنسان من الهلاك ويضمن له عيشا بمستوى يليق بتكريمه ويحافظ على المال من الضياع فيما لا فائدة منه.

لقد أمر الإسلام بإبقاء الاستهلاك ضمن دائرة القوام دائما ﴿ وَٱلَّذِينَ إِذَآ أَنفَقُواْ لَمۡ يُسۡرِفُواْ وَلَمۡ يَقۡتُرُواْ وَكَانَ بَيۡنَ ذَٰلِكَ قَوَامٗا ﴾ (الفرقان:67)، ومن أحسن ما قيل في تفسير هذه الآية (أن من انفق في غير طاعة الله فهوالإسراف ومن امسك عن طاعة الله فهوالإقتار ومن انفق في طاعة الله تعالى فهوالقوام)[1]، والمسلم في إنفاقه مأمور بالتوسط بين الإسراف والتقتير لأن الإسراف مفسده للنفس والمال والمجتمع والتقتير مثله[2]. ويدعى القوام بأنه حسنه بين سيئتين والقوام في الاستهلاك ليس مقدارا ثابتا من السلع والخدمات وإنما هودال على مستوى التطور الاقتصادي والاجتماعي للمجتمع، والضابط في ذلك قول الرسول ﷺ ((كل ما شئت والبس ما شئت ما أخطأتك اثنتان سرف أومخيلة))[3].

إن مستوى القوام من الاستهلاك يؤدي إلى الاستخدام الأمثل للموارد الاقتصادية على وفق أفضل كفاءة اقتصادية ومن ثم تحقيق أكبر إشباع ممكن للحاجات البشرية المشروعة.

(1) القرطبي، الجامع لأحكام القرآن، مجلد 7، ج13، ص49.
(2) سيد قطب، في ظلال القرآن، المجلد 6، ج 19، ط 6، ص54.
(3) العسقلاني، فتح الباري، المجلد 10، ص252.

المبحث الثالث
سلوك المستهلك المسلم

يمكن أن نتصور سلوك المستهلك للمسلم على وفق الاعتبارات الآتية:

3-1: التطابق بين رغبة المستهلك ومصلحة المجتمع الحقيقية

إن الرغبة في الاستهلاك وتوفر القدرة الشرائية لا يكفيان لتكوين منحنى طلب المستهلك على سلعة ما بل يجب أن تتطابقا مع المصلحة الحقيقية للمستهلك والمجتمع، والتي يجب أن تكون منضبطة بضوابط الرشد الاقتصادي على وفق المعايير الإسلامية. ففي الاقتصاد الوضعي هناك تطابق بين دالة المنفعة للمستهلك (اختياره) ومصلحته الحقيقية، أما في الاقتصاد الإسلامي فالأمر مختلف فقد يرغب المستهلك في سلعة مع قدرته على دفع الثمن ولكنه يمتنع أويمنع منها لتعارضها مع مصلحته الحقيقية، قال الله تعالى ﴿ كُتِبَ عَلَيْكُمُ ٱلْقِتَالُ وَهُوَ كُرْهٌ لَّكُمْ وَعَسَىٰٓ أَن تَكْرَهُوا۟ شَيْـًٔا وَهُوَ خَيْرٌ لَّكُمْ وَعَسَىٰٓ أَن تُحِبُّوا۟ شَيْـًٔا وَهُوَ شَرٌّ لَّكُمْ وَٱللَّهُ يَعْلَمُ وَأَنتُمْ لَا تَعْلَمُونَ ﴾ (البقرة:216)، ﴿ أَتَسْتَبْدِلُونَ ٱلَّذِى هُوَ أَدْنَىٰ بِٱلَّذِى هُوَ خَيْرٌ ﴾(البقرة: من الآية61).

إن الشارع الحكيم قد علم ما يمكن أن يقع من اختلاف بين دالة اختيار الفرد بحالتها الفجة وبين المصلحة الحقيقية له وللمجتمع، لذلك عمل على إزالة هذا التناقض من خلال تحويل دالة منفعة الفرد بحيث تتطابق مع المصلحة الحقيقية وذلك من خلال التربية الإسلامية وما ينشأ عنها من ذوق ومعايير شخصية إسلامية تتفق مع مجمل تعاليم ومبادئ دين الإسلام.

2-3: السعي لنيل رضا الـلـه تعالى:

تعد زيادة الاستهلاك في الوقت الحاضر أوفي المستقبل هدفا مرموقا بحد ذاته بالنسبة للمستهلك في الاقتصاد الوضعي لأن الحصول على أقصى متعة في حياته هي مبلغ همه ﴿ ذَرْهُمْ يَأْكُلُوا وَيَتَمَتَّعُوا وَيُلْهِهِمُ الْأَمَلُ فَسَوْفَ يَعْلَمُونَ ﴾ (الحجر:3). وهذا الاستهلاك خال من أي قيم روحية ﴿ وَالَّذِينَ كَفَرُوا يَتَمَتَّعُونَ وَيَأْكُلُونَ كَمَا تَأْكُلُ الْأَنْعَامُ وَالنَّارُ مَثْوًى لَهُمْ ﴾ (محمد: من الآية12). أما المستهلك المسلم فإن الاستهلاك والحصول على اللذة فليس مبلغ همه، وإنما يسعى لنيل رضا الـلـه تعالى عنه من خلال عملية الاستهلاك وغيره من الأعمال الصالحة. فالاستهلاك هنا وسيلة لغاية اشرف منه، ويمكن صياغة ذلك بالقول أن المستهلك المسلم يستهلك لكي يحيا ويعبد الـلـه كما ينبغي بينما المستهلك الوضعي يعيش لكي يحصل على المزيد من اللذة والمتعة ليس إلا. إن هذا التصور يؤثر حتى على كمية السلع والخدمات المستهلكة فالمستهلك المسلم يحصل على نفس الإشباع بكمية اقل مما يتطلبه الإشباع نفسه بالنسبة للمستهلك الوضعي. وكما يقول الرسول ﷺ ((المؤمن يأكل في معي واحد والكافر يأكل في سبعة أمعاء))[1]. ولا يرتضي المسلم لنفسه أن يكون مستهلكا فقط من غير أن يكون منتجا متطلعا لتحقيق أهداف إنسانية، إضافة إلى إشباع حاجاته الاستهلاكية. وقد استعدى الزبرقان بن بدر على الحطيئة بحضرة عمر بن الخطاب رضي الله عنه عندما هجاه بوصفه مستهلكا فقط إذ قال:

دع المكارم لا ترحل لبغيتها   واقعد فانك أنت الطاعم الكاسي

(1) ابن ماجه، ج2 ص231 رقم 3297.

يتضح مما سبق أن سلوك المستهلك (الإنسان الاقتصادي) الذي يصوره الفكر الاقتصادي الوضعي بأنه يسعى لتحقيق النجاح الاقتصادي المتمثل في تعظيم منافعه المادية فقط لا وجود له في الاقتصاد الإسلامي. فالمستهلك المسلم لا يكون تعظيم المكاسب المادية هومعيار النجاح الوحيد، بل النجاح عنده يكمن في تحقيق الفضيلة فكلما كان السلوك الاقتصادي متفقا مع أحكام الشريعة الإسلامية زاد نجاحه الاقتصادي. فالمستهلك المسلم يسعى لأن يكون سلوكه الاقتصادي متسقا مع القيم الأخلاقية الإسلامية وعندها سوف يعظم إشباعه أومنفعته.

3-3: السعي لتعظيم المنافع الدنيوية والأخروية:

إن إيمان المسلم باليوم الآخر يمد الأفق الزمني لحساباته الاقتصادية إلى ذلك اليوم. فالحياة الدنيا والآخرة جزءان متكاملان وما يحصل في الأولى يؤثر في الأخرى. ويسعى المستهلك المسلم إلى تعظيم كل من المنافع الدنيوية والأخروية معا. إن لذلك تأثيرين على سلوك المستهلك المسلم: الأول: إن عائد أي إنفاق يقوم به يتألف من جزئين هما العائد المباشر في الدنيا وغير المباشر في الآخرة. ومن ثم فإن المنفعة المتحصلة تتكون من مجموعهما. والثاني أن عدد الاستعمالات الممكنة لوحدة الدخل تزداد زيادة كبيرة بحيث تشمل كل وجوه الخير التي قد ينعدم معها العائد الدنيوي الشخصي المباشر. والمسلم يعمل جاهدا لتعظيم عائده الكلي من خلال تعظيم العائدين معا. مع العلم أن ليس بينهما علاقة عكسية دائما بل قد تكون طردية وهي السائدة في اغلب الحالات. ﴿ وَٱبۡتَغِ فِيمَآ ءَاتَىٰكَ ٱللَّهُ ٱلدَّارَ ٱلۡأٓخِرَةَۖ وَلَا تَنسَ نَصِيبَكَ مِنَ ٱلدُّنۡيَا ﴾ (القصص: من الآية77) ومن حسن دعاء المسلم ﴿ وَمِنۡهُم مَّن يَقُولُ رَبَّنَآ ءَاتِنَا

﴿فِي ٱلدُّنۡيَا حَسَنَةٗ وَفِي ٱلۡأٓخِرَةِ حَسَنَةٗ وَقِنَا عَذَابَ ٱلنَّارِ﴾ (البقرة:201).

4-3: سلم تفضيل المستهلك المسلم:

إن المستهلك المسلم يسعى لتعظيم منفعته الكلية الدنيوية والأخروية على حد سواء. وقريب من ذلك قول الرسول ﷺ ((لن يشبع مؤمن من خير يسمعه حتى يكون منتهاه الجنة))[1]، وبمعنى آخر أن المستهلك المسلم يكون سلوكه رشيدا ومعظما لمنفعته عندما يحقق أكبر قدر من الرضا والمنفعة المباحة في دنياه وآخرته. ويشمل ذلك بالطبع منافع الآخرين لأنها منفعة مدخرة تضاف إلى حسابه الأخروي من الحسنات. ﴿وَيُؤۡثِرُونَ عَلَىٰٓ أَنفُسِهِمۡ وَلَوۡ كَانَ بِهِمۡ خَصَاصَةٞ﴾ (الحشر: من الآية9) ﴿وَيُطۡعِمُونَ ٱلطَّعَامَ عَلَىٰ حُبِّهِۦ مِسۡكِينٗا وَيَتِيمٗا وَأَسِيرًا ٨ إِنَّمَا نُطۡعِمُكُمۡ لِوَجۡهِ ٱللَّهِ لَا نُرِيدُ مِنكُمۡ جَزَآءٗ وَلَا شُكُورًا﴾ (الإنسان:8-9).

وإن إشباع حاجات الجسم والروح للمسلم تعظم من منفعته الكلية. ويرسم لنا حديث الرسول ﷺ ((ابدأ بنفسك فتصدق عليها. فإن فضل شيء فلا هلك، فإن فضل عن اهلك شيء فلذي قرابتك. فإن فضل عن ذي قرابتك شيء فهكذا وهكذا))[2]، من طبيعة أهداف سلوك المستهلك المسلم السابقة، يمكن التوصل إلى قاعدة يهتدي بها في وضع خارطة سواء أوسلم المفاضلة للمستهلك المسلم.

(1) الترمذي، ج4، ص155 رقم 2827.
(2) مسلم، ج2، رقم 997.

المبحث الرابع
علاقة الاستهلاك بعملية التنمية

إن لعملية الاستهلاك الإسلامي دورا إيجابيا بعملية التنمية وذلك من خلال الآلية الآتية:

4-1: دور الاستهلاك في تمويل عملية التنمية:

إن ضوابط عملية الاستهلاك الإسلامية تساهم في تمويل عملية التنمية من خلال:

4-1-1: ترشيد ما هومخصص للاستهلاك من الدخل:

وهذا يعني تحقيق إشباع معين بأقل عدد من وحدات الدخل أوإشباع حاجات أكبر لنفس وحدات الدخل المتاح. وهذا يعبر عن بعض معاني الشكر لله تعالى على نعمه على المسلم، وقد حث الرسول ﷺ على ذلك عندما قال: ((التدبير نصف المعيشة))[1]، ويروى عن عمر بن الخطاب رضي الله عنه قوله: ((الخرق في المعيشة أخوف عندي عليكم من العوز، لا يقل شيء مع الإصلاح ولا يبقى شيء مع الفساد))[2]. وقد ورد في الأثر أن حسن التقدير في المعيشة افضل من نصف الكسب، بتعبير آخر أن حسن إنفاق الدخل يمثل زيادة في منفعته بمقدار افضل من نصفه أوبمعنى آخر أن حسن استخدام رؤوس الأموال المتاحة يعطي عائدا يفوق ما تعطيه زيادة راس المال بنسبة النصف على الأقل على فرض ثبات العوامل الأخرى.

(1) السيوطي، ج1، ص166.
(2) شوقي احمد دنيا، ص210.

2-1-4: ترشيد توزيع الدخل بين الاستهلاك والادخار:

إن ضوابط الاستهلاك مثل منع التقتير والتبذير والإسراف والترف تؤدي بشكل مباشر إلى الحفاظ على الدخل. وهي دعوة لادخار ما يزيد عن استهلاك القوام. ومن الهدي النبوي قوله ﷺ ((رحم الله امرأ اكتسب طيبا وانفق قصدا وقدم فضلا ليوم فقره وحاجته))[1]، وقال أيضا ((لا عليك أن تمسك بعض مالك فإن لهذا الأمر عدة))[2]، ويقول أيضا ((امسك عليك بعض مالك فهوخير لك))[3]. وكان الرسول ﷺ يدخر لأهله قوت سنة وقال ((نعم العون على الدنيا قوت بسنة))[4]. وكان عمر بن الخطاب رضي الله عنه يحث رعيته على ادخار ما يزيد من الدخل عن استهلاك القوام ويحث على استثماره. فقد قال لأحدهم عندما شكا له بأن هناك فائضا في دخول البعض وقد يستخدم فيما لا ينبغي ((قد علمت أن فيه فضلا ولا ينبغي أن احبسه عنهم فلوانه إذا خرج عطاء أحد هؤلاء ابتاع منه غنما فجعلها بسوادهم، فإذا خرج عطاؤه الثانية ابتاع الرأس والرأسين فجعله فيها))[5].

لم يقف الإسلام بالدعوة إلى الادخار فقط بل وضع الآليات الكفيلة بزج

(1) حسن عبد القادر، ص66.
(2) محمد عبد الله العربي، ص376.
(3) المصدر نفسه، ص376.
(4) محمد عبد الله العربي، ص376.
(5) قطب إبراهيم محمد، ص192.

هذه المدخرات إلى الاستثمار وإعادتها إلى الدورة الاقتصادية مثل فرض الزكاة وتحريم الاكتناز ... وفي ذلك ضمان لعدم حصول تسرب من دورة الدخل الذي يؤدي إلى تخلف الطلب عن العرض ومن ثم حصول الكساد.

4-2: علاقة الاستهلاك بالإنتاج:

للاستهلاك دور في تنشيط قطاع الإنتاج وذلك من عدة وجوه منها:

4-2-1: الاستهلاك جزء أساس من الطلب الفعال:

إن مستوى الاستخدام أوحجم الإنتاج في الاقتصاد يعتمد على الطلب الفعال بشقيه الاستهلاكي والاستثماري. إن حجم معين من الاستهلاك (الكفاية) يعد ضروريا ليس للمستهلكين فقط بل للمنتجين كذلك. فهومنفذ لتصريف السلع الاستهلاكية، وارتفاع حجم الطلب الاستهلاكي والاستثماري يؤدي إلى تقليل التسرب الحاصل في دورة الدخل (الفجوة بين العرض والطلب الفعال). حيث انه كلما زاد التسرب زاد تعرض الاقتصاد القومي للكساد. وهذا ما جاءت به النظرية الكنزية الحديثة. حيث نصحت لمعالجة الكساد برفع الطلب الفعال بشقيه الاستهلاكي والاستثماري خاصة عندما تكون هناك موارد اقتصادية عاطلة. وقد سبق الإمام الغزالي الاقتصادي كنز في ذلك عندما يبين الأثر السلبي لانخفاض الطلب الاستهلاكي على الاقتصاد وكل جوانب الحياة المادية والروحية حيث قال ((إذا اقتصر الناس على سد الرمق وزجوا أوقاتهم في الضعف فشا فيهم الموتان وبطلت الأعمال والصنائع وخربت الدنيا بالكلية وفي

خراب الدنيا خراب الدين لأنها مزرعة الآخرة)[1].

إن تنشيط صناعة السلع الاستهلاكية يؤدي إلى تنشيط قطاع آخر هوقطاع إنتاج السلع الرأسمالية التي تنتج السلع الإنتاجية المنتجة للسلع الاستهلاكية وهذا الأثر يسمى المعجل. كما أن السماح بنموالطلب الاستهلاكي وتنوعه ضمن الحدود المسموح بها يذكى روح المنافسة في البحث العلمي والتكنولوجي لإنتاج سلع تشبع حاجات أكبر.

2-2-4: دور الاستهلاك في هيكل الإنتاج:

إن قطاع الاستهلاك في الاقتصاد الإسلامي يعد رقيبا غير مباشر على تخصيص الموارد وبالتالي على نوع السلع المنتجة وذلك من خلال التزام المستهلكين بضوابط الاستهلاك الإسلامية.

إن تجانس مستويات الاستهلاك الإسلامية الذي يعبر عن تجانس الحاجات المطلوب إشباعها، يساعد على سهولة التعرف عليها. وإشباعها كما يؤدي إلى كفاءة في تخصيص الموارد والاستفادة من وفورات الحجم الكبير لأن فروع الإنتاج ستكون ذات حجم كبير وعدد اقل. وهذا أفضل من كونها كثيرة العدد صغيرة الحجم تشبع حاجات غير متجانسة إلى حد كبير.

كما أن الالتزام بترتيب إشباع الحاجات يؤدي إلى زيادة إنتاج سلع الكفاية وعدم تلبية الطلب الترفي. وهذا يؤدي إلى تحرير جزء من الموارد

(1) الغزالي، " إحياء علوم الدين "، ج2 ص118.

واستخدامها لإشباع حاجات معتبرة مما يزيد من رفاهية المجتمع.

3-2-4: تأثير الاستهلاك في العمل:

إن لاستهلاك القوام دورا في بناء قوة العمل من حيث النوعية إذ من خلاله تشبع حاجات العامل المادية والمعنوية مما يزيد من رفاهيته وإنتاجيته. والعيش الرغيد الذي أثنى عليه القرآن الكريم هو وفرة في الإنتاج وسهولة الحصول عليه مرتبطا بالأمن والطمأنينة ﴿ وَضَرَبَ ٱللَّهُ مَثَلًا قَرْيَةً كَانَتْ ءَامِنَةً مُّطْمَئِنَّةً يَأْتِيهَا رِزْقُهَا رَغَدًا مِّن كُلِّ مَكَانٍ ﴾ **(النحل: 112).**

المبحث الخامس
دور الدولة في الاستهلاك

يكون للدولة دور في عملية الاستهلاك من خلال ما يأتي:

5-1: الزكاة

إن الدولة في المجتمع المسلم تكون مسؤولة عن الزكاة تحصيلا وإنفاقا وتوقيتا. وعلاقة الزكاة بالاستهلاك وثيقة جدا حيث إن جزءا كبيرا من حصيلة الزكاة مخصص لإشباع حاجات ذوي الدخول المنخفضة مباشرة. وكذلك تساهم الزكاة في رفع مستوى استهلاك هؤلاء بشكل غير مباشر وذلك من خلال إنفاق سهم في سبيل الله على مشاريع استثمارية عامة يعود خيرها على جميع أفراد المجتمع[1]. وكذلك سهم الفقراء والمساكين قد يأخذ صيغ استثمارية حيث يعطي ذوي الحاجة ما يغنيهم وذلك من خلال إعطائهم رأسمال منتج يعيشون على غلته طيلة حياتهم ويخرجهم من حالة الفقر إلى الغنى. وهذا ما ذهب إليه عمر بن الخطاب ﷺ عندما قال بشان سهم الفقراء والمساكين (إذا أعطيتم فاغنوا)[2] وكذلك قوله (لأكررن عليهم الصدقة وإن راح على أحدهم مائة من الإبل)[3]، والمائة من الإبل تعادل عشرين نصابا للزكاة. وهي سلع استثمارية تزيد الاستهلاك من نتاجها. وهكذا نجد أن للزكاة دورا إيجابيا في التنمية الاقتصادية حتى من خلال ما مخصص للاستهلاك على العكس مما يرى بعضهم خطأ أنها

(1) انظر يوسف القرضاوي، " فقه الزكاة "، ج2،
(2) أبو عبيد القاسم بن سلام، ص525.
(3) يوسف القرضاوي، " دور الزكاة في علاج المشكلات الاجتماعية "، ص169.

محددة ومضيقة لعملية تراكم راس المال وبالتالي معوقة لعملية التنمية[1].

2-5: الضمان الاجتماعي:

من واجب الدولة أن توفر الضمان الاجتماعي (الكفاية في الاستهلاك) لكل مواطن. وتستخدم لذلك موارد الفروض المالية وإيرادات بيت المال الأخرى.

والكفاية تشمل المأكل والملبس والمسكن ووسيلة التنقل والتعليم والعلاج وأدوات الحرفة وقضاء الديون والزواج والنزهة والسياحة[2]. ومشمول بهذا الضمان كل رعايا الدولة من المسلمين وأهل الكتاب. فقد قال عمر بن عبد العزيز لعامله على البصرة: وانظر من قبلك من أهل الذمة قد كبرت سنة وضعفت قوته وولت عنه المكاسب. فاجر عليه من بيت مال المسلمين ما يصلحه وذلك انه بلغني أن أمير المؤمنين مر بشيخ من أهل الذمة يسال على أبواب الناس. فقال: ما أنصفناك إن كنا أخذنا منك الجزية في شبيبتك وضيعناك في كبرك، ثم أجرى عليه من بيت المال ما يصلحه[3].

3-5: تخطيط الاستهلاك:

دعا الإسلام إلى تخطيط الاستهلاك سواء على المستوى الجزئي أو الكلي وهناك إشارات من السنة النبوية الشريفة تدل على ذلك منها أن الرسول ﷺ كان

(1) فاضل عباس الحب، " في الفكر الاقتصادي الإسلامي "، ص110.
(2) يوسف إبراهيم يوسف، " النفقات العامة في الإسلام "، ص229.
(3) شوقي عبده الساهي، ص155.

يدخر لعياله قوت سنة[1]. ما تيسر له ذلك وانه قال ((كيلوا طعامكم يبارك لكم فيه))[2]، ويروى أن قوما شكوا إليه سرعة فناء طعامهم فقال لهم أتكيلون أم تهيلون؟ قالوا: بل نهيل. قال لهم: كيلوا ولا تهيلوا [3]، هذه الأحاديث تدعوإلى تخطيط الاستهلاك الذي من وسائله الكيل والحساب، أما عدم التخطيط والارتجال والهيل فعاقبته أسوأ من عاقبة شحة الموارد.

أما على المستوى الكلي ففي قصة سيدنا يوسف عليه السلام مع اقتصاد مصر الفرعونية دليل على أهمية تخطيط الاستهلاك على المستوى الكلي (القومي) ويكون ذلك من واجب الدولة حيث إن الأمن الغذائي جزء مهم من الأمن القومي وهومن الحاجات العامة التي تتولى الدولة أمر إشباعها.

5-4: الرقابة على الاستهلاك:

على الدولة في المجتمع المسلم أن تراقب عملية الاستهلاك، وتأتي هذه المراقبة في عدة أشكال ومجالات منها:

5-4-1: المراقبة النوعية على الاستهلاك:

من واجب الدولة مراقبة الأسواق وخلوها من تداول السلع المحرمة ومنع الناس من استهلاكها ووضع العقوبات الرادعة لمن يبيعها أويستهلكها.

---

(1) العسقلاني، م 4، ص345.
(2) ابن ماجة، رقم الحديث 2231.
(3) الوصابي، " البركة في السعي والحركة "، ص150.

2-4-5: الرقابة الكمية للاستهلاك:

على الدولة أن تراقب حدود الاستهلاك الكمية، فتمنع ما يحصل من حالات الإسراف في استهلاك السلع والخدمات حيث إن الإسراف انتهاك لحدود الله بنص القرآن والدولة هي القيمة على حدود الله وتطبيق شريعته.

ويرد في هذا المجال ذكر نظام الحجر وهو(صفة حكمية توجب منع موصوفها من نفوذ تصرفه الزائد على قوته أوتبرعه)[1]، ومن أهم أسباب الحجر هوالسفه حيث قال تعالى:﴿ وَلَا تُؤْتُوا۟ ٱلسُّفَهَآءَ أَمْوَٰلَكُمُ ٱلَّتِى جَعَلَ ٱللَّهُ لَكُمْ قِيَٰمًا وَٱرْزُقُوهُمْ فِيهَا وَٱكْسُوهُمْ وَقُولُوا۟ لَهُمْ قَوْلًا مَّعْرُوفًا ﴾ (النساء:5).

والسفهاء هم المبذرون لأموالهم والذين ينفقونها فيما لا ينبغي ولا يد لهم في إصلاحها وتثميرها، وقوله تعالى ﴿ وَٱرْزُقُوهُمْ فِيهَا وَٱكْسُوهُمْ ﴾ (النساء:5).

يعني اجعلوها مكانا لرزقهم أي اتجروا فيها واربحوا حتى تكون نفقتهم من الأرباح لا من صلب المال لكي لا يأكلها الإنفاق))[2].

كذلك من حق الدولة عند الضرورة وحسب مصلحة المجتمع أن تمنع أوتقنن استهلاك بعض السلع المباحة ولأوقات محددة. مثال ذلك منع عمر بن الخطاب ﷺ أكل اللحم في يومين متتاليين من كل أسبوع عندما قلت اللحوم في المدينة. وكان يراقب هذا التقنين بنفسه، حيث كان يأتي مجزرة الزبير بن العوام بالبقيع ولم يكن بالمدينة سواها، فإذا رأى مخالفا ضربه بالدرة وقال له:

---

(1) احمد بن محمد بن احمد الدردير، " بلغة السالك لاقرب المسالك "، ج2، مصر، دار المعارف، ص137.
(2) الزمخشري، " الكشاف عن حقائق غوامض التنزيل "، ج1، (بيروت، الكتاب العربي ص471).

((هلا طويت بطنك يومين))[1]. وكان هذا الفعل من عمر أمرا مباحا ويدخل ضمن سياسة الحاكم في تنظيم أمور الرعية وارتياد المصلحة لها في اجلها وعاجلها وهوتصرف يرمي إلى تنظيم الاستهلاك.

وفي الظروف غير الاعتيادية تتخذ الدولة إجراءات صارمة في شان تنظيم الاستهلاك بصفتها الراعية للامة. فقد قال الرسول ﷺ: ((والذي نفس محمد بيده إن على الأرض من مؤمن، إلا أنا أولى الناس به، فأيكم ما ترك دينا أوضياعا فأنا مولاه))[2]. واقر أسلوبا للمواساة في الاستهلاك عند الظروف غير الاعتيادية عندما قال: ((إن الاشعريين إذا ارملوا أوقل طعام عيالهم في المدينة جمعوا ما كان معهم في ثوب واحد ثم اقتسموا بالسوية فهم مني وأنا منهم))[3]. وفي عام الرمادة حيث أصابت المدينة وما حولها سنة جفاف ومجاعة قال عمر بن الخطاب ﷺ (لولم أجد للناس من المال ما يسعهم إلا أن ادخل على كل أهل بيت عدتهم فيقاسمونهم أنصاف بطونهم حتى يأتي الله بحيا فعلت، فإنهم لن يهلكوا على أنصاف بطونهم)[4]. وكان عمر يعاني ما يعانيه عامة الناس وكان يقول (كيف يعنيني شان الرعية إذا لم يمسني ما مسهم)[5]. حيث إنه ليس الخبر كالعيان.

إن رقابة الدولة للاستهلاك تأخذ عدة صيغ منها الرقابة الإدارية المباشرة ومنها اتباع السياسات المالية مثل الضرائب الكمركية أوالضرائب غير المباشرة

(1) احمد عواد الكبيسي، " الحاجات الاقتصادية، ص279.
(2) مسلم، م 3، ص1213 رقم 1619.
(3) مسلم، م 4، ص1945، رقم 2500.
(4) ابن سعد، " الطبقات الكبرى "، م 3، ص316.
(5) المصدر نفسه، ص313.

أو الإعانات ... إن رقابة الدولة للاستهلاك تساهم في إعادة صياغة بُنّية الطلب الاستهلاكي على السلع والخدمات المنتجة محليا والمستوردة. ومن ثم إعادة بناء هيكل الإنتاج وتخصيص الموارد لأفضل الاستخدامات.

إن رقابة الدولة للاستهلاك تحمي المجتمع من التحول إلى مجتمع استهلاكي تنتشر فيه حمى الاستهلاك التي يروج لها المنتجون من خلال الإعلان بوسائل الإعلام المختلفة التي تعمل جاهدة على استيلاد المزيد من الطلب على منتجاتهم ويجندون لهذه المهمة الدثر الفني - إنتاج سلع ذات عمر محدود أوغير قابل للتصليح - والدثر الذوقي - إيهام المستهلك بأن الطراز الجديد من السلعة (الموديل) افضل من سابقه. وكل ذلك يعني هدرا في الموارد على شكل تكاليف إعلان ومغادرة للسلع المتقادمة ذوقيا وهدر للطاقات الإنتاجية التي يعاد تعريفها مع كل تغير في الطلب[1].

5-5: الإنفاق الاستهلاكي العام:

للقطاع العام في الدولة إنفاقه الاستهلاكي الناشئ من متطلبات الإدارة العامة وما تقدمه الدولة من خدمات عامة. وفي الدولة الإسلامية يكون هذا الأنفاق رشيدا إلى ابعد الحدود. وذلك بسبب من التأكيد البالغ في الحرص على الأموال العامة.

إن تولي المسؤولية في الإسلام هي تكليف وليس تشريفا ويراعى في تقليدها الأمانة والقوة عليها ﴿ قَالَتْ إِحْدَىٰهُمَا يَٰٓأَبَتِ ٱسْتَـْٔجِرْهُ ۖ إِنَّ خَيْرَ مَنِ ٱسْتَـْٔجَرْتَ ٱلْقَوِىُّ ٱلْأَمِينُ ﴾ **(القصص:26)**. وتصرف ولاة الأمور في المال العام

(1) عبد الجبار السبهاني، " الاسعار وتخصص الموارد في الإسلام "، ص344.

يصفه عمر بن الخطاب ﷺ عندما قال له أحد جلسائه: انك أحق الناس بمطعم طيب وملبس لين ومركب وطئ. فأجابه عمر: ألا أخبرك بمثلي ومثل هؤلاء (الرعية) إنما مثلنا كمثل قوم سافروا فدفعوا إلى رجل منهم. فقالوا له: انفق علينا فهل له أن يستأثر عليهم بشيء[1]، وعلى المسؤول أن يراعى المال العام اشد من رعايته لماله الخاص. قال عمر وهويداوي بعير من ابل الصدقة (انه من ولي بعيرا من أمر المسلمين، يجب عليه لهم ما يجب على العبد لسيده في النصيحة وأداء الأمانة)[2]، ورآه علي بن أبي طالب ﷺ يعدو إلى ظاهر المدينة فقال له: إلى أين يا أمير المؤمنين؟ قال: قد ند بعير من ابل الصدقة فأنا اطلبه. قال علي: قد أتعبت الخلفاء من بعدك[3]. أما عمر بن عبد العزيز فيستعمل شمعة للإضاءة من مال المسلمين عندما يناقش أحد عماله عن ولايته، وإذا سأله العامل عن أحواله الخاصة يقوم ويطفئ الشمعة الأولى ويضيء غيرها، فيسأله عامله مستغربا من ذلك فيقول له: كنت أضيء شمعة من مال المسلمين وأنا في مصالحهم، أما وأنت تريد أن تسأل عن أحوالي، فقد أضأت شمعة من مالي الخاص[4].

(1) قطب إبراهيم محمد، ص154.
(2) المصدر نفسه ص158.
(3) المصدر نفسه ص159.
(4) يوسف إبراهيم يوسف، " النفقات العامة "، ص361.

الفصل السادس
النظام المالي في الإسلام

الفصل السادس
النظام المالي في الإسلام

إن دين الإسلام يوجب إقامة الدولة في المجتمع المسلم، لتؤدي وظائفها في جميع نواحي حياة المجتمع. إن قيام الدولة بوظائفها يتطلب استخدام الموارد الاقتصادية. لذلك يجب أن تكون للدولة مالية خاصة بها، وعناصر هذه المالية تتكون من الإيرادات والنفقات العامة والجهة الحكومية التي تتولى إدارتهما وهي بيت المال أو وزارة المالية. وفيما يلي نبذة عن هذه العناصر الثلاثة.

المبحث الأول
بيت المال

لا يعلم على وجه التحديد اليوم الذي أوجد فيه بيت المال في الدولة الإسلامية، ولكن يجمع المؤرخون على انه انشأ بعد الهجرة ولم يكن له وجود في العهد المكي لأسباب منها:

أ. لم يكن المجتمع الإسلامي بمكة قبل الهجرة مجتمعا مستقلا مستكملا لمقومات وجوده، إنما كان المسلمون يعيشون تحت ظلم واضطهاد المجتمع المكي المشرك.

ب. كان أكثر المسلمين في العهد المكي من الفقراء والأرقاء وبالتالي كانوا غير قادرين على رفد قيادتهم بالأموال.

ج. لم تكن هناك دولة ولا سيادة ولا إيرادات محددة، وكان ذلك بعد الهجرة حيث فرضت الزكاة بشكل محدد وتوالت الغنائم وباقي الإيرادات العامة.

بعد هجرة الرسول ﷺ إلى المدينة المنورة أخذت تتضح معالم المجتمع المسلم، وأخذت الأموال تتدفق على الرسول ﷺ من الغنائم ومن فداء الأسرى كما في غزوة بدر الكبرى. وكانت سياسة الرسول ﷺ تتمثل بإنفاق هذه الأموال بشكل مباشر وفوري على مستحقيها لشدة الحاجة إليها، لذلك لم تكن هناك حاجة لتنظيم إداري حكومي يتولى إدارة هذا المال العام. ولكن بعد فرض الزكاة تطلب الأمر أن تهتم الدولة بالإيرادات النقدية والعينية فكان لها عمال يجبونها وينفقونها في أوجها وآخرون يتولون إدامتها كالرعاة.... وهكذا استمر الحال في عهد أبي بكر الصديق رضي الله عنه وشطرا من خلافة عمر بن الخطاب رضي الله عنه.

بعد اتساع حركة الفتوحات الإسلامية وكثرة إيرادات الدولة من جانب وكثرة التزاماتها تجاه المقاتلين وأفراد المجتمع تطلب الأمر تدوين الدواوين لضبط الإيرادات والنفقات العامة وكان ديوان الجند أول الدواوين إنشاء   وكانت الحاجة ملحة لتنظيم الشؤون المالية وكان للاتصال بالحضارات المجاورة اثر كبير في إدخال نظام الدواوين. ويروى أن أول من اقترح ذلك هوخالد بن الوليد ﷺ حيث قال لعمر ﷺ: رأيت ملوك الشام يدونون فقبل منه عمر هذا الاقتراح وطبقه[1]، وهكذا انشأ بيت المال ليكون الجهة الحكومية التي تتولى أمر جمع الإيرادات وصرف النفقات والموازنة اللازمة بينهما.

إن المسؤولية عن بيت المال من المسؤوليات المهمة في الدولة، ففي خلافة أبي بكر الصديق ﷺ عهد بمسؤولية بيت المال لأبي عبيدة بن الجراح ﷺ حيث قال لأبي بكر الصديق: (أنا أكفيك بيت المال)[2]. أما الخليفة عمر بن الخطاب ﷺ فقد تولى بنفسه مسؤولية بيت المال إضافة إلى مسؤولياته الأخرى حيث قال في بداية خلافته: (من أراد أن يسأل عن المال فليأتني فإن الله تبارك وتعالى جعلني له خازنا وقاسما)[3].

---

(1) احمد شلبي، " الاقتصاد في الفكر الإسلامي "، ط2، مكتبة النهضة المصرية، القاهرة 1987، ص165.
(2) قطب إبراهيم محمد، مصدر سابق، ص8.
(3) المصدر نفسه.

المبحث الثاني
الإيرادات العامة

هناك عدة أنواع من الإيرادات ترفد بيت مال المسلمين بالموارد الاقتصادية اللازمة لتغطية النفقات العامة التي من خلالها تقوم الدولة بوظائفها، وهذه الموارد هي:

2-1: الزكاة

الزكاة فريضة مالية دورية يدفعها المسلم المالك للنصاب إلى الدولة لتنفقها في اوجه معينة، أوقد يوزعها المكلف بنفسه على تلك الأوجه بعينها. قرنت مع الصلاة اثنين وثلاثين مرة في القرآن الكريم منها قوله تعالى: ﴿ وَأَقِيمُواْ ٱلصَّلَوٰةَ وَءَاتُواْ ٱلزَّكَوٰةَ ﴾ (المزمل: من الآية**20**). والوعيد الشديد لمن يمتنع عن دفعها ﴿ قُلْ إِنَّمَآ أَنَا۠ بَشَرٌ مِّثْلُكُمْ يُوحَىٰٓ إِلَىَّ أَنَّمَآ إِلَٰهُكُمْ إِلَٰهٌ وَٰحِدٌ فَٱسْتَقِيمُوٓاْ إِلَيْهِ وَٱسْتَغْفِرُوهُ ۗ وَوَيْلٌ لِّلْمُشْرِكِينَ ٱلَّذِينَ لَا يُؤْتُونَ ٱلزَّكَوٰةَ وَهُم بِٱلْءَاخِرَةِ هُمْ كَٰفِرُونَ ﴾ (فصلت:**6-7**). ويقول الرسول ﷺ ((بني الإسلام على خمس شهادة أن لا اله إلا الله وان محمدا رسول الله وأقام الصلاة وإيتاء الزكاة وحج البيت وصوم رمضان))[1]، وقال أيضا ((ما من صاحب ذهب ولا فضة لا يؤدي منها حقها إلا إذا كان يوم القيامة صفحت له صفائح من نار فاحمي عليها في نار جهنم فيكوى بها جنبه وجبينه وظهره كلما بردت أعيدت له في يوم كان مقداره خمسين ألف سنة حتى يقضى بين العباد فيرى سبيله أما إلى الجنة وأما إلى النار))[2].

(1) البخاري، رقم الحديث 7.
(2) رواه مسلم، مسلم، رقم الحديث 1647.

1-1-2: شروط وجوب الزكاة:

يجب توفر الشروط الآتية لتكون الزكاة واجبة الدفع من قبل المكلف:

أ. الملك التام: إذا لم يكن المكلف مالكا ملكا تاما للأموال التي تحت يده فلا زكاة عليها لأن عدم الملكية قد يكون مانعا من التصرف فلا زكاة على المال غير المملوك، وكذلك لا زكاة على المال الحرام.

ب. النماء: يجب أن يكون المالناميا أوقابلا للنماء كالثروة الحيوانية وغلة الإنتاج الزراعي وراس المال النقدي.

ج. بلوغ النصاب: هناك مقدار أدنى معين لكل مال مشمول بالزكاة ما قل عنه يتمتع المكلف بالإعفاء أما إذا بلغه أوزاد عليه فيكون مشمولا بالزكاة.

د. حولان الحول: الزكاة فريضة دورية سنوية بالنسبة لعروض التجارة والثروة الحيوانية والنقد وموسمية بالنسبة للإنتاج النباتي.

2-1-1: أوعية الزكاة:

تجب الزكاة في الأموال الآتية:

أ. الذهب والفضة والنقود وعروض التجارة.

ب. المواشي كالغنم والإبل والبقر.

ج. الزروع والثمار.

د. المعادن.

هذه هي الأموال المجمع على أنها أوعية للزكاة، بسبب كونها هي الأموال التي كانت سائدة في عصر التشريع. أما في الوقت الحاضر ومع تنوع النشاط

الاقتصادي وحصول ثروات أودخول لم تكن موجودة سابقا، فقد رأى الكثير من العلماء أن الزكاة تجب فيها مثل دخول المصانع والمعامل وأصحاب المهن وإيجارات العقارات، ويرى بعضهم أن الزكاة تدفع بعد خصم تكاليف إنتاج هذه الدخول. وهناك من يعامل هذه الدخول معاملة الدخول المتأتية من الإنتاج الزراعي وهناك من يعاملها معاملة عروض التجارة والنقد[1].

3-1-1: أنصبة الزكاة وأسعارها:

لكل نوع من الأموال الزكوية نصاب خاص به إذا ما بلغه المال وجبت فيها الزكاة وبأسعار محددة، وفيما يأتي أنصبة وأسعار الزكاة لبعض أهم الأموال الزكوية:

الذهب والفضة والنقود:

يعد الذهب والفضة النقد الشرعي في الإسلام لارتباطها ببعض التكاليف والأحكام الشرعية كالزكاة وحد السرقة، إذ يبلغ نصاب الذهب عشرين دينارا ذهبيا أو85 غم ذهب، أما نصاب الفضة فهومائتا درهم أو ما يعادل 140 مثقالا أو700 غم فضة، أما النقود الورقية فيتم احتساب نصابها على أساس الأسعار السائدة للذهب والفضة وقت وجوب الزكاة. وكذلك بالنسبة لعروض التجارة، ولكن أي النصابين يعتمد في حالة عدم تساوي قيمة النصابين؟ يرى الكثير من العلماء بأن التقدير يتم على أساس ما هوانفع للفقراء، وعادة ما يكون الاحتساب على أساس نصاب الفضة هو الأنفع للفقراء لأنه اخفض من نصاب

(1) صبحي فندي الكبيسي " الفروض المالية الإسلامية و آثارها التوزيعية "، رسالة دكتوراه، كلية الإدارة والاقتصاد، جامعة بغداد، 1989، ص84.

الذهب وبذلك تشمل بالزكاة أموال أكثر ومن ثم تزداد حصيلة الزكاة ويستفاد منها عدد أكبر من المستحقين لها.

أما بالنسبة لمقدار زكاة الذهب والفضة والنقود وعروض التجارة فتكون بنسبة ربع العشر أي 2.5 %، وتؤخذ الزكاة بهذه النسبة مهما بلغ حجم الوعاء فهي ليست تصاعدية.

المواشي:

المواشي التي تجب فيها الزكاة هي الإبل والبقر والغنم ومن شروط وجوب الزكاة فيها أن تبلغ النصاب كعدد لا كقيمة. وأن يحول عليها الحول وأن تكون سائمة اغلب أيام السنة، أما في باقي الحيوانات فلا تزكى إلا إذا كانت معدة للتجارة. فعندها تزكى كعروض التجارة، وكما في الجدول الآتي:

نصاب ومقدار الزكاة للأغنام

العدد	مقدار الزكاة الواجبة
1- 39	معفاة من الزكاة
40-120	شاة واحدة
121- 200	شاتان
201-300	ثلاث شياه
301-400	أربع شياه
401-500	خمس شياه

وهكذا في كل مائة شاة

نصاب البقر والجاموس ومقدار زكاتها

العدد	مقدار الزكاة الواجبة
29-1	معفاة من الزكاة
39-30	عجل عمره سنة
59-40	بقرة عمرها سنتان

وهكذا تتزايد الزكاة عن كل ثلاثين عجل عمره سنة وعن كل أربعين بقرة عمرها سنتان.

نصاب اوزكاتها

العدد	الزكاة
4-0	معفاة
9-5	شاة
14-10	شاتان
19-15	ثلاث شياه
24-20	أربع شياه
35-25	ناقة عمرها أكثر من سنة
45-36	ناقة عمرها أكثر من سنتين
60-46	ناقة عمرها أكثر من ثلاث سنوات
75-61	ناقة عمرها أكثر من أربع سنوات
90-76	ناقتان عمرها أكثر من سنتين
120-91	ناقتان عمرها أكثر من ثلاث سنوات

وما يزيد عن ذلك في كل أربعين ناقة عمرها أكثر من سنتين وفي كل خمسين ناقة عمرها أكثر من ثلاث سنين.

زكاة الزروع والثمار:

نصاب الزروع والثمار 650 كغم أمـا مقـدار الزكـاة فيكـون حسـب طريقـة السـقي. إذ تكون 10% للتي تسقى من غير واسـطة ، سـيحا أوبمـاء السـماء و5 % للتـي تسـقى بواسـطة، وهذا التمييز في سعر الزكاة أونسبتها لمراعاة تكاليف الإنتاج حيث تكون تكاليف إنتاج المحصول الذي يسقى بالواسطة أعلى من نظيره الذي يسقى من غير واسطة.

زكاة بعض الأموال الأخرى:

بعـد تنـوع الأنشـطة الاقتصادية وبالتـالي تنـوع الـدخول وكبرهـا، يـرى بعـض العلمـاء المعاصرين وجوب شمولها بالزكاة مثـل دخـول أصحاب المهـن الحـرة وعيادات الأطبـاء وكبار المحامين وما شابه ذلك، لأن إحدى أهـم أهـداف الزكاة هي مواساة الفقراء وتقليل الفـوارق بـين الأغنياء والفقراء، إذ لا فرق بين الغنى المتأتي من التجارة والأملاك العقاريـة أومـن العمـل أومـن ربح راس المال، إذ لواقتصرت الزكاة عـلى الأمـوال والأنشـطة التقليديـة فقـط وأعفيـت دخـول الأنشطة الاقتصادية الحديثة. فإن ذلك سيكون منطقة أشـبه بـالفراغ الضريـبي الـذي يـؤدي إلى جذب الاستثمارات والموارد إلى الأنشطة المعفاة من الزكاة، وما يتبع ذلك من اختلال في تخصيص الموارد على الأنشطة الاقتصادية وهذا يقود إلى اختلالات هيكلية على مستوى الاقتصاد الكلي.

4-1-1: ملاحظات عن أسعار الزكاة:

أ. نلاحظ إن أسعار الزكاة نسبية وليست تصاعدية، وذلك لأنها لا تصيب إلا الأغنياء وبعد مرور حول على غناه (ما عدا الإنتاج الزراعي والمعادن). وكأنما تم اعتبار الأغنياء طبقة واحدة.

ب. تفرض الزكاة على الأوعية بنسب مختلفة وحسب ما تصيبه من أموال إذ نجد أن زكاة النقود وعروض التجارة 2.5% لأن الزكاة هنا تصيب راس المال والدخل المتحقق معا، وهي هنا اقل بكثير من زكاة الزروع والثمار التي هي 5 % أو 10 % لأن الأخيرة تصيب الدخل المتحقق دون راس المال(1).

ج. تراعي تكاليف الإنتاج عند تحديد سعر الزكاة، فهي تصل إلى 20% في الركاز (الأموال التي يعثر عليها مدفونة من عصور قديمة) والمعادن وزكاة الزروع التي تسقى من غير تكاليف 10% والتي تسقى بتكاليف 5%.

د. تدفع الزكاة حسب طبيعة وعائها فهي تدفع من النقود بشكل نقدي وكذلك من عروض التجارة وتدفع بشكل عيني من الأموال الأخرى. ويجوز إخراج القيمة بدل العين إذا كانت المصلحة تقتضي ذلك كان يكون اصلح للفقراء.

هـ إن أنصبة الزكاة محددة وكذلك أسعارها وجهة إنفاقها ولا تستطيع الدولة أن تغير في أي منها.

(1) احمد شلبي، " السياسة الاقتصادية في التفكير الإسلامي "، مكتبة النهضة المصرية، القاهرة، 1962، ص224.

4-1-1: الفرق بين الزكاة والضريبة:

هناك عدة فروق بين الزكاة والضريبة نلخصها فيما يأتي[1]:

أ. الضريبة تأخذها الدولة جبرا لتحقيق نفع عام وبدون مقابل، أما الزكاة فيؤديها المسلم طاعة وتعبدا لله وبالتزام ذاتي لا وجود له في الضريبة.

ب. تؤخذ الضريبة من كل المواطنين المكلفين بغض النظر عن ديانة المكلف. أما الزكاة فتؤخذ من المسلمين فقط.

ج. الزكاة حق لله في المال لا يملك أحد حق منح الإعفاء منها أوتغيير وعائها أوأسعارها، والأصل فيها أن تدفع تطوعا. أما الضريبة فتفرضها الدولة على ما تشاء من وعاء وبأي سعر تشاء، وتؤخذ بقوة القانون وعادة ما يسعى المكلف للتهرب منها.

د. حصيلة الزكاة مخصصة لأوجه محددة من الإنفاق حددها القرآن الكريم أما الضريبة فليس فيها هذا التخصيص.

هـ الزكاة فريضة مالية محلية لا تنقل حصيلتها إلى الإدارة المركزية إلا بعد تحقق أهدافها محليا، أما الضريبة فتكون في الغالب مركزية.

و. أساس فرض الضريبة هومبدأ الاستخلاف الذي يعني أن الله تعالى خلق الأموال وسخرها للإنسان وجعله مستخلفا فيها وعليه أن يؤدي حقوقا معينة أما أساس فرض الضريبة فهوتارة نظرية العقد الاجتماعي وتارة نظرية التضامن الاجتماعي وغيرها.

(1) صبحي فندي الكبيسي، " الفروض المالية الإسلامية و آثارها التوزيعية "، ص73.

ز. الزكاة تكون أسعارها نسبية. أما الضريبة فقد تكون أسعارها نسبية أو تصاعدية.

2-2: الفيء:

هوالمال المأخوذ من الكفار من غير قتال، ويشمل كل من الجزية والخراج والعشور.

2-2-1: الجزية:

تعرف الجزية بأنها المال المقدر المأخوذ من الذمي، وهي ضريبة على الرؤوس يلتزم غير المسلم بأدائها إلى بيت مال المسلمين إذا دخل في الذمة أي صار ذميا[1]، وهي تفرض على الرجال القادرين من أهل الكتاب فقط. أما مقدارها فتحدده الدولة حسب الظروف الاقتصادية والمقدرة على الدفع.

أما الحكمة من فرض الجزية فإن أهل الذمة مواطنون عليهم أن يساهموا في تمويل النفقات العامة للدولة التي يتمتعون بها حالهم حال المسلمين وكذلك إعفاؤهم من بعض التكاليف مثل المساهمة في الدفاع عن الدولة وعدم دفع الزكاة.... وتسقط عنهم الجزية إذا عجزت الدولة عن تقديم الحماية لهم أوفي حالة اشتراكهم في أعباء الدفاع أو حصول بعض الظروف التي يعجز الذمي فيها عن الدفع[2]. ويرى الفكر الإسلامي المعاصر إن أمر الجزية مفوض إلى رأي الإمام (الدولة) بحيث تتحقق مصلحة المجتمع[3].

(1) عبد الكريم زيدان، " أصول الدعوة "، ط3، بغداد، 1976، ص252.
(2) قطب إبراهيم، "السياسة المالية لعمر بن الخطاب"، ص53.
(3) عبد الكريم زيدان، " احكام الذميين و المستأمنين في دار الإسلام "، ط1، بغداد، 1963، ص151.

2-2-2: الخراج:

هو ضريبة مالية تفرض على الأرض التي تعود ملكيتها لمجموع المسلمين وهي الأرض التي فتحها المسلمون عنوة أوالتي أقرت بأيدي أهلها صلحا[1]   وتفرض ضريبة الخراج بنوعين هما[2]:

I. خراج الوظيفة: إذ تفرض الضريبة كمبلغ مقطوع على مساحة الأرض بغض النظر عن حجم الإنتاج المتحقق، أي يدفع الخراج مقابل التمكن من الانتفاع بالأرض، فهو يدفع سواء حصل إنتاج أم لم يحصل، ويدفع مرة واحدة في السنة.

II. خراج المقاسمة: يفرض الخراج بنسبة معينة من الناتج، ويفرض بشكل موسمي أي كلما تحقق ناتج زراعي.

أما مقدار الخراج فيتحدد من قبل الدولة وعادة ما تؤخذ بنظر الاعتبار العوامل الآتية:

- نوعية الأرض من حيث الجودة والرداءة.

- نوعية المحاصيل التي تزرع من حيث ارتفاع وانخفاض أسعارها.

- طريقة السقي لأنها تؤثر في تكاليف الإنتاج.

- الظروف الاقتصادية من حيث البطالة أونقص الإنتاج الزراعي وأهميته.

---

(1) أبو عبيد القاسم بن سلام، ص77.
(2) الماوردي، " الأحكام السلطانية "، ص149.

3-2-2: العشور:

وهي الضرائب التي تفرض على الأموال المعدة للتجارة وبأسعار مختلفة بحسب الموقف من الإسلام، شرط أن تعبر هذه الأموال الحدود السياسية للدولة المسلمة، وهي تشبه الضرائب الكمركية في الوقت الحاضر وتستخدم لتحقيق أهداف مالية واقتصادية واجتماعية تسعى إليها الدولة.

3-2: الغنائم:

هي الأموال التي تحصل عليها الدولة من الكفار في الحرب، حيث يذهب خمسها إلى بيت المال ينفق حسب ماحددته الآية الكريمة والأربعة أخماس الأخرى توزع على المقاتلين. [وَاعْلَمُوا أَنَّمَا غَنِمْتُمْ مِنْ شَيْءٍ فإن لِلَّهِ خُمُسَهُ وَلِلرَّسُولِ وَلِذِي الْقُرْبَى وَالْيَتَامَى وَالْمَسَاكِينِ وَابْنِ السَّبِيلِ إِنْ كُنْتُمْ آمَنْتُمْ بِاللَّهِ وَمَا أَنْزَلْنَا عَلَى عَبْدِنَا يَوْمَ الْفُرْقَانِ يَوْمَ الْتَقَى الْجَمْعَانِ وَاللَّهُ عَلَى كُلِّ شَيْءٍ قَدِيرٌ) (لأنفال:41). وكان الأمر على هذا الحال يوم كان المقاتلون يتولون بأنفسهم تجهيز الجيش من العدة والسلاح والشؤون الإدارية... أما في الوقت الحاضر وبتطور وسائل القتال وعجز الأفراد عن ذلك والتزام الدولة بكل ذلك إضافة إلى دفعها لرواتب منتظمة للمقاتلين فيرى البعض أن تعود الأربعة أخماس الأخرى إلى بيت المال[1].

(1) حكمت فارس الطعان، " تطور النظام المالي منذ صدر الإسلام إلى عهد البترول، مجلة كلية الإدارة والاقتصاد، جامعة بغداد، العدد الخامس والسادس، 1981 ،ص 177.

2-4: إيرادات الدولة من أملاكها:

الدولة شخصية معنوية، وقد يستلزم الأمر أن تنشئ بعض المشاريع الإنتاجية ذات الأهداف الاقتصادية والمالية، أوتقديم بعض الخدمات مقابل ثمن محدد تسمى الرسوم، أوتؤجر ما تملك من عقارات ... هذه العوائد تنفقها الدولة في إشباع الحاجات العامة.

2-5: إيرادات الدولة من الضرائب الأخرى:

من حق الدولة أن تفرض ما تشاء من الضرائب على الأوعية المختلفة   وبالأسعار التي تراها مناسبة إذا ما تطلبت المصلحة العليا للمجتمع ذلك، وقد يصل ما تقتطعه الدولة من الملكية الخاصة كضرائب إلى نسبة100 % في حالات الضرورة القصوى[1]. ومن الظروف المسوغة لفرض الضرائب ما يأتي:

I. عدم كفاية موارد الدولة لتسديد نفقات الدولة العامة.

II. حالة الاعتداء الخارجي الذي يهدد أمن الدولة والمجتمع.

III. إذا احتيج إلى الأموال لإخماد الفتن ودرء المفاسد.

---

[1] صبحي فندي الكبيسي، " الحد الكمي الأقصى- للسياسة الضريبية في ظل المذهب الاقتصادي الإسلامي، مجلة جامعة العلوم الإسلامية، العدد 3، 1417 هـ – 1996م، ص78 – 79.

IV. لتحقيق التوازن الاقتصادي والاجتماعي، والقيام بحق الفقراء للوصول بمستوى دخل الفرد إلى مستوى الكفاية كحد أدنى والذي هوحق لكل مواطن وفي هذا المجال يقول عمر بن الخطاب ﷺ ((لواستقبلت من أمري ما استدبرت لأخذت فضول أموال الأغنياء فقسمتها على فقراء المهاجرين))[1]، ويقول علي بن أبي طالب ﷺ (إن الله تعالى فرض على الأغنياء في أموالهم بقدر ما يكفي فقرائهم، فإن جاعوا أوعروا أوجهدوا فبمنع الأغنياء، وحق على الله أن يحاسبهم يوم القيامة ويعذبهم عليه)[2]، ومن فقهاء المسلمين يقول ابن حزم (فرض على الأغنياء من أهل كل بلد أن يقوموا بفقرائهم ويجبرهم السلطان على ذلك إن لم تقم الزكاة بهم ولا سائر أموال المسلمين بهم، فيقام لهم بما يأكلون من القوت الذي لا بد منه ومن اللباس للشتاء والصيف مثل ذلك، ومسكن يكفيهم من المطر والصيف وعيون المارة)[3].

---

(1) قطب إبراهيم محمد، ص232.

(2) يوسف القرضاوي، " مشكلة الفقر وكيف عالجها الإسلام "، مكتبة وهبه 1975   ص127.

(3) ابن حزم، " المحلى "، ج6، ص452.

المبحث الثالث
النفقات العامة

إن الإيرادات التي ترد بيت المال تنقسم على نوعين، النوع الأول تتبع فيه قاعدة تخصيص الإيراد عند الإنفاق، أي أن إيراد معين يوجه فقط إلى أبواب إنفاق خاصة، ولا يجوز بأي حال من الأحوال تحويله إلى غيرها. أما النوع الثاني فيوجه إلى الإنفاق العام الذي يشبع الحاجات العامة.

3-1: إنفاق الإيرادات المخصصة الإنفاق:

تشتمل على الإيرادات الآتية:

3-1-1: نفقات الزكاة:

الزكاة من الإيرادات المخصصة لأوجه محددة من الإنفاق في القرآن الكريم ولا يحق لأحد تغييرها، حيث قال الرسول ﷺ ((إن الله لم يرض بحكم نبي ولا غيره في الصدقات حتى حكم فيها هوفجزأها إلى ثمانية أجزاء))[1]، إذ قال تعالى ﴿إِنَّمَا ٱلصَّدَقَٰتُ لِلْفُقَرَآءِ وَٱلْمَسَٰكِينِ وَٱلْعَٰمِلِينَ عَلَيْهَا وَٱلْمُؤَلَّفَةِ قُلُوبُهُمْ وَفِى ٱلرِّقَابِ وَٱلْغَٰرِمِينَ وَفِى سَبِيلِ ٱللَّهِ وَٱبْنِ ٱلسَّبِيلِ فَرِيضَةً مِّنَ ٱللَّهِ وَٱللَّهُ عَلِيمٌ حَكِيمٌ﴾ **(التوبة:60).**

3-1-2: نفقات الغنائم:

يوزع خمس الغنائم على أوجه محددة حددتها الآية الكريمة ﴿وَٱعْلَمُوٓا۟ أَنَّمَا غَنِمْتُم مِّن شَىْءٍ فَأَنَّ لِلَّهِ خُمُسَهُۥ وَلِلرَّسُولِ وَلِذِى ٱلْقُرْبَىٰ وَٱلْيَتَٰمَىٰ وَٱلْمَسَٰكِينِ وَٱبْنِ

(1) سنن أبي داود، رقم الحديث 1389.

ٱلسَّبِيلِ إِن كُنتُمۡ ءَامَنتُم بِٱللَّهِ وَمَآ أَنزَلۡنَا عَلَىٰ عَبۡدِنَا يَوۡمَ ٱلۡفُرۡقَانِ يَوۡمَ ٱلۡتَقَى ٱلۡجَمۡعَانِۗ وَٱللَّهُ عَلَىٰ كُلِّ شَيۡءٖ قَدِيرٌ ﴾ (الأنفال:**41**).

2-3: النفقات العامة الأخرى:

نفقات الدولة العامة الأخرى غير المخصص لها إيراد معين تغطى من إيرادات بيت المال المتكونة من عوائد الدولة من أملاكها والإيرادات الأخرى حيث تنفق الدولة لتسير الجهاز الإداري للدولة وتقديم الخدمات العامة التي تشبع الحاجات العامة لأفراد المجتمع. وليس هناك تحديد دقيق لمدى تدخل الدولة في تقديم الخدمات أومدى التوسع في دور الدولة في النواحي الاجتماعية والاقتصادية، ويعد ذلك من باب السياسة الشرعية التي تتغير من زمان إلى آخر وحسب الظروف الاقتصادية والاجتماعية، المهم أن الدولة تكون مسؤولة عن توفير الظروف الملائمة لإقامة شرع الله تعالى والقيام على تنفيذه، وتكون حريصة على توفير مستلزمات الأمن وبناء القوة الكفيلة بحماية المجتمع والعمل على تطوير جميع جوانب المجتمع بشكل مستمر وضمن المبادئ والقواعد العامة لدين الإسلام.

مثال على ذلك تحديد أجور العاملين في الدولة فإن هذه الأجور يجب أن تضمن إيصال الموظف إلى مستوى الكفاية كحد أدنى، ويعتمد تحديد رواتب موظف ما على عدة اعتبارات منها المستوى العام للأسعار وطبيعة العمل والظروف الشخصية للعامل كعدد من يعول أوأي التزامات أخرى، ويروى أن

عمر بن الخطاب ﷺ استخدم أصحاب رسول الله ﷺ في جباية الخراج فقال أبوعبيدة بن الجراح دنست أصحاب رسول الله ﷺ فقال عمر إذا لم استعن بأهل الدين على سلامة ديني فبمن استعين؟ فقال: أما إن فعلت فأغنهم بالعمالة عن الخيانة[1]. هكذا هوالحال مع صحابة رسول الله ﷺ فكيف يجب أن يكون مع الموظفين في الوقت الحاضر؟

---

(1) أبو يوسف، مصدر سابق، ص113.

المبحث الرابع
الموازنة العامة

تتكون الموازنة العامة للدولة في الاقتصاد الإسلامي من ثلاث موازنات مستقلة بعضها عن البعض الآخر، وسبب تعدد هذه الموازنات هو أن بعض الإيرادات تكون مخصصة لأوجه معينة من الإنفاق ولا يجوز عمل مناقلة من مجال إنفاقي لآخر.

4-1: أنواع الموازنات:

4-1-1: موازنة الزكاة:

إيرادات هذه الموازنة هي أموال الزكاة التي هي فريضة مالية محدد وعائها ونسبتها لكل نوع من الأموال المشمولة بالزكاة. وتجبى الزكاة بشكل نقدي وعيني. أما نفقات هذه الموازنة فتحددها الآية الكريمة ﴿إِنَّمَا ٱلصَّدَقَٰتُ لِلۡفُقَرَآءِ وَٱلۡمَسَٰكِينِ وَٱلۡعَٰمِلِينَ عَلَيۡهَا وَٱلۡمُؤَلَّفَةِ قُلُوبُهُمۡ وَفِي ٱلرِّقَابِ وَٱلۡغَٰرِمِينَ وَفِي سَبِيلِ ٱللَّهِ وَٱبۡنِ ٱلسَّبِيلِۖ فَرِيضَةٗ مِّنَ ٱللَّهِۗ وَٱللَّهُ عَلِيمٌ حَكِيمٞ﴾ **(التوبة:60)**.

4-1-2: موازنة خمس الغنائم:

إيرادات هذه الموازنة هي الغنائم التي تكسبها الدولة من حروبها مع الكفار إذ يقتطع خمس هذه الغنائم لهذه الموازنة، وتنفق هذه الإيرادات في وجوه إنفاق محددة بالآية الكريمة ﴿وَٱعۡلَمُوٓاْ أَنَّمَا غَنِمۡتُم مِّن شَيۡءٖ فَأَنَّ لِلَّهِ خُمُسَهُۥ وَلِلرَّسُولِ وَلِذِي ٱلۡقُرۡبَىٰ وَٱلۡيَتَٰمَىٰ وَٱلۡمَسَٰكِينِ وَٱبۡنِ ٱلسَّبِيلِ إِن كُنتُمۡ ءَامَنتُم بِٱللَّهِ وَمَآ أَنزَلۡنَا عَلَىٰ عَبۡدِنَا يَوۡمَ ٱلۡفُرۡقَانِ يَوۡمَ ٱلۡتَقَى ٱلۡجَمۡعَانِۗ وَٱللَّهُ عَلَىٰ كُلِّ شَيۡءٖ قَدِيرٌ﴾ **(الأنفال:41)**.

4-1-3: الموازنة غير المخصصة (الاعتيادية):

إيرادات هذه الموازنة هي كل إيرادات الدولة غير المخصصة لأوجه إنفاق بـذاتها، وتضـم إيرادات الدولة من أملاكها وحصيلة الضرائب وأيّة إيرادات أخرى. أما مجالات الإنفاق فتكون في المصالح العامة وإشباع الحاجات العامة.

4-2: خصائص الموازنة العامة في الاقتصاد الإسلامي:

تمتاز الموازنة العامة في الاقتصاد الإسلامي ببعض القواعد الثابتة والمستمدة مـن أحكـام دين الإسلام الحنيف، وهذه القواعد تكون ثابتة ولا يمكن تغييرها ويجب الأخذ بها في كـل زمـان ومكان. أما ما عدا هذه القواعد فإن للفن المالي أن يتبع الأساليب التي تكفل حسن أداء الدولـة لمهامها وأمر طبيعي أن هذه الأساليب أوالقواعد تتغير بتغير الظروف وتبعـا للتطـور الاقتصادي والاجتماعي وتطور دور الدولة وتطور علم المالية العامة ... فلا مانع من الأخذ بكل ذلك شرط أن لا يتعارض مع القواعد الثابتة أوشرائع الإسلام الأخرى. وفيما يأتي بعض خصـائص الموازنـة في الاقتصاد الإسلامي مقارنة مع قواعد الموازنة في الاقتصاد الوضعي.

4-2-1: فيما يخص قاعدة وحدة الموازنة[1]، نجدها ممكنة الاتبـاع في الموازنـة غـير المخصصـة فقط، أما بالنسبة لموازنة الزكاة فإنها لا تتبع هذه القاعدة لأن فريضة الزكاة تعـد إيـرادا محليا وتنفـق حصيلتها في بلـد جبايتها وفي وجوهها المخصصة، ولا تنقـل إلى الحكومـة المركزية إلا بعد استنفاذ كامل أغراضها في البلد المنشأ لها.

---

(1) وحدة الموازنة تعني تسجيل جميع الإيرادات والنفقات في وثيقة واحدة.

4-2-2: فيما يخص قاعدة عمومية الموازنة[1]، يمكن أن تتبع في الموازنة العامة غير المخصصة أما فيما يخص موازنة الزكاة فهذه القاعدة ممكن أن تتبع على مستوى الولاية أوالإقليم لا على مستوى البلد ككل لأن نفقات جباية الزكاة تخصم من الحصيلة الكلية، ولا ترسل حصيلة الزكاة إلى الحكومة المركزية إلا بعد خصم تكاليف الجباية واستنفاد أغراضها المحلية.

4-2-3: فيما يخص قاعدة سنوية الموازنة[2]، فإنها تطبق في الموازنة غير المخصصة وكذلك في موازنة الزكاة حيث إن الزكاة تفرض بشكل سنوي ما عدا زكاة الإنتاج الزراعي فتكون موسمية. أما موازنة الغنائم فهي موازنة مؤقتة توجد حال وجود الغنائم فقط.

4-2-4: فيما يخص قاعدة توازن الموازنة فإنها مطبقة في موازنة الزكاة والغنائم في الظروف الاعتيادية، أما في الظروف غير الاعتيادية، فانه يمكن الخروج عليها كما حدث في زمن الرسول ﷺ إذ اخذ زكاة عمه العباس بن عبد المطلب لعامين مقدما، وكذلك أجل عمر جباية الزكاة عام الرمادة لحين تحسن الوضع الاقتصادي وانجلاء الأزمة الاقتصادية التي اجتاحت شبه الجزيرة العربية بسبب الجفاف وانحباس المطر، هاتان الحادثتان تبينان إمكانية إحداث فائض أو عجز في موازنة الزكاة، وكذلك الأمر في الموازنة العامة.

4-3: الرقابة المالية:

إن الرقابة المالية على المال العام في النظام المالي الإسلامي تكون اشد

---

(1) عمومية الموازنة تعني أن الموازنة العاملة تشتمل على جميع النفقات و الإيرادات العامة وعدم إجراء مقاصة بين الإيرادات والنفقات التي تنفذها الهيئات الحكومية.
(2) سنوية الموازنة تعني أن إيرادات الدولة و نفقاتها تتم بصفة دورية سنوية.

وأدق مما هي عليه في أي نظام آخر. وتهدف إلى ضمان استخدام المال العام والوصول بالإنفاق العام إلى أعلى واكفأ إنتاجية ممكنة، وتتخذ الرقابة المالية عدة صور منها:

1-3-4: الرقابة الذاتية:

إن كل مسلم وبدافع من إسلامه وإيمانه يكون حريصا على الأموال العامة التي تحت مسؤوليته فهي أمانة وهومسؤول عن حسن أدائها، وكذلك المسلم يكون حريصا كل الحرص على أن لا يكسب إلا المال الحلال ويتجنب الكسب الحرام مهما كان مصدره.

2-3-4: الرقابة الإدارية:

يقصد بها رقابة كل مسؤول لرعيته في الجوانب المالية، وتبدأ من رئيس الدولة إلى اصغر مسؤول فيها، وذلك لقول الرسول ﷺ ((كلكم راع وكلكم مسؤول عن رعيته ...))[1]، ومن نماذج هذه الرقابة ما أعلنه عمر بن الخطاب رضي الله عنه غداة توليه الخلافة إذ قال ((من أراد أن يسال عن المال فليأتني فإن الله تبارك وتعالى جعلني له خازنا وقاسما))[2].

3-3-4: الرقابة السابقة والرقابة اللاحقة:

I. الرقابة السابقة: تتم من خلال وضع القواعد التي على أساسها يتم التعامل مع الأموال العامة تحصيلا وإنفاقا ومتابعة الالتزام بهذه القواعد. هذه

(1) البخاري، رم الحديث 844.

(2) قطب إبراهيم محمد، ص8.

الرقابة تمنع أو تقلل إلى حد كبير وقوع الخطأ في التعامل مع المال العام ومن أمثلة هذا النوع من الرقابة ما قام به عمر بن الخطاب ﷺ عندما قام بإحصاء مالية الولاة الخاصة قبل تعيينهم وبعد مرور عام أواكثر ثم يقارن بين الفترتين فإن وجدها قد زادت زيادة غير طبيعية حاسبهم عليها وأن حصلت لديه شكوك بأن هذا الوالي قد استفاد من منصبه الإداري استفادة مالية غير مشروعة، قاسمة أمواله ويأخذ الزيادة ويطرحها في بيت المال[1].

II. الرقابة اللاحقة: تتم بعد حصول الوقائع المالية والغرض منها التأكد من حسن سير الإجراءات المالية جباية وإنفاقا، والكشف عن الانحرافات الموجودة والعمل على عدم تكرارها لاحقا، ومن صور هذه الرقابة اتخاذ المفتشين لتدقيق الوقائع المالية ومنع المسؤولين من ممارسة الأعمال التجارية لاحتمال أن يسخروا قراراتهم الإدارية لخدمة مصالحهم. ومن المبادئ التي أرساها عمر بن الخطاب ﷺ مبدأ (من أين لك هذا) فكان يسال الولاة عن مصادر أموالهم وثرواتهم ويحاسبهم محاسبة شديدة إن وجد خيانة أوتقصير. ومن النماذج على ذلك عندما أرسل عمر إلى عمروبن العاص كتابا يقول فيه ((بلغني انه فشت لك فاشية من خيل وابل وغنم وبقر وعبيد وعهدي بك قبل ذلك لا مال لك، فاكتب لي من أين اصل هذا المال ولا تكتمه)) فأجاب: (إني بارض السعر فيه رخيص، وإني أعالج من الحرفة والزراعة ما يعالج أهله، وفي رزق أمير المؤمنين سعة، و الله لورأيت خيانتك حلالا ما

(1) المصدر نفسه، ص162.

خنتك)) فلم يعجب هذا الرد عمر ﷺ وأرسل مفتشه محمد بن سلمة فشاطره ماله كله حتى اخذ إحدى نعليه[1].

4-3-4: الرقابة الشعبية:

من واجب كل مسلم أن يأمر بالمعروف وينهى عـن المنكـر وحسـب طاقتـه لـذلك لكـل مواطن في الدولة الإسلامية الحق في إبداء رأيه في سياسة الدولة المالية. ورصـد المخالفـات المالية إن وجدت، فقد حدث أن جاءت برود من اليمن زمن عمر بن الخطاب ﷺ ففرقها بين المسلمين لكل رجل برد واحد وعمر واحد منهم، وقد عمل عمر من بـرده قميصا فلـم يكفـه فأعطاه ابنـه عبد اللـه بـرده   وعندما اعتلى عمر ﷺ المنبر يندب الناس للجهاد قال لـه رجل لا سـمعا ولا طاعة قال عمر: ولم ذاك، قال الرجل لأنك استأثرت علينا، لقد خرج في نصيبك من الأبرد اليمنية برد واحد وهولا يكفيك ثوبا فكيف فصلته قميصا وأنـت رجـل طويـل: فالتفـت عمـر إلى ابنـه وقال: أجبه يا عبد اللـه، فقال عبد اللـه لقد ناولته من بردي فأتم قميصه منه، قال الرجل: أما الآن فالسمع والطاعة[2].

---

(1) قطب إبراهيم محمد، مصدر سابق، ص164.
(2) المصدر نفسه، ص155.

الفصل السابع
النظام النقدي في الاقتصاد الإسلامي

الفصل السابع
النظام النقدي في الاقتصاد الإسلامي

تمهيد

إن استخدام النقود سمة أساسية من سمات الاقتصاد المتحضر- والقابل للنمو والتطور. حيث إن النقود تساهم من خلال ما تقوم به من وظائف، بتسهيل عملية التبادل بين الوحدات الاقتصادية سواء داخل الاقتصاد أو خارجه. كما تعتبر وحدة قياس ومخزن للقيمة وأداة للدفع الآجل. لذلك لا يمكن أن نتصور ومنذ عصور ما قبل الإسلام وجود اقتصاد وسوق من غير استخدام للنقود.

في الوقت الحاضر زادت أهمية النقود والنظام النقدي بشكل عام في الحياة الاقتصادية بسبب ظهور أنواع جديدة من النقود من جانب وأثر كمية النقود في أسعار السلع والخدمات وكذلك دورها في إحداث التضخم أو الانكماش، ودورها في النمو وإعادة توزيع الدخل وإحداث الرفاهية الاقتصادية والاجتماعية.

إن الاقتصاد الإسلامي يهتم بالنظام النقدي. وقد أقر الرسول التعامل بالنقود وعدم الغش فيها. وحرم التعامل الربوي. واستمرت اقتصادات الدول الإسلامية تهتم بالنظام النقدي لأنه مكون أساسي من مكونات البنية التحتية للاقتصاد القومي.

ولكي تكتمل الصورة الى حد كبير عن الاقتصاد الإسلامي سوف نناقش في هذا الفصل ثلاث مواضيع أساسية هي نقدية الاقتصاد الإسلامي، والصيرفة الإسلامية ووظائف المصارف الإسلامية، والسياسة النقدية.

المبحث الأول
نقدية الاقتصاد الإسلامي

لا يخفى على أحد أهمية النقود في الاقتصاد الإسلامي وعبر مراحل تطوره. ومنذ نشوء السوق وظهور فائض الإنتاج الذي يتم تبادله عبر جهات السوق. ولم يلبث التبادل الاقتصادي تحت ظل نظام المقايضة إلا مدة الحياة الابتدائية والتي يعتمد فيها الإنسان على نفسه في إشباع حاجاته الضرورية وما إن حصل بعض التطور واتساع السلع المنتجة والحاجة الملحة الى تبادلها ظهرت النقود في المجتمع الإنساني ولكي يتجاوز المجتمع من خلالها صعوبات المقايضة.

1-1: صعوبات نظام المقايضة

يكتنف نظام المقايضة الصعوبات الآتية :

1-1-1: عدم وجود وحدة حساب تقاس بها أثمان السلع والخدمات. ففي نظام المقايضة يتم تبادل سلعة بسلعة وهنا لا يوجد سعر. بل كل سلعة سيكون لها أسعار بعدد أنواع السلع والخدمات المتبادلة في السوق.

1-1-2: عدم وجود وسيلة لخزن القيمة. لغرض استخدامها في وقت آخر، إلا عن طريق خزن السلعة نفسها. وفي ذلك مشقة كبيرة تتمثل بعدم قابلية بعض السلع للخزن كالخضراوات والخدمات أو أن خزنها يكبد صاحبها تكاليف مثل حاجتها لمكان واسع ويدفع عنه الإيجار أو تكاليف إدامتها مثل علف الحيوانات أو حراستها أو غير ذلك من التكاليف مما يقلل من قيمتها بمرور الوقت.

1-1-3: صعوبة توافق رغبات البائعين والمشترين. فلو كان شخص يملك

قميص ويرغب بمبادلته بطعام، وصاحب الطعام يرغب بمبادلته بدواء ففي هذه الحالة لا يمكن أن تتم صفقة التبادل.

1-1-4: عدم قابلية بعض السلع للتجزئة مثل الحيوانات والدور والسيارة. فلا يصح أن يبادل جزء منها بسلعة أخرى ذات قيمة اقل بكثير.

1-1-5: عدم وجود وسيلة للدفع الآجل إلا السلع نفسها. وهذه السلع قد تتغير قيمتها بمرور الزمن. مما يؤدي الى غبن أحد طرفي التعامل بالآجل الدائن أو المدين.

لهذه الأسباب وغيرها تخلت البشرية عن نظام المقايضة وعدلت عنه الى استخدام النقود والتي باستخدامها تم تجاوز صعوبات ومعوقات التبادل عن طريق نظام المقايضة وأدت النقود وظائفها بكفاءة بعد أن عجز عنها نظام المقايضة.

1-2: وظائف النقود

تقوم النقود بأداء أربع وظائف تجعلها وسيلة لتيسير عملية التبادل وازدهار النشاط الاقتصادي ورفاهية أكبر لمستخدمها، وتجنب مستخدم النقود صعوبات التبادل في نظام المقايضة، وهذه الوظائف هي:

1-2-1: النقود وحدة لقياس القيمة

تستخدم النقود لقياس قيم السلع والخدمات ويعبر عن هذه القيمة بالسعر النقدي وهو عدد وحدات النقود (الدنانير مثلا) الواجب دفعها مقابل الحصول على وحدة واحدة من السلعة. ومن خلال النقود يمكن قياس القيمة التبادلية للسلع. فإذا كان سعر السلعة أ عشرة دنانير وسعر السلعة ب خمسة دنانير فهذا

يعني أن كل وحدة من السلعة أ تساوي وحدتين من السلعة ب.

ولكي تؤدي النقود هذه الوظيفة بكفاءة يجب أن تكون قوتها الشرائية ثابتة. وهذا يعني ثبات المستوى العام للأسعار. أما إذا تغيرت قيمة النقود بنسبة معينة فهذا يعني عدم كفاءتها كوحدة قياس بحسب هذه النسبة.

1-2-2: النقود كوسيط للتبادل

تستخدم النقود كوسيط في عملية تبادل السلع والخدمات إذ تكون عملية التبادل (سلعة ـ نقود ـ سلعة) حيث تحظى النقود بالقبول العام من قبل جميع أفراد ومؤسسات المجتمع. فمن لديه سلعة أو خدمة يبعها ويحصل على النقود، ثم يستخدم هذه النقود في شراء السلع والخدمات التي يرغب بها. فالنقود قوة شرائية عامة تمكن مالكها من شراء السلع والخدمات التي يرغبها من منتجيها أو عارضيها.

1-2-3: النقود كمخزن للقيمة

تعد النقود مخزن جيد للقيمة. فحامل النقود يستطيع أن يشتري بنقوده السلع والخدمات في الوقت الحاضر والمستقبل. وتؤدي النقود هذه الوظيفة بكفاءة أكثر كلما كانت قوتها الشرائية ثابتة. ويجب أن نعرف انه ليست النقود هي المخزن الوحيد للقيمة بل هناك أصول أخرى يمكن أن تكون كذلك مثل الأسهم والسندات والسلع المختلفة. إلا أن هذه الأصول قد تتغير قيمتها عبر الزمن وقد لا تحظى بالقبول العام من قبل جميع الأفراد لذلك تكون اقل سيولة (أي لا يمكن تحويلها الى نقود بسهولة وبدون خسائر).

4-2-1: النقود كوسيلة للمدفوعات الآجلة

بما أن النقود مقياس ومخزن للقيمة ووسيلة للتبادل فإنها تستخدم لتسديد المدفوعات الآجلة أو الديون في المستقبل وتقوم النقود بهذه الوظيفة بكفاءة أكبر كلما كانت قدرتها الشرائية (قيمتها) ثابتة عبر الزمن. أما إذا ما تغيرت قيمتها فإن أحد أطراف التعامل سوف يخسر ويربح الآخر.

3-1 : النقود في الدولة الإسلامية في عصر النبوة

لقد استمر العمل بالنقود التي كانت سائدة في عصر ما قبل الإسلام. وكانت هذه النقود من نوع النقود السلعية. والتي كانت تتكون من الدنانير الذهبية والدراهم الفضية. وكانت هذه النقود تجلب من الدول المجاورة. حيث كانت الدنانير مصدرها الدولة الرومية أما الدراهم فمصدرها الدولة الفارسية.

أما في عصر الخلافة الراشدة فقد استمر العمل كما كان عليه الحال في عصر النبوة وقد ضرب الدرهم الإسلامي في أواخر خلافة عمر بن الخطاب (رضي الله عنه) ولكن ليس بإصدار جديد وإنما على صورة الدرهم الساساني، ولكن أضيفت إليه بعض عبارات التوحيد الإسلامية نحو بسم الله، بسم الله ربي، الحمد لله، محمد رسول الله. وقد بقيت صورة كسرى منقوشة على هذا الدرهم. واستمر الحال على ما هو عليه في خلافة عثمان بن عفان وعلي بن أبي طالب رضي الله عنهما. وإن كان هناك تغيير فيقتصر على تغيير ببعض العبارات المنقوشة فقط.

أما في زمن الدولة الأموية، فقد حدث تغيير جوهري في خلافة عبد الملك

بن مروان. فقد ضربت العملة بطراز إسلامي خالص بعيدا عن عملات الدول المجاورة الروم وفارس. وقد أنشأت مؤسسة لإصدار النقود تدعى دار السكة. مهمتها تحويل الذهب الى دنانير بوزن معلوم ونقش ذو طابع رسمي وبذالك قد تحقق الاستقلال النقدي الضروري لاستكمال لاستقلال الاقتصادي والسياسي. وكانت الرقابة شديدة على عمل دار السكة حرصا من الدولة على منع الغش في النقود من حيث الوزن ومن حيث الجودة والنقاوة. إذ يروى أن هشام بن عبد الملك قد وجد درهما ينقص حبة. فضرب كل صانع ألف سوط وكانوا مئة صانع. وبذلك ضرب في حبة مئة ألف سوط[1].

---

(1) أحمد حسين، الأوراق النقدية في الاقتصاد الإسلامي، ط1، دار الفكر المعاصر، بيروت1999، ص67.

المبحث الثاني
الصيرفة الإسلامية

1-2: تاريخ الصيرفة الإسلامية

لقد تطورت الصيرفة الإسلامية مع ازدهار الحضارة الإسلامية. وذلك كان أمرا ضروريا لكي يتمكن قطاع الصيرفة من تغطية الحاجات المتزايدة للنقود لتغطية التوسع الكبير في النشاط الاقتصادي وقطاع التجارة الداخلية والخارجية. ومن صور العمل المصرفي التعامل بالأدوات التجارية الآتية:

2-1-1: السفنجة: تعرف السفنجة في الفقه الإسلامي بأنها معاملة مالية يقدم فيها شخص قرضا لآخر في بلد ليوفيه المقترض أو نائبه في مدينة أو في بلد آخر. وكان الصيارفة يقومون بعملية السفنجة من غير نقل حقيقي للنقود بل من خلال إتباع أسلوب المقاصة بين التزامات التجار في المراكز التجارية المختلفة. فيستطيع تاجر في مصر ـ أن يفي بقيمة عشرين سفنجة قدرها ألف دينار حررها تاجر في العراق مقابل الوفاء بقيمة سفانج حررها تاجر في مصر لعملاء أرادوا نقل أموالهم الى العراق [1].

2-1-2: الصكوك: تعني أمرا مكتوبا من المحرر الى أحد الصيارفة بدفع مبلغ من النقود لحامل الصك أو لمن يعينه باسمه. والصك بهذا المعنى يشبه الشيكات الحالية. وقد شاع استخدام هذه الصكوك في التعاملات

---

(1) محمد احمد السراج، النظام المصرفي الإسلامي، دار الثقافة للنشر والتوزيع، القاهرة 1410هـ 1989م، ص23.

التجارية. حيث يغني التعامل بالصكوك عن حمل وعد وفحص الأوراق النقدية.

2-1-3: رقاع الصيارفة: وهي تعهدات مكتوبة بدفع مبالغ نقدية محددة عند الطلب أو في الموعد المحدد للمستفيد أو لحامل الرقعة. وكانت هذه الرقاع تحرر من قبل الصيارفة ويروجونها. وهي صورة من صور التعامل بالأوراق التجارية.

2-2: خصائص النظام المصرفي الإسلامي

يتميز النظام المصرفي الإسلامي بالخصائص الآتية :

2-2-1: الالتزام بأحكام الشريعة الإسلامية عامة وأحكام المعاملات الاقتصادية والمالية خاصة.

2-2-2: عدم التعامل بالربا (الفائدة) بكل صوره وأشكاله لا أخذا ولا عطاءا وذلك استجابة لقول الله تعالى " واحل الله البيع وحرم الربا " وقوله تعالى "يا أيها الذين امنوا اتقوا الله وذروا ما بقي من الربا إن كنتم مؤمنين. فإن لم تفعلوا فأذنوا بحرب من الله ورسوله......" (البقرة **275-281**). كما لعن رسول الله صلى الله عليه وسلم أكل الربا وموكله وكاتبه وشاهديه وقال هم سواء[1].

إن تحريم التعامل الربوي (الفائدة) يعدا هم خاصية يختص بها النظام المصرفي الإسلامي. في الوقت الذي تعد فيه الفائدة قطب الرحى الذي تدور حوله اغلب آليات عمل الأنظمة الاقتصادية والنقدية والمالية المعاصرة.

---

(1) صحيح مسلم رقم الحديث (1567).

3-2: أهداف النظام المصرفي الإسلامي:

يهدف النظام المصرفي الإسلامي الى تحقيق الأهداف الآتية[1]:

2-3-1: جعل كل التعـاملات المصرفية والماليـة متفقـة مـع أحكـام الشريـعة الإسـلامية. وتحريرها من التعامل الربوي (الفائدة) بكل صوره وأشكاله.

2-3-2: تحقيق الرفاهية الاقتصادية لأفراد المجتمع. من خلال تحقيـق الاسـتخدام التـام والقضاء على البطالة وتحقيق معدل امثل للنمو الاقتصادي.

2-3-3: تحقيق العدالة الاقتصادية والاجتماعية من خلال توزيع عادل للدخل والثروة.

2-3-4: تعبئة المدخرات لغرض تحويـل التنميـة مـع ضـمان عائـد عـادل ومجـزي لكـل الأطراف المعنية.

2-3-5: العمل على استقرار قيمة النقود. من أجل أن تقـوم بـأداء وظائفهـا عـلى أكمـل وجه.

2-3-6 : تقديم الخدمات المصرفية لطالبيها بطريقة كفوؤة وفعالة.

(1) محمد عمر شابرا، نحو نظام نقدي عادل، ط1، المعهد العالي للفكر الإسلامي 1408هـ ـ1987 ص46.

المبحث الثالث
المصارف الإسلامية

1-3: مفهوم المصارف الإسلامية

يعرف المصرف الإسلامي بأنه مؤسسة مالية نقدية تقوم بالأعمال والخدمات المالية والمصرفية وجذب الموارد النقدية وتوظيفها توظيفا فعالا يكفل نموها وتحقيق أقصى عائد منها بما يحقق أهداف التنمية الاقتصادية والاجتماعية في إطار أحكام الشريعة الإسلامية.

إن مفهوم المصارف الإسلامية يقوم على العناصر الأساسية الآتية[1]:

أ- الالتزام بأحكام الشريعة الإسلامية في مجال المعاملات المالية والمصرفية وأول هذه الأحكام هو عدم التعامل بالربا (الفائدة).

ب- حسن اختيار القائمين على إدارة المصرف والتزامهم بأحكام الشريعة الإسلامية عن علم ودراية ورغبة في نشر وإشاعة التعامل الإسلامي بدافع الإيمان بأحكام الإسلام.

ج- الصراحة والصدق والشفافية في معاملات المصارف بعيدا عن الحيل أو التحايل والابتعاد عن الشبهات في التعامل المصرفي.

---

(1) محمد محمود العجلوني، البنوك الإسلامية، ط1، دار المسيرة للنشر، عمان، 1429هـ - 2008م، ص111.

د- تنمية الوعي الادخاري لدى الأفراد وتعبئة مدخراتهم لتمويل المشاريع الاقتصادية والاجتماعية التي لا تتعارض مع ضوابط الاستثمار الإسلامية.

2-3: خصائص المصارف الإسلامية

تشترك المصارف الإسلامية بالخصائص العامة الآتية:

3-2-1: عدم التعامل بالربا (الفائدة) بكل أشكاله وأنواعه.

3-2-2: استخدام أموال المصرف والودائع الاستثمارية في تمويل مشاريع استثمارية وفق صيغ استثمار مشروعة. وتكون بديلا عن التمويل الربوي. ويجب التأكيد هنا على ضرورة أن تكون جميع مراحل العملية الإنتاجية مقبولة شرعا وواقعة في دائرة الحلال.

3-2-3: تجميع المدخرات وتوجيهها لتمويل مشاريع ذات جدوى اقتصادية واجتماعية تساهم في تحقيق التنمية الاقتصادية.

3-2-4: تقديم الخدمات المصرفية للجمهور والخالية من الربا أو التعاملات المحرمة الأخرى.

3-2-5: تسهيل أداء فريضة الزكاة على المساهمين والمودعين المكلفين من خلال فتح صناديق خاصة لتجميع أموال الزكاة وإعادة توزيعها الى مستحقيها شرعا.

3-3: وظائف المصارف الإسلامية:

تقوم المصارف الإسلامية بالوظائف الآتية:

1-3-3: تقديم الخدمات المصرفية

تشتمل هذه الوظيفة على تقديم الخدمات الآتية:

أ-قبول الودائع

تكون هذه الودائع على نوعين، هما:

(1) الودائع الجارية:

وهي حقوق على المصرف تعود الى المودعين. يمكنهم المطالبة بها فورا وتحويلها الى نقد من خلال سحب صك عليها. وتشترك المصارف الإسلامية مع المصارف التقليدية بهذه الوظيفة.

إن المصارف الإسلامية تضم الودائع الجارية الى أموالها وتستثمرها بإذن صريح أو ضمني من قبل أصحابها ، مع التزام المصرف برد هذه الودائع عند الطلب. كما أن المصرف لا يعطي أي فائدة لأصحاب هذه الودائع. بل من الممكن أن يأخذ منهم عمولة معينة لقاء إدارته لحسابات عملاته التجارية. وقد تمنح بعض المصارف جوائز أو مكافئات أو تقديم بعض الخدمات المجانية لتشجيع الجمهور على فتح حسابات جارية لديها، إلا أن هذه المكافئات يجب إلا تكون مشروطة مسبقا أو منتظمة. لكي لا تدخل في باب الربا. علما أن الودائع الجارية تشكل النسبة الأكبر من مصادر الأموال الخارجية للمصارف الإسلامية.

(2) الودائع لأجل والودائع الادخارية:

يقبل المصرف الإسلامي ودائع العملاء الراغبين في مشاركة المصرف في

عملياته الاستثمارية. ويمكن تمييز أربعة أنواع من هذه الودائع هي ودائع التوفير وودائع الاستثمار والودائع لأجل وودائع الاستثمار المخصص. حيث تختلف شروط ونسبة كل منها في الأرباح المتحققة. وهنا يجب التأكيد على أن المصارف الإسلامية تعتبر نفسها مضارب مع أصحاب هذه الودائع ويتقاسمان الربح حسب ما انفقا عليه. وإن المصارف الإسلامية لا تعتبر رأس مال المصرف مصدرا يحمي الودائع الاستثمارية أي يتلق الخسائر نيابة عنها. حيث يتم تقاسم الربح حسب ما اتفقا عليه إما في حالة الخسارة فإنها تصيب رأس المال فقط أما المضارب فيخسر عمله.

ب- الاعتمادات المستندية:

تقدم هذه الخدمة لتجار الاستيراد والتصدير. والاعتماد المستندي هو عبارة عن تعهد بالسداد والدفع من قبل المصرف المصدر للاعتماد نيابة عن عميله طالب الاعتماد (المستورد) لصالح حساب المستفيد من الاعتماد (المصدر) لدى مصرف في دولة أخرى. وذلك عند تقديم مجموعة من الوثائق ذات العلاقة بشحن ونقل ملكية البضاعة المستوردة من المصدر الى المستورد. ويعتبر الاعتماد المستندي وسيلة دفع دولية ذات مصداقية عالية كونها تشكل ضمانا وتأكيدا لحقوق الأطراف المشتركة في العمليات المصرفية. وتحصل المصارف على عمولة مقابل تقديم هذه الخدمة.

ج- خطابات الضمان والكفالات المصرفية

تعني الكفالة المصرفية تعهد كتابي يصدره المصرف بناءا على طلب عميله. يتعهد بموجبه المصرف بضمان التزام عميله المكفول بمبلغ محدد خلال مدة معينة تجاه طرف آخر (الدائن) في حالة فشل العميل بالوفاء بالتزاماته أو أخل بشروط

العقد تجاه الطرف الآخر(الدائن). وعادة ما تطلب المصارف الإسلاميه من عملائها إيداع جزء من قيمة خطاب الضمان لديها. ويستحق المصرف عمولة مقابل وكالته عـن طالـب خطـاب الضمان.

د-تحصيل الأوراق التجارية

الأوراق التجارية هي عبارة عن صكوك ثابتة تمثل حقا نقديا محدد القيمة، واجبة الدفع في وقت محدد. وهي قابلة للتداول بطريقة المداولة أو التظهير. وتعتبر أداة وفاء للـديون بـدلا من النقود[1]. ومـن أشـكال الأوراق التجاريـة الكمبيالـة والشـيك والسـند الإذني أو لأمـر. يقـوم المصرف الإسلامي بالوكالة عن صاحب الحق في الورقة التجارية وتحصيل قيمتها في الموعد المحدد مقابل عمولة معينة.

هـ-الحوالة المصرفية:

تعني نقل النقود أو أرصدة الحسـابات مـن شـخص لآخر أو مـن حسـاب لآخر أو مـن مصرف لآخر أو من بلد لآخر. وتكون الحوالات داخليـة وخارجيـة، ويتقاضى البنـك عمولـة عـن هذه العملية.

و-صرف العملات الأجنبية:

تقوم المصارف الإسلامية بعملية بيع وشراء العملات الأجنبية، وهذه العملية جائزة شرعـا شرط أن يكون التقابض نقدا وليس دينا.

---

(1) محمد عثمان شبير، المعـاملات الماليـة المعـاصرة في الفقـه الإسلامي، الطبعـة الأولى، دار النفـائس، عمان، 1996، ص199.

ز-وظائف أمناء الاستثمار:

يقوم أمناء الاستثمار في المصارف الإسلامية بتقديم عـدد مـن الخـدمات مقابـل أجـور محددة. ومن هذه الخدمات ما يأتي:

(1) تأسيس وتسجيل الشركات والحصـول عـلى الموافقـات اللازمـة وإعـداد العقـود الأساسـية والنظام الداخلي والإعلان عنها وتوثيقها.

(2) خدمات الاكتتـاب بأسـهم الشركات، تتضـمن هـذه الخـدمات الحصـول عـلى الموافقـات اللازمـة وإجـراءات التسـجيل في سـوق الأوراق الماليـة وإعـداد السـجلات وطـرح الأسـهم الخاصة للاكتتاب. ويحصل المصرف على عمولة مقابل هذه الأعمال. أو قد يقـوم المصرف بشراء كل الأسهم ويعيد بيعها ويحصل على أرباح.

(3) سمسرة التأمين: يقوم المصرف الإسلامي بتسويق وثائق شركات التامين الإسلامية ويحصـل مقابل ذلك على عمولة.

(4) تسويق وإدارة العقارات مقابل عمولة محددة.

(5) تقديم الاستشارات مقابل أجـور محـددة في مجـالات الاسـتثمار في الأوراق الماليـة أو في المشاريع الجديـدة، وإعـداد دراسـات الجـدوى الاقتصـادية للمشروعات المزمـع إقامتهـا، ودراسات تقييم الأداء للمشاريع القائمة، وإعداد البحـوث والدراسـات العلميـة والميدانيـة لطالبيها.

2-3-3: تمويل الاستثمارات

يمكننا تصنيف تمويل الاستثمارات حسب المعايير الآتية:

أ-التمويل حسب أسلوب المشاركة

ينقسم هذا النوع من التمويل الى الأساليب الآتية:

(1) التمويل وفق أسلوب المضاربة

تعني المضاربة عقد على الشراكة بين اثنين يقدم احدهما رأس المال والأخر العمل ويكون الربح بينهما حسب ما اتفقا عليه.

و لصحة المضاربة يجب توفر الشروط الآتية :

- أن يكون رأس المال نقدا لا عرضا (سلع) ويجيز البعض المضاربة بالعروض بعد إن تقيم وتعتبر قيمتها رأس مال للمضاربة.
- أن يكون رأس المال مسلما الى المضارب لا دينا في ذمته.
- أن يكون رأس المال معلوما عددا وصفة.
- أن لا يكون العامل ضامنا لرأس المال إلا في حال التعدي أو التقصير من قبل المضارب.
- أن يكون نصيب طرفي العقد حصة شائعة من الربح. ولا يصح أن يشترط أحدهما مبلغا معينا.

إن من خصائص نظام المضاربة هو انه يجعل لصاحب رأس المال مصلحة واضحة في نجاح المشروع الاستثماري لذلك يكون حريص على استثمار أمواله في المشاريع ذات الجدوى الاقتصادية. بينما في حال التمويل الربوي يكون عائد صاحب رأس المال ثابت (الفائدة) بغض النظر عن نتيجة الاستثمار هل حقق ربحا أم خسارة.

(2) التمويل وفق أسلوب الشراكة

هي عقد شراكة يلتزم فيه شخصان أو أكثر بأن يساهم كل منهم في مشروع اقتصادي من خلال تقديم حصة من رأس المال أو من العمل لاقتسام ما ينشا عنه من ربح أو خسارة. تتبع المصارف الإسلامية هذا الأسلوب من التمويل عندما ترغب في المساهمة في رأس المال والعمل معا. ويصلح هذا الأسلوب لتمويل الاستثمارات طويلة الأجل وكذلك قصيرها. وتتخذ المشاركة التي تجريها المصارف الإسلامية الصيغ الآتية:

- المشاركة الدائمة حيث تستمر الشركة لحين انتهاء المشروع.

- المشاركة المنتهية بالتمليك. تؤول أصول الشركة الى الشريك الآخر بعد أن يسدد حصة المصرف من رأس المال على شكل أقساط أو دفعة واحدة بعد انتهاء مدة العقد.

- المشاركة في صفقة واحدة. وتتم عادة في الأعمال التجارية وتنتهي بانتهاء الصفقة.

ب-التمويل وفق أسلوب البيع:

هناك عدة أنواع من هذا التمويل هي:

(1) التمويل وفق أسلوب المرابحة:

تعني المرابحة التزام المصرف بشراء سلعة موصوفة وصفا بعينها وبيعها لعملية (الأمر بالشراء) بنسبة معينة من الربح مع وعد من العميل بشراء هذه السلعة عند وصولها للمصرف بثمن الشراء مع إضافة النسبة المتفق عليها من الربح. وتصح المرابحة وفق الشروط الآتية:

- إن تدخل السلعة المأمور بشرائها في ملكية المصرف وضمانته قبل إنفاق العقد الثاني (البيـع للعمل).

- أن لا يكون الثمن في بيع المرابحة قابلا للزيادة في حالة العجز عن السداد.

- أن لا يكون بيع المرابحة ذريعة للربا بأن يقصد المشتري الحصول على المال ويتخذ السـلعة وسيلة لذلك. كما في بيع العينة وهو ان يشتري شخص سلعة مـن تاجر نسـيئة ثـم يعـود لبيعها إليه نقدا ولكن بثمن اقل. تصلح المرابحة لتمويل النشاط التجاري الاسـتهلاكي أكـثر مما تصلح لتمويل مشاريع إنتاجية .

(2) التمويل وفق أسلوب البيع الآجل:

هو بيع سلعة بأعلى من ثمنها الفوري لقاء تأخير سداد الثمن الى أجل معلوم. يصلح هـذا التمويل في تمكين العملاء من الحصول على سلع الاستهلاك الدائم كالسيارات والأثاث والمسـاكن أكثر مما يصلح لتمويل المشاريع الإنتاجية.

(3) التمويل وفق أسلوب بيع السلم:

يعني السلم دفع ثمـن السـلعة مقدما علـى أن يـتم اسـتلام السـلعة بعـد أجـل محـدد وبمواصفات متفق عليها. يصلح هذا الأسلوب مـن التمويـل لتمويـل العمليـات الزراعيـة حيـث يحتاج المزارع الى التمويل لشراء مستلزمات الإنتاج مـن بـذور أو سـماد أو علـف وغيرهـا وبعـد حصول الإنتاج يقوم بدفعه الى من موله وبالقدر المتفق عليه.

(4) التمويل وفق أسلوب الاستصناع:

يعني دفع مبلغ نقدي للصانع لصنع سلعة معينة بمواصفات ثابتة. يصلح هذا النوع مـن التمويل لتمويل المشاريع الإنتاجية الصناعية. حيث يتم طلب

مكائن إنتاجية مثلا من المصرف بنسب معينة. وبما أن المصرف هو مؤسسة تمويلية فانه بدوره يقوم بالطلب من الصانع أو الشركة المنتجة أن تصنع له الماكينة المعينة بمبلغ معين يدفع قبل تسلم الماكينة. ويقوم المصرف باستلام الماكينة ومن ثم دفعها الى طالبيها بالثمن المتفق عليه والذي يكون بطبيعة الحال أكبر من الثمن الذي دفعه المصرف للصانع وهذا هو ربح المصرف.

ج-التمويل حسب أسلوب الإجارة:

الإجارة هي مبادلة مال بمنافع (خدمات) مثل إيجار الدار بمبلغ معين وحده معينة. وهناك ثلاث أنواع من التأجير هي:

(1) التأجير التشغيلي:

حيث يقوم المصرف أو أي شخص بشراء أصل إنتاجي مثل دار أو سيارة أو معدات معينة ثم يقوم بتأجير هذا الأصل لشخص بحاجة الى خدمات هذا الأصل مقابل ثمن (إيجار) محدد ولمدة محددة.

(2) التأجير التمويلي:

حيث يقوم المصرف بشراء المعدات المطلوبة لمشاريع إنتاجية وتأجيرها لمن يستغلها مقابل اجر محدد لأجل محدد. ويستعمل هذا النوع في تحقيق التنمية الصناعية. ويكون لمستغل هذه المعدات حق شرائها بعد انتهاء مدة العقد.

(3) التأجير المنتهي بالتمليك

وهو أن يقوم المصرف بشراء أصل رأسمالي وتأجيره الى من يستغله بأجر محدد ومدة محددة مع حق المستأجر بتملك هذا الأصل بعد أن يدفع مبلغ معين في أي وقت شاء. ويخصم من هذا المبلغ الإيجارات المستلمة. ويستخدم هذا

التمويل في تمكين الموظفين من تملك وسائل إنتاج يمارسون نشاطهم من خلالها. وبعد سداد قيمتها مع أرباح المصرف على شكل أقساط فإن ملكيتها تؤول من المصرف الى الحرفي. ويساهم هذا النوع من التمويل في توفير فرص عمل وزيادة إنتاج السلع والخدمات ومن ثم زيادة الدخل والناتج القومي.

د-التمويل بصيغة التورق المصرفي:

يعني التورق شراء سلعة بثمن أجل وإعادة بيعها بثمن اقل نقدا (لغير البائع) بهدف الحصول على نقود. ويقوم المصرف بمهمة التمويل والوساطة المصرفية بين طالب التوريق والبائع من جانب وبين طالب التوريق والمشتري من جانب آخر. حيث يشتري طالب التوريق سلعة معينة من المصرف بثمن مؤجل ثم يقوم المصرف ببيع هذه السلعة في السوق بثمن حاضر كوكيل لطالب التوريق على أن لا تكون السلعة من الذهب أو الفضة. ومن الممكن أن يكون التوريق على صورة شراء المصرف دار من طالب التوريق بنقد حاضر ثم يقوم المصرف بتأجيرها أو تأجير ينتهي بالتملك الى نفس الشخص.

يستعمل هذا النوع من التمويل لتمويل المشاريع من غير أن يدخل المصرف كشريك فيها. وكذلك أداة جيدة للتمويل قصير الأجل حيث يوفر السيولة لطالبيها من غير اللجوء الى التعامل الربوي.

3-3-3: الخدمات الاجتماعية

بالإضافة الى الخدمات المصرفية التي يقدمها المصرف الإسلامي فإنه في الوقت نفسه يقوم بتقديم بعض الخدمات ذات البعد الاجتماعي. ومن أهم هذه الخدمات ما يأتي:

أ-جمع وتوزيع الزكاة

يقوم المصرف الإسلامي بإخراج زكاة أموال المصرف وزكاة أرباح مساهمية وزكاة من يوكله من المودعين لديه والمتعاملين معه وأموال مشاريعه والشركات التابعة له وعروض التجارة من السلع والأصول المنقولة الأخرى وأمواله المرصودة للاستثمار المشترك غير المستغلة بعد. بالإضافة الى الاحتياطيات والنقد السائل وكل مال حال عليه الحول ولا يتقاضى المصرف الإسلامي أي عمولة عن هذا النشاط.

ب-القرض الحسن

حيث يقوم المصرف الإسلامي بتخصيص مبلغ محدد للمحتاجين من عملائه يقدم لهم على شكل قرض حسن لأجل محدود بدون أي فائدة. ويحق للمصرف إن يتقاضى التكاليف الإدارية على أن لا ترتبط بأجل القرض أو مبلغ القرض. وعادة ما يكون القرض الحسن قرض قصير الأجل يستخدم لمواجهة نقص مؤقت في السيولة أو لغايات اجتماعية كالزواج والتعليم ولشراء بعض الحاجات المنزلية أو للعلاج.

ج-خدمات ثقافية واجتماعية وعلمية ودينية

يساهم البنك بتقديم خدمات مثل بناء المساجد والمراكز العلمية الإسلامية وإصدار المجلات العلمية التي تعنى بالاقتصاد الإسلامي ونشر الوعي المصرفي الإسلامي. والمساهمة في عقد المؤتمرات العلمية المتخصصة بالعمل المصرفي.

المبحث الرابع
السياسة النقدية في الاقتصاد الإسلامي

تعرف السياسة النقدية بأنها مجموعة القواعد والقرارات والإجراءات والتدابير التي تتخذها السلطات الاقتصادية والنقدية بغرض التأثير والتحكم في حجم الكتلة النقدية، بهدف تحقيق الأهداف الاقتصادية والاجتماعية للمجتمع، بما يتفق مع الأحكام والمبادئ الواردة في القرآن الكريم وسنة النبي محمد (صلى الله عليه وسلم) وإجماع علماء المسلمين[1].

4-1: مرتكزات السياسة النقدية في الاقتصاد الإسلامي

إنَّ السياسة النقدية في الاقتصاد الإسلامي التي يرسمها وينفذها البنك المركزي تقوم على المرتكزات الآتية[2]:

4-1-1: تصاغ الأهداف الاقتصادية والاجتماعية للسياسة النقدية في الاقتصاد الإسلامي وتحدد وفقا لأحكام ومقاصد الشريعة الإسلامية ،التي تضمن العدالة والكفاءة الاقتصادية والاجتماعية.

4-1-2: تكون عملية صياغة السياسة النقدية في الاقتصاد غير الربوي قائمة على تبني نظام مالي ونقدي ومصرفي خالٍ من الفائدة ،التي هي محرمة شرعا قال تعالى: ﴿ٱلَّذِينَ يَأۡكُلُونَ ٱلرِّبَوٰاْ لَا يَقُومُونَ إِلَّا كَمَا يَقُومُ ٱلَّذِى

(1) بنك السودان المركزي، توثيق تجربة السودان في مجال المصارف والمؤسسات المالية الإسلامية، مخطط إدارة السياسة النقدية والتمويلية، الخرطوم، ط1،2006م، ص51.
(2) بنك السودان المركزي، مخطط أدارة السياسة النقدية، مصدر سابق، ص51.

يَتَخَبَّطُهُ ٱلشَّيۡطَٰنُ مِنَ ٱلۡمَسِّۚ ذَٰلِكَ بِأَنَّهُمۡ قَالُوٓاْ إِنَّمَا ٱلۡبَيۡعُ مِثۡلُ ٱلرِّبَوٰاْۗ وَأَحَلَّ ٱللَّهُ ٱلۡبَيۡعَ وَحَرَّمَ ٱلرِّبَوٰاْۚ ﴾ **(البقرة: أية275).**

4-1-3: تقوم السياسة النقدية في الاقتصاد الإسلامي على تحريم الفائدة، وإحلال مبدأ المشاركة في الربح والخسارة محل الربح المضمون في جميع العمليات الاقتصادية والتجارية والتمويلية.

4-1-4: تسعى السياسة النقدية إلى ضمان تحقيق الاستقرار الاقتصادي والنقدي عن طريق التأثير والتحكم في عرض النقود، بأدوات لا تتعارض مع أحكام الشريعة الإسلامية.

وعلى وفق ما تقدم فإن السياسة النقدية في الاقتصاد الإسلامي تهدف إلى تنظيم حجم السيولة بشكل عام من أجل تحقيق الاستقرار الاقتصادي والعمل على خفض معدلات التضخم، ويتم ذلك من خلال المرتكزات التي تستند إليها هذه السياسة.

4-2: أهداف السياسة النقدية في الاقتصاد الإسلامي:

يُعدّ البنك المركزي السلطة الحاكمة لمراقبة النشاط المصرفي وعرض النقود من جهة، وتنفيذ ورسم السياسة النقدية من جهة أخرى فانه يقوم بوضع السياسة اللازمة لتحقيق الأهداف الاقتصادية والاجتماعية التي من أهمها ما يأتي:

4-2-1: تحقيق الاستقرار الاقتصادي الكلي المتمثل في استقرار المستوى العام للأسعار من أجل تجنيب الاقتصاد حالات اللاتوازن الناجمة من تضخم أو انكماش ومعالجتهما إن وجدا.

4-2-2: تحقيق الاستقرار النقدي للحفاظ على ثبات قيمة العملة الوطنية.

4-2-3: تحقيق النمو والرفاهية الاقتصادية والاستخدام الأمثل لموارد المجتمع الاقتصادية.

4-2-4: تحقيق العدالة الاقتصادية والاجتماعية والتوزيع العادل للدخل والثروة.

4-3: أدوات السياسة النقدية في الاقتصاد الإسلامي

إنَّ أدوات السياسة النقدية بشكل عام هي الأدوات أو الوسائل التي تستعين بها السلطة النقدية في إدارة كمية النقود المعروضة، من خلال تدابير وإجراءات تهدف إلى تعظيم أهداف معينة[1]. ولا شك في أن هذه الأدوات أو الوسائل تنسجم مع أحكام الشريعة الإسلامية؛ وذلك لاستبعاد الفائدة المحرمة. وعند تطبيق هذه الأدوات علينا أن نطور بعض الأدوات بما يتلاءم مع أحكام الشريعة الإسلامية. إذ عرفنا مما سبق إن منهج الاقتصاد التقليدي يقوم على أساس الربا باعتبار الربا القلب النابض أو المؤشر الرئيس لحركة الاقتصاد. أما في الاقتصاد الإسلامي (اللاربوي) فيكون الركن الأساسي هو عدم التعامل بالربا من خلال تغيير هيكلية التعامل مع هذه الأدوات بما يتوافق مع أحكام الشريعة الإسلامية ومن ثم تحقيق التنمية الاقتصادية والأهداف الأخرى الآنفة الذكر ومن أهم هذه الأدوات ما يأتي:

---

(1) حسين كامل فهمي، أدوات السياسة النقدية التي تستخدمها البنوك المركزية في اقتصاد إسلامي، المعهد العالي للبحوث والتدريب، جدة، 1427 هـ - 2006 م، بحث رقم 63، ص14.

1-3-4: عمليات السوق المفتوحة:

تُعدّ عمليات السوق المفتوحة أداة مهمة من أدوات السياسة النقدية فمن خلالها يقوم البنك المركزي بالتدخل في سوق الأوراق المالية بشراء أو بيع الأوراق المالية حسب المنهجية التي يراها مناسبة أو يتطلبها الاقتصاد.

وفي ظل نظام اقتصادي إسلامي لا يمكن استخدام هذه الأداة إلا من خلال استبعاد كل الأوراق المالية الربوية، مما يجعل محفظة الأوراق المالية تصبح أضيق مما هي عليه في الاقتصاد الوضعي وهي في الغالب تكون من الأوراق الآتية[1]:

أ- صكوك المضاربة الإسلامية. ويمكن أن تعرف هذه الصكوك الإسلامية بأنها: (الأوراق المالية التي تصدرها الشركات والمصارف التي تلتزم بأحكام الشريعة الإسلامية، بحيث يكون العائد الذي يحصل عليه صاحب الصك هو نسبة من أرباح الشركة وليس فائدة ثابتة سنويا، علما بأن الأحكام التي تطبق على هذه الصكوك هي أحكام شركة المضاربة التي تحتوي على نوعين من الشركاء هما أرباب الأموال والمضارب الذي يعمل في هذه الأموال يديرها ويستثمرها)[2].

ب- أسهم الشركات أو المصارف التي يقوم المصرف الإسلامي بتأسيسها بنفسه أو بالاشتراك مع غيره.

(1) الاتحاد الدولي للبنوك الإسلامية، موسوعة البنوك الإسلامية، ج6، الاستثمار 1402هـ - 1982 م، ص267.
(2) عاشور عبد الجواد عبد الحميد، البديل الإسلامي للفوائد المصرفية الربوية، دار الصحابة للتراث والنشر والتحقيق والتوزيع بطنطا، ط1، 1413هـ - 1993م، ص40-41.

ج- الأسهم التي يقوم المصرف بشرائها والتي لا تتعامل بالفائدة المحرمة شرعا.

د- شـهادات الإيـداع محليـة كانـت أو دوليـة عنـد هـذه المصـارف إذ يمكـن اسـتخدامها في استثمارات تنسجم مع أحكام الشريعة الإسلامية تكون على نوعين[1]:

النوع الأول: شهادات الودائع المركزية: وهـي الشـهادات التـي يقـوم بإصـدارها البنك المركزي بعدها أداة مالية خاصة لكي تعطي حاملها سهما في ودائع البنك المركزي لدى المصارف التجارية وهذا من أهم مميزاتها بالإضافة إلى ذلك الرقابة والإشراف المزدوج من قبل البنك المركزي والمصارف التجارية فضلا عن ذلـك انخفـاض درجـة المخاطرة المالية عند الاستثمار فيها[2]، إذ يقـوم البنـك المركزي بعد إصدارها بفتح ودائع استثمارية لدى المصارف التجارية، ويضيف إليها جـزء مـن الأوراق النقدية (العملـة الورقية) التي جرى إصدارها، بعد ذلك كله توجه أرصدة الودائع إلى أعمال خاصة بالبنك المركزي أو إلى مجموعة كبيرة من المشاريع العامة بحيث يكون الغرض منها تحقيق الأهداف أو الأغراض الاقتصادية التي تسعى السياسة النقديـة إلى تحقيقها والتي من أهمها السيطرة على تغير حجم عرض النقود من خلال دخوله في

---

(1) معبد علي الجارحي، نحو نظام نقدي ومالي أسلامي ـ الهيكل والتطبيق ـ المركز العالمي لأبحاث الاقتصاد الإسلامي، جامعة الملك عبد العزيز، جدة، 1981م ص40، نقلا عن حسين كامل فهمي، أدوات السياسة النقدية التي تستخدمها البنوك المركزية،مصدر سابق، ص45.
(2) احمد صبحي احمد العيادي، مصدر سابق، ص322-323.

سياستين أحداهما انكماشية وثانيهما توسعية فينتهج السياسة الانكماشية من خلال قيامه ببيع هذه الشهادات المركزية بشرط ألا يتم استثمار هذه المبالغ من أجل خفض أو تقليل حجم عرض النقود؛ لأن ارتفاع حجم عرض النقود يؤدي إلى ارتفاع المستوى العام للأسعار وانخفاض القيمة الحقيقية للنقود. ويتخذ البنك المركزي إجراءات معاكسة في حالة الكساد إذ يقوم بشراء تلك الشهادات المركزية من الأفراد مقابل الأرباح التي تعد عائدا للاستثمار مما يساهم في تحقيق الرواج الاقتصادي الذي بدوره يقود إلى تحقيق التشغيل الكامل (الاستخدام التام) الكامل الذي يُعدّ هدف أساسي من أهداف السياسة النقدية.

النوع الثاني: شهادات الإقراض المركزية: تقوم فكرة هذه الشهادات على مبدأ التكافل الاجتماعي في الإسلام التي يقوم بإصدارها البنك المركزي أيضا ويكون الغرض منها أن يحصل المقرض عليها من دون أن يدفع أية فوائد أو مقابل من أجل تلبية احتياجات المعسرين من نقود[1] علما إن هذه الشهادات تمتاز بصفة القبول العام من لدن الطرفين خاصة عندما يقوم البنك المركزي بوضع الضوابط التي تحسن توجيه تلك الشهادات إلى من يستحقّها من غير مقابل.

2-3-4: تغيير نسبة الاحتياطي القانوني

تتلخص هذه السياسة بأن يقوم البنك المركزي بإلزام المصارف بالاحتفاظ

(1) حمدي عبد العظيم، السياسة المالية و النقدية في الميزان ومقارنة إسلامية، مكتبة النهضة المصرية - القاهرة، ط1، 1986م، ص346-347.

لديها بنسبة معينة من ودائعها تعدّ احتياطي قانوني وقيام البنك المركزي بالتحكم في هذه النسبة من خلال رفعها أو خفضها طبقا للتقلبات الاقتصادية من تضخم أو انكماش والتي يمر بها الاقتصاد. وتعد هذه الأداة من أفضل الأدوات التي يستخدمها البنك المركزي في الرقابة على الائتمان في الاقتصاد الإسلامي.

يرى بعض الاقتصاديين المسلمين إن نظام الاحتياطي الكامل الذي يجبر المصارف بالاحتفاظ بسيولة نسبتها 100% يُعدّ أكثر عدالة من نظام الاحتياطي الجزئي على أساس أنَّ النقود مؤسسة اجتماعية يشترك في إصدارها مجموعة من الأفراد في المجتمع من خلال منحها صفة القبول العام، وليس منح المصارف التجارية القدرة على توليد النقود المصرفية التي تقدم لهم بأسعار فائدة ربوية[1] إنَّ معظم الاقتصاديين المسلمين يرون الاحتياطي الكامل أفضل من الاحتياطي الجزئي وذلك لأن الاحتياطي الجزئي يترتب عليه زيادة حدوث الأزمات الاقتصادية بدلا من الخروج منها، ففي حالة الكساد تنخفض الودائع الأساسية في المصارف وهو ما يؤدي إلى قلة النقود المصرفية ومن ثم يؤدي إلى زيادة الكساد أما في حالة التضخم فإن المتوقع يؤدي إلى أن تكون هناك زيادة في حجم الودائع لدى المصارف التجارية مما يؤدي إلى زيادة قدرة المصارف التجارية في منح الائتمان الذي بدوره يؤدي إلى هذه الأزمات التي يصعب الخروج منها.

3-3-4: تغير نسبة الربح في عمليات المضاربة والمشاركة:

يمكن للبنك المركزي التحكم في نسب ربح عقود المضاربة والمشاركة التي

---

(1) حمدي عبد العظيم، السياسة المالية والنقدية (دراسة مقارنة) مصدر سابق، ص377.

تمولها المصارف الإسلامية سواء أكانت قصيرة الأجل أم طويلة من أجل تحقيق هدفين[1]:

الأول: التأثير في حجم الاحتياطات الفائضة لدى المصارف الإسلامية التجارية عن طريق رفع أو خفض حصتها من الأرباح ومن ثم التأثير في قدرتها على منح الائتمان لسيطرتها على منح الائتمان لعملائها من المستثمرين.

الثاني: التأثير في تكلفة التمويل الذي تقدمه تلك المصارف من أجل تغيير حجم عرض النقود في الاقتصاد بالقدر الذي يخطط له البنك المركزي أو السلطة النقدية.

وعلى أساس ما تقدم تُعدّ تغير نسبة الربح في عمليات المضاربة والمشاركة أداة من أدوات التحكم في عمليات الائتمان من خلال دخول البنك المركزي في عمليات المضاربة والمشاركة مع شركات الأعمال المختلفة إذ يقوم بتغيير نصيبه من الربح بالزيادة أو النقصان لغرض التحكم في عرض النقود قبضا أو بسطا بحسب الأوضاع الاقتصادية السائدة.

4-3-4: القرض الحسن

هو أن يقطع المقُرض جزءا من ماله الذي يعطيه للمقترض على أن يسترد ذلك الجزء والمبلغ في وقت أو أجل معلوم. أو هو إعطاء المال لكي ينتفع به ويرد بدله. وشرعية هذا القرض واضحة في الكتاب والسنة النبوية الشريفة.

أباح الاقتصاد الإسلامي هذه القروض الخالية من الفائدة المحرمة شرعا إذ

(1) حسين كامل فهمي، مصدر سابق، ص59-60.

قامت الحكومات بإنشاء مصارف اجتماعية يتحدد نشاطها بالاحتفاظ بالحسابات الجارية وتقديم القروض القصيرة أو متوسطة الأجل مقابل ضمانات عينية وشخصية مناسبة خصما على جزء محدود من أرصدة هذه الحسابات[1] ويقوم البنك المركزي بصفة بنك البنوك من التحكم بالتوسع والانكماش وفق حالة الاقتصاد من حيث التضخم أو البطالة.

5-3-4: البيع الآجل

يُعدّ البيع المؤجل أحد أنواع البيوع المشروعة في القرآن والسنة النبوية الشريفة وكذلك لا خلاف بين الفقهاء من إحلاله فقد قرر مجمع الفقه الإسلامي الدولي المنعقد في دورة مؤتمره السادس بجدة في المملكة العربية السعودية 17 - 23 شعبان 1410 هـ الموافق 14-20 مارس 1990م، ما يأتي[2]:

أ- تجوز الزيادة في الثمن المؤجل عن الثمن الحال كما يجوز ذكر ثمن البيع نقدا وثمنه بالأقساط لمدة معلومة ولا يصح البيع ألا إذا جزم العاقدان بالنقد أو بالتأجيل، فإن وقع البيع مع التردد بين النقد والتأجيل بأن لم يحصل الاتفاق الجازم على ثمن واحد محدد فهو غير جائز شرعا.

ب- لا يجوز شرعا في بيع الآجل التنصيص في العقد على فوائد التقسيط مفصولة عن الثمن الحال، إذ ترتبط بالأجل سواء اتفق العاقدان على نسبة الفائدة أم ربطاها بالفائدة السائدة.

---

(1) حسين كامل فهمي، أدوات السياسة النقدية، مصدر سابق، ص104-105.

(1) محمد محمود العجلوني، البنوك الإسلامية أحكامها ومبادئها وتطبيقاتها المصرفية، دار المسيرة للنشر والتوزيع والطباعة، عمان، ط1، 1429هـ - 2008م، ص254 .

ج- إذا تأخر المشتري (المدين) في دفع الأقساط عن الموعد المحدد، فلا يجوز إلزامه أي زيادة على الدين، بشرط سابق أو من دون شرط، لأن ذلك ربا محرم.

د- يحرم على المدين المليء بأن يماطل في أداء ما حل من الأقساط، ومع ذلك لا يجوز شرعا التعويض في حالة التأخر عن الأداء.

هـ- يجوز شرعا أن يشرط البائع بالآجل حلول الأقساط قبل مواعيدها عند تأخر المدين في أداء بعضها مادام المدين قد رضا بهذا الشرط عند التعاقد.

و- لا يحق للبائع الاحتفاظ بملكية المبيع بعد البيع، ولكن يجوز للبائع أن يشترط على المشتري رهن المبيع عنده لضمان حقه في استيفاء الأقساط المؤجلة.

من خلال ما تقدم من توضيح شرعية البيع المؤجل فيمكن أن يستخدم بصفته أداة من أدوات السياسة النقدية في الاقتصاد الإسلامي، إذ يستخدمه البنك المركزي من خلال قيامه بتنظيم عمليات هذا البيع حسب الظروف التي يمر بها الاقتصاد ففي حالة التضخم مثلا يقوم البنك المركزي بأمر المصارف التجارية برفع قيمة القسط الأول، وتقليل مدة السداد من أجل تقليل عرض النقود، ومن ثم تقليل الطلب. أمّا في حالة الانكماش فيكون العكس، بحيث تكون الإجراءات هي عكس ما اتخذت في حالة التضخم، من خلال تخفيض قيمة القسط الأول، وزيادة مدة السداد، من أجل زيادة عرض النقود في السوق من أجل معالجة ظاهرة (الانكماش).

6-3-4: الحد الأعلى لإجمالي التمويل:

تقوم السلطات النقدية بوضع سقوف ائتمانية لعمليات الإقراض والاستثمار للحد من توسع المصارف التجارية في تقديم أو منح الائتمان. ففي

ظل النظام الاقتصادي الإسلامي يقوم البنك المركزي بفرض غرامة مالية عند تجاوز هذه السقوف، إذ إن هذه الغرامة تتناسب مع المقدار الذي يزيد عن السقف الائتماني[1] فيقوم البنك المركزي بتحديد مقدار القروض والاستثمارات التي تقدمها للمصارف التجارية حسب المنهجية التي يراها مناسبة للاقتصاد، فعند ظهور بوادر التضخم مثلا ينتهج سياسة تخفيض القروض والاستثمارات أما في حالة ظهور بوادر انكماشية فيحدث العكس، أي التوسع في منح القروض والاستثمارات. وعلى أساس ذلك يتضح إنَّ الغاية أو (الهدف) من هذه الأداة هو[2]:

أ- تقييد عمليات الائتمان التي تقوم بها المصارف التجارية لمواجهة الزيادة غير الاعتيادية في الطلب على الاستثمار ومن ثم مواجهة التضخم.

ب- أو لغرض توجيه هذا الائتمان لخدمة قطاع اقتصادي معين في الدولة حسب ما تراه السلطة النقدية.

7-3-4: الإقناع الأدبي:

يعرف بأنه: ((عبارة عن مجرد قبول المصارف التجارية بتعليمات وإرشادات البنك المركزي أدبيا))[3] إذ يقوم البنك المركزي الممثل للسلطة النقدية العليا في البلد بصفته بنك البنوك. والملجأ الأخير للإقراض باستخدام أسلوب

(1) ينظر عبد الفتاح عبد الرحمن عبد المجيد، اقتصاديات النقود، رؤية إسلامية، النسر الذهبي، القاهرة، 1996م، ص277.

(2) حسين كامل فهمي، أدوات السياسة النقدية، مصدر سابق، ص57.

(3) ضياء مجيد، البنوك الإسلامية، مصدر سابق، ص70.

التباحث والحديث لإقناع المصارف التجارية بما يلزم إتباعه من توجيهات لمواجهة مشاكل الاقتصاد والتصرف بالاتجاه الذي يرغبه إذ يتم ذلك على وفق أسلوبين[1]:

أولا: الأسلوب المباشر: ويتم ذلك عن طريق الاجتماع بمديري المصارف التجارية ومناقشة أوضاع الاقتصاد، والسياسة النقدية التي يتعين على المصارف التجارية تطبيقها للحفاظ على مصلحة الاقتصاد القومي.

ثانيا: الأسلوب غير المباشر: يتم ذلك أيضا عن طريق اطلاع تلك المصارف دوريا بواسطة النشرات عن حالة الاقتصاد وسوق النقود والإجراءات التي يجب اتخاذها للمحافظة على هذه الوضعية أو التغيير إن تطلب الأمر ذلك. وتُعدّ هذه الأداة من أدوات السياسة النقدية في الاقتصاد الإسلامي التي لها فعالية كبيرة خاصة في الأجل القصير وأوقات الأزمات التي تكون عندها الروح المعنوية للجمهور عالية جدا للتعاون مع السلطات النقدية لتحسين الأوضاع الاقتصادية أو مواجهة تلك الأزمات.

8-3-4: التعليمات المباشرة والأوامر الملزمة:

هذه الأداة تتضمن القرارات التي يتخذها البنك المركزي ويلزم المصارف التجارية بتنفيذها؛ من أجل تحقيق الأهداف التي يرغبها ويراها مناسبة، وعلى الرّغم من اختلاف طبيعة التعليمات الصادرة من قبل البنك المركزي في ظل النظام الاقتصادي

---

(2) بنك السودان المركزي، مخطط أدارة السياسة النقدية، مصدر سابق، ص28 .

الإسلامي عن تلك المستخدمة في ظل النظام الاقتصادي التقليدي إلا أن هذا الأسلوب لا يتأثر بإلغاء نظام الفائدة بشكل عام[1].

9-3-4: الإجراءات الزجرية أو (مبدأ الثواب والعقاب):

وهي الإجراءات التي تطبق من قبل السلطات النقدية (البنك المركزي) على المصارف التجارية حسب موقفها من التعليمات التي يصدرها البنك المركزي في الدولة. وتعد هذه الأداة هي اشد وأخر الإجراءات التي تتخذها السلطات النقدية التي يُلزم انتهاجها من قبل المصارف التجارية إذ يكون فرض هذه الإجراءات على نوعين هما[2]:

النوع الأول: الإجراءات الايجابية: يدخل ذلك ضمن مبدأ الثواب وذلك من خلال قيام البنك المركزي بفتح باب الإقراض وتسهيل أو تقليل تكلفة الائتمان الذي يحصل عليه المصرف التجاري من البنك المركزي بسبب الالتزام بتلك التوجيهات أو التعليمات.

النوع الثاني: الإجراءات السلبية: هذه الإجراءات تفرض على المصارف التي تتهاون ولا تتقيد بالتوجيهات الصادرة من البنك المركزي، وهذا يدخل ضمن مبدأ العقاب.

مما سبق يتضح أنَّ الإجراءات الزجرية هي أحد أدوات السياسة النقدية في الاقتصاد الإسلامي التي يتخذها البنك المركزي لأجل الانقياد لسياسته إذ يقوم

(1) صالح صالحي، السياسة النقدية في إطار نظام المشاركة في الاقتصاد الإسلامي، دار الوفاء، للطباعة والنشر والتوزيع، 1421هـ 2001م، ص56. نقلا عن مسعودة نصبة، دلال بن طبي، فعالية أدوات السياسة النقدية في الاقتصاد الإسلامي .جامعة محمد خضير بسكرة .

(2) المصدر نفسه، ص57.

بفرض أو استخدام تلك الأداة من خلال عدة توجيهات منها[1]:

أ- الالتزام بتعليمات البنك المركزي والإشارة إلى الخروقات التي قامت بها هذه المصارف.

ب- قيام البنك المركزي بتوجيه الإنذار إلى المصارف التي تتمادى في تجاهل تعليماته والدعوات الموجهة للالتزام بالسياسة التي اقترحها البنك المركزي.

ج- عند تجاهل الإنذارات تكون هناك عقوبة مالية تدفع في شكل مبلغ معين.

د- غلق حسابات الودائع المركزية لديها إلى حين تعهدها كتابة بالتزامها بتوجيهات البنك المركزي.

---

(1) الطيب لحليح، النقود والمصارف والسياسات النقدية في الاقتصاد الإسلامي، هيئة الأعمال الفكرية، السودان، 2002 م، ص109.

المصادر

المصادر

- القرآن الكريم

- ابن تيمية، تقي الدين، "السياسة الشرعية في إصلاح الراعي والرعية " (القاهرة، دار الشعب، 1974م).

- ابن تيمية، تقي الدين، "الحسبة في الإسلام"، (بيروت، دار القلم).

- ابن تيمية، تقي الدين، "القواعد النورانية الفقهية"، تحقيق محمد حامد الفقي؛ (بغداد، مكتبة الشرق الجديد، 1989م).

- ابن الجوزي، أبو الفرج جمال الدين عبد الرحمن بن علي بن محمد، "تاريخ عمر بن الخطاب "؛ (مطبعة توفيق الأدبية).

- ابن حزم، أبو محمد بن احمد بن سعيد، "المحلى"، تحقيق احمد شاكر (مصر، دار الطباعة المنبرية، 1349هـ).

- ابن سعد، "الطبقات الكبرى"، (ط3، بيروت، دار صادر).

- ابن عابدين، محمد أمين بن عمر بن عبد العزيز، "رد المحتار حاشية ابن عابدين، (ط2، بيروت، دار الفكر، 1966م).

- ابن عبد السلام، عز الدين، "قواعد الأحكام في مصالح الأنام"، تعليق طه عبد الرزاق سعد، (ط2، دار الجيل، 1980).

- ابن القيم الجوزية، "الطرق الحكمية في السياسة الشرعية ".

- ابن كثير، عماد الدين أبو الفداء إسماعيل، "تفسير القرآن الكريم" بهيج غزاوي، (بيروت، دار إحياء العلوم).

- ابن ماجه، أبو عبد الله محمد بن يزيد القزويني، "سنن ابن ماجه ".

- أبو داود، "عون المعبود، شرح سنن أبو داود"، شرح محمد شمس الحق العظيم ابادي، مع شرح الحافظ ابن قيم الجوزية، تحقيق عبد الرحمن محمد عثمان، (ط3، بيروت، المكتبة السلفية، 1399هـ - 1979م).

- أبو السعود، محمود، "خطوط رئيسية في الاقتصاد الإسلامي" (ط2، الكويت، مكتبة المنار الإسلامي، 1388 هـ - 1968م).

- أبو عبيد القاسم بن سلام، "الأموال"، (ط1، بيروت، دار الحداثة 1988م).

- أبو يوسف، يعقوب بن إبراهيم، "الخراج"، (ط3، القاهرة، المطبعة السلفية، 1982).

- احمد، عبد الرحمن يسري، "دراسات في الاقتصاد الإسلامي" (الإسكندرية، دار الجامعات المصرية، 1988).

- الالوسي، أبي الفضل شهاب الدين السيد محمود، "روح المعاني في تفسير القرآن الكريم والسبع المثاني"، (بيروت، دار الفكر، 1398هـ - 1978م).

- آل سعود، محمد الفضيل، "التعريف الاصطلاحي لعلم الاقتصاد الإسلامي"، (مطابع الاتحاد الدولي للبنوك الإسلامية).

- البخاري، أبو عبد الله محمد بن إسماعيل بن إبراهيم، "صحيح البخاري" تحقيق قاسم الشماعي الرفاعي، (ط1، بيروت، دار القلم، 1407هـ - 1987م).

- بسيوني، سعد أبو الفتوح محمد، "الحرية الاقتصادية في الإسلام وأثرها في التنمية"، (ط1، المنصورة، دار الوفاء، 1408 هـ - 1988م).

- البعلي، عبد الحميد محمود، "المدخل لفقه البنوك الإسلامية"، المعهد الدولي للبنوك والاقتصاد الإسلامي"، 1983م).

- البيهقي، ابو بكر احمد بن الحسين ابن علي، "السنن الكبرى" ط1، بيروت

- ابن حنبل، "مسند الإمام احمد"، (بيروت، المكتب الإسلامي للطباعة والنشر).
- الترمذي، ابو عيسى محمد بن عيسى بن سورة، "شرح الترمذي وهـو الجـامع الصـحيح"، (المدينة المنورة، الناشر محمد عبد المحسن الكتبي).
- الجصاص، أبو بكر احمد بن علي الرازي، "أحكام القرآن " بيروت دار الكتاب العربي.
- حاجي، جعفر عباس، "المذهب الاقتصادي في الإسـلام" (ط1، الكويـت، مكتبـة الألفـين، 1408هـ - 1987م).
- الحسب، فاضل عبـاس، "في الفكـر الاقتصـادي العـربي الإسـلامي، " (ط3، بـيروت، عـالم المعرفة، 1401هـ - 1981م) .
- الحسناوي، كريم مهدي، "مبادئ علم الاقتصاد " (جامعة، بغداد، 1990).
- الحق، محبـوب، "سـتار الفقـر"، ترجمـة احمـد فـؤاد بلبـع (القـاهرة، الهيئـة المصريـة للكتاب، 1977)
- خليل، سامي، "النظريات والسياسات النقدية والماليـة " (ط1، الكويـت، شركـة كاظمـة للنشر والترجمة والتوزيع، 1982).
- الخطيب، عبد الكّريم، "السياسة الماليـة في الإسـلام" (ط2، القـاهرة، دار الفكـر العـربي، 1976).
- الدردير، احمد بن محمد بن احمد، "بلغة السالك لأقرب المسـالك" تحقيـق مصـطفى كمال، (مصر، دار المعارف).
- دنيا، شوقي احمد، "التنمية الاقتصادية"، (ط1، الفكر العربي، 1979).

- الدوري، قحطان، "الاحتكار وآثاره في الفقه الإسلامي" (بغداد، مطبعة الأمانة، 1975م).

- الرضي، شريف، "نهج البلاغة"، شرح محمد عبده (مكتبة النهضة العربية).

- الرازي، أبو بكر، "مختار الصحاح "(دار الكتاب العربي).

- زغلول، أبو هاجرمحمد السعيد بن بسيوني، "موسوعة أطراف الحديث" (ط1، بيروت، عالم التراث، 1410هـ - 1989م).

- زكي، رمزي، "المشكلة السكانية وخرافة المالثوسية الجديدة " (الكويت سلسلة عالم المعرفة، 1984).

- الزقا، احمد بن محمد، "شرح القواعد الفقهية"، (ط2، دمشق، دار القلم 1409 هـ - 1989م) .

- الزمخشري، ابو القاسم جار الله محمود بن عمرو، "الكشاف عن حقائق التنزيل وعيون الأقاويل في وجوه التأويل"، (بيروت، دار الكتاب العربي).

- زيدان، عبد الكريم، "أصول الدعوة"، (ط3، بغداد، 1976).

- زيدان، عبد الكريم، "أحكام الذميين والمستأمنين في دار الإسلام" (ط1، بغداد، 1963).

- سابق، سيد، "فقه السنة"، بيروت.

- الساهي، شوقي عبده، "المال وطرق استثماره في الإسلام: (ط2، القاهرة، مكتبة النهضة العربية، 1404هـ - 1984م).

- السرخسي، "المبسوط"، (ط2، بيروت، دار المعرفة للطباعة والنشر.

- السعدي، عبد الرحمن بن ناصر، "تيسير الكريم الرحمن في تفسير كلام المنان"، (ط2، بيروت، عالم الكتب).

- السعدي، عبد الملك عبد الرحمن، "تقاضي الشريك الأجرة والمضاربة على العروض"، (ط1، الرمادي، معرض الأنبار للكتاب، 1406هـ - 1986م) .

- سيد علي، عبد المنعم، "مدخل في علم الاقتصاد مبادئ الاقتصاد الجزئي" الجامعة المستنصرية، بغداد، 1984.

- السيوطي، جلال الدين عبد الرحمن بن أبي بكر، "الفتح الكبير في ضم الزيادة إلى الجامع الصغير"، (بيروت، دار الكتب العربية).

- الشاطبي، أبو إسحاق إبراهيم بن موسى، "الموافقات في أصول الشريعة" (بيروت، دار المعرفة).

- شلبي، احمد، "الاقتصاد في الفكر الإسلامي"، (ط2، مكتبة النهضة المصرية، القاهرة، 1987).

- الشوربجي، البشري، "التسعير في الإسلام"، (مصر، شركة الإسكندرية للطباعة والنشر، 1393هـ - 1973م).

- الشوكاني، محمد بن علي، "نيل الاوطار"، (بيروت، دار القلم).

- الشيباني، محمد بن الحسن، "الاكتساب في الرزق المستطاب"، تحقيق سهيل زكار، الناشر عبد الهادي حرصوني.

- الصابوني، محمد علي، "صفوة التفاسير"، (بيروت، دار القرآن الكريم، 1401هـ - 1981م).

- صقر، محمد احمد، "الاقتصاد الإسلامي مفاهيم ومرتكزات" (ط1، القاهرة، دار النهضـة العربية، 1398هـ - 1978م).

- صقر، محمد احمد وآخرون، "دور الاقتصاد الإسلامي في إحداث نهضة معاصرة"، (ط1، عمان، جمعية الدراسات والبحوث الإسلامية 1400هـ - 1980م).

- الصنعاني، محمد بن إسماعيل، "سبل السلام"، شرح بلـوغ المـرام" (بيروت، دار الجيل، 1400هـ - 1980م).

- الطبري، أبو جعفر محمد بن جرير، (ط2، بيروت، دار المعرفة 1392هـ -1972م).

- العاملي، محمد جمال الدين مكي، "اللمعة الدمشقية" (ط1، النجف 1986م).

- عبده، جمال محمد، "دور المنهج الإسلامي في تنمية المـوارد البشريـة" (ط1، عمان، دار الفرقان، 1404هـ - 1984م).

- عبد الرسول، علي، "المبادئ الاقتصادية في الإسلام " (مصر، دار الفكر العربي، 1968).

- عباد، جمال الدين، "شريعة الإسلام العمل والعمال " (بغداد، 1387هـ - 1967م).

- العسقلاني، احمد بن علي بن حجر، "فتح البـاري شرح صحيح البخـاري "(بـيروت، دار الفكر).

- عفر، محمد عبد المنعم، "السياسات الاقتصادية في الإسلام" (القاهرة، المطبعـة العربيـة الحديثة، 1400هـ - 1980م).

- عفر، محمد عبد المنعم، محمد، يوسف كمال، "أصول الاقتصاد الإسلامي"، ج1، (ط1، جدة، دار البيان العربي، 1405هـ - 1985م).

- العوضي، رفعت السيد، "في الاقتصاد الإسلامي" (ط1، الدوحة، 1410هـ).

- عبد الحميد، محسن، "نظريات في الاقتصاد الإسلامي، بغداد.

- عبده، عيسى، "الاقتصاد الإسلامي مدخل ومنهاج، الكتـاب الأول" (دار الاعتصـام، مصرـ 1974).

- عبد القادر، علي حسن، "فقه المضاربة"، 1980.

- عوده، عبد القادر، "المال والحكم في الإسلام"، (ط5، المختـار الإسلامي للطباعـة والنشرـ والتوزيع، القاهرة، 1397هـ - 1977م).

- غانم، عبد الـله عبد الغني، "المشكلة الاقتصادية ونظريـة الأجـور   والأسعـار في الإسلام"، (الإسكندرية، المكتب الجامعي الحديث).

- الغزالي، أبو حامد، "إحياء علوم الدين"، (بيروت، دار إحياء الكتب العربية).

- الغزالي، أبو حامد، "المستصفى".

- الغزالي، محمد، "كيف نتعامل مع القرآن"، (ط1، المنصورة، دار الوفاء للطباعـة والنشرـ والتوزيع، 1412هـ - 1992م).

- الفنجري، "الإسلام وعدالة التوزيع"، (ط1، القاهرة، الاتحاد الدولي للبنوك الإسلامية).

- الفنجري، "الإسلام والمشكلة الاقتصادية"، (ط2، القاهرة، مكتبة السلام العالمية، 1401هـ - 1981م).

- الفيروز ابادي، محمد بن يعقوب، "القاموس المحيط" (بيروت، دار الفكر، 1978).

- القرشي، يحيى بن آدم، "الخراج"، (ط2، القاهرة، الدار السلفية 1974).

- القرطبي، أبو عبد اللـه محمد بـن احمـد الأنصـاري، "الجـامع لأحكـام القـرآن"، (ط1، بيروت، دار الكتب العلمية، 1408 هـ- 1988م) .

- قحف، منذر، "الاقتصاد الإسلامي"، (ط1، الكويت، دار القلم 1399هـ -1979م) .

- القرضاوي، يوسف، "فقه الزكاة"، (ط1، بيروت، دار الإرشاد 1389هـ - 1969م)

- القرضاوي، يوسف، "مشكلة الفقر وكيف عالجها الإسلام" (ط3، القاهرة، مكتبـة وهبـة، 1397هـ - 1977).

- القضاة، زكريا محمد فالح، "السلم والمضاربة"، (ط1، عمان، دار الفكر، 1984م).

- قطب، سيد، "في ظلال القرآن"، ط4.

- الكبيسي، احمد عبيد، "فلسفة نظام الأسرة في الإسلام" (ط2، بغداد، مطبعـة الحـوادث، 1990).

- الكبيسي، احمد عواد، "الحاجات الاقتصادية في المـذهب الاقتصـادي الإسـلامي"، (ط1، بغداد، مطبعة العاني، 1987).

- الكفراوي، عوف محمود، "الآثار الاقتصادية والاجتماعيـة للإنفـاق العـام "الإسـكندرية، مؤسسة شباب الجامعة للطباعة والنشر 1983.

- الكفراوي، عوف محمود، "سياسة الإنفاق العام في الإسلام" الإسكندرية، مؤسسة شـباب الجامعة، 1409هـ - 1989م).

- الكفـراوي، عـوف محمـود، "النقـود والمصـارف في النظـام الإسـلامي" الإسكندرية، دار الجامعات المصرية، 1407هـ

- الكفـراوي، عـوف محمـود، "الرقابـة الماليـة في الإسـلام" (الإسكندرية، مؤسسـة شـباب الجامعة، 1983).

- الماوردي، ابو الحسن علي بن حبيب، "الأحكام السلطانية والولايات الدينيـة"، (بغداد، المكتبة العالمية، 1409هـ - 1989م).

- الماوردي، ابو الحسن علي بن حبيب، "أدب الـدنيا والدين"، تحقيـق مصـطفى الزقـا، (ط3، بغداد، دار الشرق الجديد، 1983).

- المجيلدي، احمد سعيد، "التيسير في أحكام التسعير"، تحقيق مـوسى القبـال الجزائـر، الشركة الوطنية للنشر والتوزيع).

- محمد، قطب ابراهيم، "السياسة الماليـة لعمـر بـن الخطـاب" (مصر، الهيئـة المصرـية للكتاب، 1984).

- المرغيناني، برهان الدين أبي الحسن، "الهداية شرح بداية المبتـدي " (ط1، بـيروت، دار الكتب العلمية، 1410 هـ - 1990م).

- مسلم، أبو الحسن مسلم بن الحجـاج النيسـابوري، "صـحيح مسـلم " تحقيـق محمـد فؤاد عبد الباقي، (ط2، بيروت، دار الفكر، 1398هـ - 1978م).

- المصري، رفيق، "مصرف التنمية الإسـلامي" (ط2، بـيروت، مؤسسـة الرسـالة، 1401 هـ - 1981م).

- منـان، م.م .، "الاقتصـاد الإسلامي بين النظريـة والتطبيـق" (القـاهرة المكتب المصري الحديث للطباعة والنشر).

- المنذري، زكي الدين عبد العظيم بن عبد القوي، "الترغيـب والترهيـب من الحـديث الشريف"، (ط1، بيروت، دار الكتب العلمية، 1406هـ - 1986م).

- المودودي، أبو الأعلى، "حركة تحديد النسل"، (بيروت، مؤسسة الرسالة، 1979).

- الهواري، سيد، "موسـوعة الاستثمار"، الموسـوعة العلميـة والعمليـة للبنوك الإسلامية، (الاتحاد الدولي للبنوك الإسلامية، 1402هـ - 1982م).

- هويدي، عبد الجليل، "مبادئ المالية العامة في الشريعة الإسلامية "القاهرة، دار الفكـر العربي) .

- النسائي، سنن النسائي، "شرح جلال الدين السيوطي" (ط1، بيروت دار الفكر).

- الوصابي، أبو عبد اللـه محمـد بـن عبد الرحمن بن عمـر، "البركـة في فضل السـعي والحركة"، (مصر، المكتبة التجارية الكبرى).

- النجار، احمد، "المدخل إلى النظرية الاقتصادية في المنهج الإسلامي "(بيروت، دار الفكـر، 1973).

الرسائل الجامعية:

- الادريسي، أمين محمد سعيد محمد، "إشباع الحاجـات الأساسية في ظـل النظام المالي العربي الإسلامي والأنظمة الوضعية"، رسالة دكتوراه في الاقتصاد، كلية الإدارة والاقتصاد الجامعة المستنصرية، 1994.

‒ الدبو، إبراهيم فاضل، "عقد المضاربة"، رسالة ماجستير في الدين كلية الشريعة، جامعة بغداد.

‒ السبهاني، عبد الجبار حمد، "الاستخلاف والتركيب الاجتماعي في الإسلام"، رسالةماجستير في الاقتصاد، كلية الإدارة والاقتصاد جامعة بغداد، 1405هـ - 1985م).

‒ السبهاني، عبد الجبار حمد، "الأسعار وتخصيص الموارد في الإسلام "رسالة دكتوراه في الاقتصاد، جامعة بغداد 1993.

‒ العاني، عمر عبد العزيز، "الرقابة في الاقتصاد الإسلامي"، رسالة ماجستير، كلية العلوم الإسلامية، جامعة بغداد، 1994.

‒ الكبيسي، احمد عواد، "مالية المعادن واستثمارها في الاقتصاد الإسلامي"، رسالة دكتوراه، كلية العلوم الإسلامية، جامعة بغداد، 1994.

‒ الكبيسي، صبحي فندي، "الفروض المالية الإسلامية الدورية وأثرها التوزيعي"، رسالة دكتوراه في الاقتصاد، كلية الإدارة والاقتصاد جامعة بغداد، 1987.

‒ محمد، عبد اللطيف هميم، "الوظيفة الاقتصادية للدولة في التشريع الإسلامي"، رسالة دكتوراه، كلية الشريعة، جامعة بغداد، 1410 هـ - 1989م.

‒ الهيتي، عبد الستار إبراهيم، "السياسة السعرية في المذهب الاقتصادي الإسلامي"، رسالة ماجستير، كلية الشريعة، جامعة بغداد، 1990.

‒ الزيدي، مؤيد وهيب جاسم، "المصارف الإسلامية"، رسالة ماجستير كلية الإدارة والاقتصاد، الجامعة المستنصرية، 1990.

البحوث

- اورخـان، روحـي، "نظـام نفقـات الأقـارب في الفقـه الإسـلامي"، دراسـات في الاقتصاد الإسلامي، (ط1، جدة، المركز العالمي لأبحاث الاقتصاد الإسلامي، 1405 هـ - 1985م).

- الزرقا، انس مصطفى، "نظم التوزيع الإسلامية"، مجلة أبحاث الاقتصاد الإسلامي، العـدد 1، 1404هـ - 1984م.

- عابد، عبد اللـه عبد العزيز، "مفهوم الحاجات في الإسلام وأثره على النمو الاقتصـادي"، دراسـات في الاقتصـاد الإسلامي، (ط1، جدة، المركز العـالمي لأبحاث الاقتصاد الإسلامي، 1405هـ - 1985م).

- العربي، محمد عبد اللـه، "استثمار الأموال في الإسلام"، مجلة البنوك الإسلامية، العـدد 50، 1407 هـ- 1987م.

- القرضاوي، يوسـف، "دور الزكاة في عـلاج المشكلات الاقتصادية قراءات في الاقتصـاد الإسلامي، (ط1، جدة، مركز النشر العلمي، جامعة الملك عبد العزيز، 1407هـ - 1987م.

- عصمة، الحسين، "السلوك الاقتصادي"، ترجمة للمعتقدات، مجلة الاقتصاد الإسلامي، - دبي، العدد 155، السنة 13، 1414هـ - 1994م.

- الكبيسي، صبحي فنـدي "الحـد الكمـي الأقصىـ للسياسـة الضرـيبية في ظل المـذهب الاقتصادي الإسلامي، مجلة جامعة صدام الإسلامية، العدد 3 1417هـ - 1996م.

Printed in the United States
By Bookmasters